August Schrader

Die Falschmünzer

Originalroman in drei Bänden. 1. Band

August Schrader

Die Falschmünzer
Originalroman in drei Bänden. 1. Band

ISBN/EAN: 9783744605922

Hergestellt in Europa, USA, Kanada, Australien, Japan

Cover: Foto ©Thomas Meinert / pixelio.de

Weitere Bücher finden Sie auf **www.hansebooks.com**

Die Falschmünzer.

Original-Roman

von

August Schrader.

Die Falschmünzer.

Original-Roman in drei Bänden

von

August Schrader,

Verfasser von „Börse und Leben," „Tag und Nacht," „Hedwig," „Die Götzen der Leidenschaften" ꝛc. ꝛc.

I. Band.

Wien.

Franz Leo's Verlags-Expedition.

1863.

Erstes Kapitel.

Ein Gewitterabend.

Der Sommer war trocken und heiß. Seit langer Zeit hielt der Himmel seine Schleusen verschlossen. Flur und Wald schmachteten nach Erquickung. Der besorgten Landleute inbrünstiges Gebet um Regen war unerhört geblieben. Man hegte die trübsten Befürchtungen wegen der diesjährigen Ernte. Die ausgetrockneten Getreidefelder weiß und dürr, boten einen traurigen Anblick. Die Landwirthe, die nach dem Frühlinge einen ergiebigen Ertrag ihrer Mühen und Arbeiten zu hoffen berechtigt gewesen, hatten den Muth verloren. Kommt in acht Tagen kein Regen, sagten sie, so ist es um unsere Ernte geschehen.

Da hatte der liebe Himmel Erbarmen mit der Noth der armen Leute. Gegen Abend eines heißen Julitages zeigten sich Gewitterwolken am westlichen Horizonte, die schwarz und schwer heranzogen. Ein dichter Schleier bedeckte die glühende Scheibe der Sonne; schon um sechs Uhr war es Nacht. Neue Befürchtungen wurden wach in der Brust der Menschen. Die hellgrauen Säume der schwarzen

Wolken, die tief zur Erde herabhingen, und ein falbes, unheimliches Licht verkündeten Hagel. Was die sengende Hitze verschont, konnte in wenig Minuten das Eis vernichten.

Am Rand des kräftigen Eichwaldes lag das Forsthaus, ein altes, aber stattliches Gebäude. Ein Netz von Weinreben bedeckte die ganze Façade desselben; nur die Fenster mit saubern, weißen Vorhängen waren sichtbar. Die Hand des Gärtners hatte die üppigen Blätter beseitigt, wo sie lästig waren. Ein großes Hirschgeweih über der Thür kündigte den Stand des Bewohners an, den eines Forstmannes.

Vor dem Hause breitete sich eine Wiese aus, die den Forst von dem großen Dorfe Rodenfeld trennte. Zwischen der Wiese und dem Dorfe zog sich ein Fluß hin, dessen Ufer durch eine hohe Steinbrücke verbunden wurden. Ueber die Dächer der Bauerngehöfte hinweg ragten die Zinnen des Ritterguts, dessen Besitzer ein Herr von Rodenfeld war, dem zugleich die Gerichtsbarkeit über das Dorf und die nächste Umgebung zustand. Die Frohnveste war der Sitz des Gerichts, ein thurmartiges, mit vergitterten Fenstern versehenes Gebäude, an dessen Grundmauern der Fluß vorüberrauschte.

Der Wind regte sich und beschleunigte den Gang der Gewitterwolken, die drohend über dem Dorfe standen. Es schien, als ob Leben in die schwarzen Ballen gefahren sei. Der Staub wirbelte auf und hüllte die Häuser ein. Die hohen Pappeln neigten sich vor der furchtbaren Gewalt des nun ausbrechenden Sturmes.

„Schließe die Fenster, Albertine! Das ist ja ein furchtbares Wetter!"

Diese Worte richtete Frau Dorothee Winter, die Gattin des Oberförsters, an ihre Tochter. Beide befanden sich in dem Familienzimmer, das im Erdgeschosse des Hauses lag.

Albertine hatte die Fenster geschlossen. Aengstlich sah sie durch die Glasscheiben über die Wiese hin. Das Dorf war verschwunden. Ein Platzregen, gemischt mit schweren Hagelkörnern, fiel prasselnd zur Erde herab und verfinsterte die Luft. Blitze zerrissen die rasch eingetretene Nacht, der Donner brüllte, daß die Erde bebte.

„Der Vater ist noch nicht heimgekehrt!" rief das ängstliche junge Mädchen. „Er wollte doch schon um fünf Uhr wieder bei uns sein!"

Ein greller Blitz erhellte das ganze Firmament. Ueber dem Dorfe erhob sich ein Knattern, das nach zwei Sekunden in ein furchtbares Krachen ausartete. Das Forsthaus schien zertrümmert zu sein. Die beiden Frauen waren zu Boden gesunken.

„Es ist Nichts, Mutter!" wimmerte Albertine, die trösten wollte. „Der Blitz hat unser Haus nicht getroffen."

„Jesus, mein Heiland, verschone uns!" betete Frau Dorothee, die auf den Knieen lag.

„Und schütze den armen Vater!" fügte Albertine hinzu.

1*)

Ein neuer Schlag erschütterte die Erde. Der Hagel vom dem Winde gepeitscht, zertrümmerte die Fenster. daß die Glassplitter in das Zimmer flogen. Regen und Eis drangen ein. Bei dem Leuchten der Blitze sah man, daß der Fußboden sich weiß färbte. Die Frauen flüchteten in den Hintergrund des Zimmers. Da ward die Thür geöffnet. Zwei Mägde traten schreiend ein.

„Was ist geschehen?" fragte Albertine.

Die vor Angst bebenden Domestiken wollten in der Nähe ihrer Herrschaft sein, ihnen fehlte der Muth, allein zu bleiben.

Die Heftigkeit des Wetters nahm mit jeder Minute zu; aber so rasch wie es gekommen, zog es auch wieder ab . . . nach dem Hagel folgte ein Platzregen und auch dieser verlor bald an Heftigkeit, es stellte sich ein sanfter, befruchtender Regen ein.

Albertine, die am Fenster stand, schrie laut auf. Sie deutete nach der Wiese. Als die erschreckte Mutter hinzu-trat, sah sie ein Pferd ohne Reiter vor dem Hause stehen.

Es war das treue Thier des Oberförsters, das ohne seinen Herrn zurückkehrte.

„Mein Vater, mein armer Vater!" rief Albertine die Hände ringend.

Der Mutter hatte der Schrecken die Zunge gelähmt sie starrte bebend das Pferd an, das keuchend vor dem Fenster stand, als wollte es die Meldung von dem Unglücke bringen, das seinen Herrn betroffen. Ein Knecht erschien.

„Am Sattel klebt Blut!" rief er laut.

Albertine stürzte aus dem Zimmer auf die Hausflur.
Hier zog sie ungestüm eine Glocke, die sonst dazu benützt
ward, die Domestiken zu Tische zu rufen. Es fanden sich
zwei Jäger, die beiden Mägde und ein Knecht ein.

„Eilt Alle in den Forst!" befahl das junge Mädchen.
„Euern Herrn muß ein Unglück betroffen haben. Vertheilt
Euch auf verschiedene Wege . . . nehmt zu Hilfe, wer Euch
begegnet. Die Hofhunde mögen Euch begleiten. Säumt
nicht einen Augenblick, es handelt sich vielleicht um das
Leben meines Vaters, den das Unwetter im Freien überrascht hat. Er ist nach dem Theile des Forstes geritten, in
welchem die Holzhauer beschäftigt sind."

Die Domestiken stoben auseinander. Gleich darauf
sah man sie dem Eichwalde zueilen; die Hunde sprangen
ihnen klaffend voran. Ein alter Forstgehilfe, Mathias, der
im Dienste grau und stumpf geworden, blieb allein zurück;
er brachte das Pferd in den Stall und kam dann zu den
Frauen in das Zimmer.

Albertine zeigte eine bewunderungswürdige Fe-
stigkeit.

„Mutter," sagte sie, „was auch geschehen sein mag,
wir dürfen den Kopf nicht verlieren. Gott wird wohl gnä-
dig gewesen sein und den Vater vor schwerem Unglück
bewahrt haben. Das Pferd ist durch das Gewitter scheu
geworden und hat den Reiter abgesetzt . . . so wird es sein.
Beruhige Dich, liebe Mutter."

Während sie diese tröstenden Worte gesprochen, hatte sie Hut und Mantel genommen.

„Wohin, Albertine?" fragte die bebende Mutter.

„Ich werde bald zurückgekehrt sein."

„Soll ich denn allein bleiben?"

„Mathias leistet Dir Gesellschaft. Der Weg zum Dorf ist nicht weit."

„Was hast Du in dem Dorfe zu schaffen?"

„Wir wollen auf jeden Fall vorbereitet sein."

Frau Dorothee und Mathias blieben allein.

„Das war ein gräßliches Wetter!" meinte der alte Forstgehilfe. „Seit Menschengedenken ist unsere Gegend von einem solchen Gewitter nicht heimgesucht. Der Hagel muß großen Schaden auf den Feldern angerichtet haben."

Die Gattin des Oberförsters ging unruhig durch das Zimmer.

„Mein armer Mann!" flüsterte sie unter Thränen. „Mir ahnte es fast, als er Abschied von mir nahm, daß sich ein Unglück ereignen würde. Das letzte Zusammentreffen mit den Wilddieben hat mir eine Furcht eingejagt, die ich nicht verscheuchen kann."

„Die Wilddiebe, Frau Oberförsterin, sind unserem guten Herrn nicht gram; er ist ja so nachsichtig mit ihnen, daß sie sich kaum beklagen können. Wenn sie es nicht zu arg machen, läßt er sie laufen. Ein Anderer würde die Burschen stets mit blutigen Köpfen heimschicken. Nein, nein, der Herr Oberförster hat keine Feinde, die ihm auflauern; das weiß ich, der ich die Leute in der Umgegend genau kenne."

„Wenn nur der alte Blume nicht wäre!"

„Der Strolch kann sich doch wahrlich nicht beklagen!" rief Mathias.

„Er ist vor acht Tagen in Freiheit gesetzt."

„Zur höchsten Verwunderung aller Leute, die ihn kennen. Sonst verfährt das Gericht mit unerbittlicher Strenge, und gegen diesen Menschen ist es so gelinde verfahren, daß alle Welt die Hände über dem Kopfe zusammenschlägt. Ich glaube, der Herr Oberförster selbst hat sich für ihn verwendet, denn ich habe ihn oft die Familie des Wildbiebs beklagen gehört, die in tiefster Armuth schmachtet. Blume ist ein schlechter Kerl, das weiß die ganze Gegend, und die Leute haben nicht gern mit ihm zu thun; aber für so schlecht halte ich ihn doch nicht, daß er sich an seinem Wohlthäter vergreifen sollte. Es ist nicht das erste Mal, daß der Herr Oberförster den Taugenichts anredete, wenn er ihm im Walde begegnete. „Blume," sagte er, „ich muß meine Pflicht als Beamter thun, muß Euch dem Gerichte übergeben, wenn Ihr frevelt; seid fleißig und arbeitet, dann braucht Ihr nicht zu wildbieben. Nehmt diesen Thaler und kauft der Familie Brod." Das habe ich gehört."

„Hat Blume das Geld genommen?" fragte Frau Dorothee.

„Ohne sich zu bedenken. Er sprach von Gotteslohn,

von Dankbarkeit und ging. Dieser Mensch thut unserm
Herrn kein Leid an; es wäre auch unklug von ihm. Eine
Hand, die so oft gibt, stößt man nicht zurück. Blume ist
zu eigennützig, er wird im Gegentheil über seinen Wohlthäter wachen."

Die Worte des greisen Forstmannes vermochten nicht
die ängstliche Frau zu beruhigen, die aus einem Zimmer
in das andere ging. Bald sah sie aus diesem, bald aus
jenem Fenster. Mathias beschäftigte sich damit, den Hagel
und die Glasscherben zu beseitigen.

Albertine eilte über die Wiese dem Dorfe zu. Als sie
die hohe Steinbrücke erreichte, war die letzte dunkle Wolke
verflogen, am blauen Abendhimmel zeigte sich noch ein
Mal die Sonne, freundliches Licht auf die verwüstete Landschaft herabsendend. Der angeschwellte Fluß wälzte rauschend seine dunkelgelben Wogen zwischen den Ufern hin.
Einzelne Landleute zeigten sich, die besorgt nach den Feldern sahen. Albertine nickte flüchtig auf den Gruß der
Vorübergehenden; sie erreichte bald die erste Gasse des
Dorfes. Vor einem freundlichen Hause blieb sie stehen, um
Athem zu schöpfen. Ihr schönes Gesicht glühete, sie ath-
mete rasch und tief. Nach einigen Augenblicken öffnete sie
die braune Thür und betrat eine reinliche, städtisch einge-
richtete Hausflur. Kaum war das Klingen der Glocke ver-
hallt, welche die Thür in Bewegung gesetzt, als eine be-
jahrte Frau erschien.

„Fräulein Winter!" rief sie freudig erstaunt.

„Guten Abend, Frau Hagen!"

„Ist der Herr Doktor zu sprechen?"

„Mein Sohn ist zu Hause . . . aber um des Himmels willen . . . Sie sind so erregt . . . Sie selbst unternehmen nach dem heftigen Gewitter den Weg in das Dorf . . . was hat sich ereignet?"

„Wir wissen es noch nicht."

Albertine erzählte kurz und rasch. Die Mutter des Doktors hatte mit der innigsten Theilnahme zugehört. Dann zog sie die junge Dame in ein Zimmer des Erdgeschosses. Zwei junge Männer, eifrig plaudernd und rauchend, befanden sich in dem eleganten Raume, durch dessen offene Fenster, die nach einem Garten hinausgingen, die frische Abendluft Einlaß fand. Beide sprangen auf, als Albertine eintrat. Beide waren gleich überrascht, sichtlich bewegt.

Frau Hagen erklärte den Grund des Besuches.

Der Arzt, Bernhard Hagen, war ein junger Mann von siebenundzwanzig Jahren. Sein schlanker Wuchs, sein volles braunes Haar, sein regelmäßiges, wenn auch bleiches Gesicht und seine großen blauen Augen machten ihn zu einer interessanten Erscheinung.

„Ich begleite Sie auf der Stelle!" rief er aus. „Gott möge verhüten, daß meine Hilfe nöthig wird; aber es ist gut, wenn ich in der Nähe bin."

Er trat rasch in das Nebenzimmer.

Frau Hagen zog die Tochter des Oberförsters zu sich auf das Sopha.

„Ruhen Sie, ruhen Sie!" bat sie theilnehmend. „Ihre Befürchtungen werden wohl unbegründet sein."

„Gott gebe es!" seufzte Albertine.

Der zweite junge Mann, er mochte in dem Alter des Arztes stehen, war Jurist, war wohlbestallter Gerichtsaktuar. Konnte man ihn auch nicht häßlich nennen, so machte doch seine Erscheinung den vortheilhaften Eindruck nicht, dessen Bernhard Hagen überall gewiß war. Otto Schwarz, so nannte sich der Aktuar, war von gedrungener Gestalt, korpulent, hatte ein geröthetes Gesicht, dunkle Augen unter sehr starken Brauen, eine niedrige Stirn und krauses buschiges Haar von der dunkelsten Farbe. Seine kleinen, dunkelbraunen Augen glühten wie Kohlen, indem er die reizende Albertine betrachtete, die erschöpft neben Frau Hagen saß. Ein krauser Bart schloß das volle Gesicht des jungen Mannes ein, dessen gewählte Toilette eine Eitelkeit verrieth, die man ausgedehnter kaum bei einem koketten Mädchen findet. Seine fleischigen Finger blitzten von Ringen aller möglichen Formen. Er trug silberne Sporen und goldene Hemdknöpfe.

Albertine suchte den Blicken des Aktuars auszuweichen; sie unterhielt sich, so schwer es ihr auch fiel, mit der Witwe Hagen über die Verheerungen, die das Gewitter angerichtet, und erzählte von dem Vater, den nothwendige Geschäfte in den Forst getrieben.

Der Aktuar hatte aufmerksam zugehört.

„Sie sagen, mein Fräulein," fragte er, „daß das

Pferd ohne Reiter und mit blutbespritztem Sattel heimgekehrt sei?"

„Ja."

„Das ist allerdings verdächtig."

„Wie meinen Sie das?" fragte die Witwe, die von
Neuem erschrak.

„Gegen das Unwetter würde der Oberförster unter
einer starken Eiche Schutz gefunden haben; aber gegen
Wild- und Holzdiebe, die sich diesen Sommer ganz besonders in dem Forste bemerkbar machen . . ."

In diesem Augenblicke trat der junge Arzt ein; er
hatte Toilette gemacht und sich mit dem ausgerüstet, dessen
er möglicherweise bedürfen würde, wenn dem Oberförster
ein Unglück zugestoßen. Der Doktor Hagen war zugleich
ein geschickter Wundarzt. Albertine nahm Abschied von
der Witwe, die das beste Glück wünschte, grüßte den Aktuar
und verließ das Zimmer und das Haus.

„Sehen wir uns diesen Abend nicht wieder, Otto, so
suche ich Dich morgen auf!"

Nach diesen Worten schüttelte Bernhard Hagen dem
Freunde die Hand und folgte Albertine, die er auf der
Brücke erreichte. Beide setzten nun gemeinschaftlich den
Weg nach dem Forsthause fort.

„Albertine," begann der Arzt, „Sie selbst sind gekommen, um mich zu rufen . . ."

„Weil alle unsere Domestiken den Forst durchsuchen.

Soll die Tochter unthätig bleiben, wenn der Vater in Gefahr schwebt?"

„Sie haben Recht; unter solchen Umständen müssen alle Rücksichten verschwinden."

Nehmen Sie meinen Dank für Ihre Bereitwilligkeit!"

„O, ich kenne meine Pflicht. Bin ich auch der Hausarzt Ihres Vaters nicht, so würde ich ein Verbrechen begehen, wollte ich dem Hilferufe nicht folgen. Ehe nach der eine Meile entfernten Stadt geschickt wird, verfließt eine kostbare, vielleicht unwiederbringliche Zeit. Ach, Albertine, die Veranlassung, die mir das Glück verschafft, Sie zu sehen, ist eine traurige; aber gestatten Sie mir, daß ich meinen Gefühlen Worte verleihe …"

„Bernhard, es ist ein trauriges Wiedersehen! „unterbrach ihn seufzend das junge Mädchen. „Ich kann Ihnen nur mit bekümmertem Herzen sagen, daß ich mich nach einer Unterredung mit Ihnen gesehnt habe. Es haben sich in letzter Zeit Dinge von Wichtigkeit ereignet, die ich Ihnen so gern mitgetheilt hätte. Mein Vater ist gut und brav …"

„Und doch haßt er meine Familie!"

„In unerklärlicher Verblendung."

„Mein verstorbener Vater hat wahrlich keinen Grund dazu gegeben. Noch in seinen letzten Stunden bedauerte er, dem Freunde zum Abschiede nicht die Hand drücken zu können. Die Zeit lindert doch sonst Alles … die Erbitterung Ihres Vaters scheint dieselbe geblieben zu sein."

„Weil ein tückischer Mensch sie nährt."

„Jetzt noch?" rief der erstaunte Arzt.

„Wie es geschieht, weiß ich nicht; aber davon, daß es geschieht, bin ich überzeugt. Ich habe es nicht für möglich gehalten, weil ich mir keinen vernünftigen Grund dafür angeben konnte. Mir scheint man hat uns belauscht . . ."

„Albertine!"

„Eine dritte Person nimmt ein so großes Interesse an mir, daß sie jeden meiner Schritte überwacht, auch die Ihrigen. Mein Vater weiß, daß wir uns zuweilen gesprochen haben. Nun mußte ich mich hüten, durfte allein nicht ausgehen, und so kam es, daß ich Ihnen unsichtbar blieb."

Bernhard war stehen geblieben; er hielt die kleine Hand Albertinens in der seinigen.

„Alles glückt mir," sagte er bewegt; „nur in der Liebe habe ich kein Glück. Die ganze Praxis meines Vaters ist auf mich übergegangen, wohin ich komme schenkt man mir volles Vertrauen und zieht mich nicht selten erfahrenen Aerzten vor . . . Ach, Albertine, dies Alles ist nur ein halbes Glück! Die Hoffnung, Ihren Vater zu versöhnen und mich um Ihre Hand bewerben zu können, hat mir Muth und Ausdauer gegeben . . ."

„Harren Sie aus, mein lieber Freund!" unterbrach ihn Albertine haftig. „Ich habe mit Freude Ihre glücklich vollbrachten Kuren und mit Stolz Ihr Lob gehört! Mein Vater wird ja nicht immer zürnen, es wird uns wohl gelingen, ihm die Augen zu öffnen.'

„Und werden Sie ausharren Albertine?"

Sie drückte ihm innig die Hand.

„Ich fühle, daß ich es kann, und daß ich ausharren werde, verspreche ich Ihnen."

„Wer ist der Mensch, der unser Glück zu zerstören sucht?" fragte der Arzt.

„Heute beantworte ich Ihnen diese Frage nicht. Sie begreifen wohl den Grund, . . . auch würde ich Ihnen nicht volle Gewißheit, sondern nur eine Vermuthung mittheilen können. Lassen wir den heutigen Tag vorübergehen . . . morgen, wenn wir das Geschick meines Vaters kennen, läßt sich ruhig über diese Angelegenheit sprechen."

Albertine starrte nach dem Wege, der in den Forst führte.

„Herr Gott im Himmel!" flüsterte sie bestürzt.

Der Arzt sah nach derselben Richtung. Bei dem glühenden Scheine des Abendrothes ließ sich eine Gruppe Leute erkennen, die langsam aus den letzten Bäumen des Forstes hervortrat. Je näher sie kam, desto deutlicher unterschied man, daß die Männer eine Bahre trugen.

Albertine begann laut zu weinen.

„Es ist also doch ein Unglück geschehen!", rief sie schluchzend. „Vater, armer Vater!"

„Verlieren Sie die Fassung nicht, Albertine!"

„Man muß ihn tragen!"

„Trotzdem kann die Verletzung ungefährlich sein. Bewahren Sie Ruhe und Besonnenheit, damit dem Kranken die Aufregung erspart werde, die der Arzt nicht dulden darf!"

„Bernhard, es handelt sich um das Leben meines
Vaters!"

„Vertrauen Sie meinem Eifer und meiner Geschicklichkeit!"

Der Arzt eilte dem Zuge entgegen. Er hieß die Trä-
ger, Landleute und Jägerburschen, stehen. Der Oberförster,
bleich wie der Tod, lag regungslos auf der Bahre, die man
aus jungen Baumstämmen und elastischen Zweigen rasch
bereitet hatte. Seine Kleider waren mit Blut bedeckt, das
aus einer Kopfwunde rann. Bernhard entfernte das Tuch,
das man nachlässig um den Kopf gewunden, und untersuchte die Wunde. Nach wenig Minuten war ein Verband
angelegt, der den Blutstrom hemmte. Der Verunglückte
schlug seine Augen auf. Als er den jungen Arzt erblickte,
der ihm das Lager bequem zu machen suchte, zuckten leise
seine Lippen. Bernhard bemerkte es mit tiefem Schmerze,
aber er suchte sein Gefühl zu verbergen.

„Fort!" befahl er mit fester Stimme den Trägern.
„Geht vorsichtig, aber so rasch als möglich!"

Dann stützte er den Kopf des Oberförsters, indem er
neben der Bahre blieb, die von den kräftigen Leuten quer
über die Wiese getragen ward. Man erreichte das Forsthaus. Albertine hatte die Mutter schon vorbereitet. Still
weinend standen die Frauen auf der Hausflur. Der alte
Mathias kam mit Licht. Bernhard nahm den Verunglück-
ten von der Bahre und trug ihn, ohne fremde Hilfe, in das
Zimmer, wo er ihn entkleidete und auf das Bett legte.

Eine Viertelstunde später hatte der Arzt die ersten Verrichtungen vollbracht, welche die Kunst vorschreibt. Der Kranke, erschöpft vom großen Blutverluste, lag still und regungslos. Von Zeit zu Zeit stieß er ein leises Wimmern aus, als ob er heftige Schmerzen empfände. Der Arzt schickte einen Boten nach seiner Wohnung, der herbeiholte, was noch nöthig. Dann ließ er sich neben dem Bette nieder und beobachtete den Kranken. Mathias mußte bei ihm bleiben.

So verfloß eine halbe Stunde.

Da trat Albertine in das Krankenzimmer. Sie wollte der peinlichen Ungewißheit, in der sie schwebte, ein Ende machen und Nachricht über den Zustand des Vaters einholen. Bernhard errieth ihre Absicht. Nachdem er dem alten Mathias leise einige Befehle ertheilt hatte, führte er die Geliebte in das Wohnzimmer zurück, wo die Mutter still weinend auf und abging.

„Wie steht es?" fragte die Tochter hastig.

„Bis zu diesem Augenblicke bin ich mit dem Zustande des Kranken zufrieden."

„Fürchten Sie eine Verschlimmerung?" fragte mit bebender Stimme die Mutter.

„Ich werde Nichts versäumen, einer solchen vorzubeugen. Aerztliche Hilfe ist noch rechtzeitig gekommen."

„Wie ist die Wunde entstanden?"

„Leider habe ich Anlaß auf ein Verbrechen zu schließen."

„Ich dachte es mir!" hauchte Albertine vor sich hin. „Der Vater ist zu vorsichtig, als daß er bei einem solchen Unwetter nicht Schutz suchen sollte."

„Es müssen zwei Schüsse auf den Herrn Oberförster abgefeuert sein. Der eine hat den Kopf verletzt, der andere die Schulter, aus der ich diese Kugel gezogen habe.

Der Arzt zeigte die Kugel.

Mutter und Tochter wandten sich weinend ab.

Nun ließ Bernhard einen der Jäger kommen, die den Verwundeten heimgebracht. Dieser berichtete:

„Ich hatte den Weg eingeschlagen, der zu den Holzfällern führt. Mein Kamerad war den Fluß entlang gegangen, um auf den Fußweg zu kommen, den unser Herr zuweilen wählt, wenn er rasch nach Hause will. Die Mägde hatte ich nach verschiedenen Richtungen ausgeschickt. Bald erkannte ich die Spuren, die das galoppirende Pferd in dem aufgeweichten Boden zurückgelassen. Ich folgte diesen Spuren, die mich von dem Hauptwege ab, in den Birkenforst führten. Ich lief so rasch, als der schlüpfrige Boden erlaubte. Da stieß ich plötzlich an einen weichen Gegenstand ... ich hob ihn auf; es war ein Hut."

„Wo ist der Hut?"

Der Jägerbursche holte ihn.

„Hier!"

Der runde Hut mit breiter Krämpe war vom feinsten Filze nach der neuesten Mode gefertigt. Ein breites Band von schwarzer Seide zierte ihn. In dem Innern erkannte man, troßdem er durchnäßt war, die goldgeprägten Worte „Fabrique de Paris." Holzfäller oder Wilddiebe tragen solche Hüte nicht.

Der Jägerbursche erzählte weiter:

„Während ich den Fund erstaunt betrachtete, hörte ich rechts im Gebüsche Geräusch; es war, als ob ein fliebendes Wild die Zweige des Unterholzes zertheilte. Das kam mir verdächtig vor. Ich zog meinen Hirschfänger, da ich keine Büchse hatte, und wollte nach ... leider konnte ich nur sechs bis acht Schritte machen ... ich stieß auf den leblosen Körper des Herrn Oberförsters, der am Fuße einer Birke lag."

Albertine mußte die laut weinende Mutter zu einem Sessel führen.

„Nun machte ich mir natürlich mit dem Herrn zu schaffen, richtete ihn auf und stützte ihn an den Stamm der Birke," fuhr der Erzähler fort. „Ich riß feuchtes Gras aus, legte es auf den blutenden Kopf des Verwundeten und band mein Schnupftuch darüber. Zugleich rief ich um Hilfe und pfiff auf der Jagdpfeife. Da hörte ich meinen Hund in kurzer Entfernung laut bellen. Ich erkannte, daß er sich in einen Kampf eingelassen hatte. Den blanken Hirschfänger in der Hand stürzte ich in das Gebüsch, denn ich glaubte, mein Hund habe den Schurken gestellt, der das Verbrechen begangen. Ein Schuß knallt, das Bellen hört auf und Alles ist still. Ich bringe vielleicht noch hundert Schritte vor; da liegt mein treuer Hund in seinem Blute ...

der Kopf war ihm vollständig zerschmettert. Ich begriff, daß ich es mit einem gefährlichen Kerle zu thun hatte, der mir leicht das Lebenslicht ausblasen konnte, wenn ich ihn attakirte. Darum hielt ich es für gerathen, dem leidenden Herrn Beistand zu leisten. Ich war nicht lange bei ihm, als zwei Holzfäller kamen. Gleich darauf lief auch mein Kamerad herbei. Wir machten rasch eine Bahre und trugen den Verwundeten heim, der vor Schmerz laut wimmerte. Auf der Wiese trafen wir den Herrn Doktor und Fräulein Albertine."

Der Jägerbursche ward entlassen.

„Man muß dem Gerichte Anzeige machen," meinte der Arzt; „hier liegt offenbar ein schweres Verbrechen vor. Der Schütze hat nach dem Leben des Herrn Oberförsters getrachtet."

„Der Wilddieb Blume befindet sich wieder auf freiem Fuße," bemerkte die Mutter.

„Der zerlumpte Bauer, Madame, trägt einen solchen Hut nicht. Ueberlassen wir die Untersuchung meinem Freunde, dem Aktuar Otto Schwarz; er ist nicht nur ein strenger, sondern auch ein kluger Beamter. Für heute begeben Sie sich zur Ruhe. Ich übernehme die Wache bei dem Kranken."

Die Gattin wollte den verwundeten Gatten noch einmal sehen; man hielt sie unter dem Vorwande, daß er schlafe, davon ab.

Es war zehn Uhr Abends. Nach dem heftigen Ge-

witter hatte sich eine erfrischende Kühle eingestellt. Die
Sterne funkelten hell und klar vom tiefblauen Firmamente
herab. Durch die tiefe Stille der Nacht ließ sich das Rauschen des Flusses vernehmen, der die aus den Bergen kom-
mende Regenflut weiterwälzte.

Albertine und Bernhard standen an dem offenen
Fenster des Wohnzimmers. Sie sahen lange schweigend in
die wundervolle Nacht hinaus. Ein frischer Duft zog von
dem Forste herüber, dessen schwarze Umrisse sich deutlich
erkennen ließen.

„Sie finden die Wunden also nicht gefährlich?"
fragte die betrübte Tochter.

„Nein."

„Gott sei Dank!"

„Der Schuß, der den Kopf getroffen, war nur ein
Streifschuß, und da ich leicht die Kugel aus der Schulter
entfernen konnte, wird auch hier die Wunde bald heilen.
Beruhigen Sie sich; ich glaube versichern zu dürfen, daß
das Leben des Kranken nicht in Gefahr schwebt."

„Heilen Sie meinen Vater, Bernhard, und er wird
Ihnen dadurch danken, daß er den alten Groll vergißt, zu
dem wir Beide doch keinen Anlaß gegeben."

„Mit Gottes Hilfe wird es mir gelingen! Albertine,
wir sind allein Niemand hört uns: erklären wir uns gegenseitig mit der Offenheit, die unsere Lage erheischt. Sie
sprachen diesen Abend von wichtigen Dingen, die sich in
Ihrem Hause ereignet, auch davon, daß Jemand den alten

Groll Ihres Vaters nähre ... weihen Sie mich ein in die Geheimnisse, die meine Person und unsere Liebe betreffen!"

Er ergriff ihre Hand und drückte sie sanft an seine Lippen.

„Wird die Mittheilung auch die Unbefangenheit und Ruhe nicht stören, deren Sie bei der Behandlung meines Vaters bedürfen?" fragte sie besorgt.

„Der Arzt ist ein Anderer, als der Mann, der Sie liebt. Und dann, Albertine, ist es ja nicht schwer zu er- rathen, auch Sie fühlen das Bedürfniß, sich mir mitzu- theilen ..."

„Sie haben recht; ich fühle es um so peinlicher, seit ich weiß, daß Otto Schwarz Ihr Freund ist."

„Er ist mein intimer Freund."

„Weiß er, daß wir uns lieben?"

„Ich habe kein Geheimniß vor ihm."

„Nun ist mir Manches klar!"

„Albertine, was wollen Sie sagen?"

„Trauen Sie dem Aktuar nicht!"

„Warum? Warum?" fragte dringend der Arzt.

„Ich glaube mich nicht zu täuschen, wenn ich behaupte, er stellt sich zwischen Sie und mich."

„Otto Schwarz?"

„Er, kein Anderer!" versicherte Albertine.

„Das ist nicht möglich! Otto hat mir schon während unserer Universitätszeit Beweise geliefert, daß er eine auf- opferungsfähige Freundschaft für mich hegt."

„Urtheilen Sie!" flüsterte Albertine, indem sie sich
ihm zuneigte. „Als königlicher Beamte kommt mein Vater
oft mit dem Gerichte in Berührung. Dann verhandelt er
mit dem Aktuar, den er als ein Muster von Juristen preist.
„Schwarz wird eine bedeutende Karriere machen," hörte
ich den Vater noch vor kurzer Zeit sagen. „Solche Köpfe,
solche Charaktere braucht der Staat. Der Regierungs-
präsident wird ihm bald einen Posten anweisen, der für
Herrn Schwarz besser paßt als der jetzige in der verräu-
cherten Aktenstube." Ein solches Lob habe ich oft hören
müssen, und bald auch sollte ich die Bedeutung desselben
kennen lernen. Es war nicht selten der Fall, daß der Aktuar den Vater bis an das Haus begleitete; dann hatten
Beide so viel und so eifrig zu sprechen, daß sie sich kaum
trennen konnten. Bei solchen Gelegenheiten lernte mich
Schwarz kennen, dessen glühende Blicke mich mehr als unangenehm berührten. Der Mann war mir widerwärtig.
Eines Sonntags ward er zu Tische geladen. Er kam und
blieb den ganzen Nachmittag. Es ist wahr, seine Unterhaltung ist nicht übel und seine Fertigkeit auf dem Piano
reißt zur Bewunderung hin. Trotzdem aber stößt mich das
Wesen des Aktuars ab. Dies mochte mein Vater bemerkt
haben. Er kündigte mir an, daß der Gast oft wiederkommen würde und daß es ihm, dem Vater, lieb wäre, wenn
ich die Aufmerksamkeit des Aktuars freundlicher aufnähme."

„Das war deutlich genug!" sagte ernst der Arzt.

„Einst hatte ich Sie an der Thüre unseres Gartens

gesprochen; Sie kamen von dem benachbarten Dorfe zurück,
wo Sie einen Kranken besucht. Niemand kann uns gesehen
haben. Denselben Abend sagte mir der Vater: „Albertine, Du korrespondirst mit dem Sohne meines Todfeindes;
willst Du nicht, daß ich Dich zu meinem Bruder nach B.
schicke, so brich allen und jeden Verkehr mit der Familie
Hagen ab, die für uns nicht existirt." Dem Aufgeregten
Vorstellungen zu machen wagte ich nicht; aber ich beschloß
zu sondiren. Zu diesem Zwecke verbarg ich ein Briefchen
in dem hohlen Baume, der eine Einladung für Sie enthielt. Sie kamen nicht, es mußte der Brief also nicht in
Ihre Hände gelangt sein."

„Und wie oft habe ich den Baum aufgesucht!"

„Haben Sie Ihrem Freunde die Art unserer Korrespondenz mitgetheilt?"

„Ja!"

„So hat der Aktuar sich des Briefes bemächtigt."

„Das wäre infam!"

„Ich schrieb also keinen zweiten, fügte mich in Geduld
und wartete auf einen glücklichen Zufall, der mir erlaubte,
Ihnen mündlich meine Befürchtungen mitzutheilen. So
verflossen Wochen. Der Aktuar kam und ging wie ein
Hausfreund. Die Sympathie für ihn bemächtigte sich auch
meiner Mutter, so daß sie mich ermahnte, dem Vater, der
nur mein Glück im Auge habe, mich zu fügen. Da trat
das unglückliche Ereigniß ein ... Nothwendigkeit und eigener Drang zwangen mich, Sie als Arzt in unser Haus

zu holen. Gebe Gott, daß ich nicht unrecht gehandelt habe. Nun wissen Sie Alles, bilden Sie sich ein Urtheil."

"Otto! Otto!" murmelte Bernhard. "Ich kann es nicht glauben. Ein Freund, der das Vertrauen so schändlich mißbraucht, verdient mehr als Verachtung."

In diesem Augenblicke öffnete Mathias die Thür des Krankenzimmers.

"Herr Doktor!" rief er leise.

"Was gibt's?"

"Mein armer Herr muß große Schmerzen leiden!"

"Ich komme!"

"Auch spricht er viel und seltsame Dinge."

"Fieberphantasien!"

"Bernhard," schluchzte das junge Mädchen, "wenn mein armer Vater stürbe!"

"Das Wundfieber hat sich eingestellt; es ist Nichts!" tröstete der Arzt. "Ich habe den Zustand erwartet."

Er trat leise in das Krankenzimmer, das durch eine Lampe unter grünem Glase matt erhellt ward.

Albertine folgte ihm.

"Er hat bis jetzt ruhig geschlafen!" flüsterte Mathias.

Der Arzt gebot durch eine Handbewegung Schweigen. Dann trat er zu dem Bette und ergriff die Hand des Kranken. Er prüfte den Puls. Albertine betrachtete in fieberhafter Spannung den Gesichtsausdruck des Arztes, von dessen Wissenschaft sie die Rettung des geliebten Vaters erhoffte; sie wagte kaum zu athmen.

Plötzlich regte sich der Verwundete. Er entzog dem jungen Manne die Hand.

„Geh, Hagen," stöhnte er, „Du bist mein Freund nicht, bist es nie gewesen!... O, wie freundlich Du reden kannst... Heuchelei, Verstellung! Berühre mich nicht... ich hasse Dich, weil ich Dich verachten muß. Du bist ein Schurke!"

Diese Worte sprach der Kranke so erregt, daß er heftig zusammenzuckte. Nun stieß er ein leises Wimmern aus, als ob er Schmerzen empfände.

Die Tochter weinte.

„Wecken Sie ihn!" bat der alte Jäger, der gebückt am Fußende des Bettes stand. „Der Traum peinigt meinen unglücklichen Herrn... und er ist so gut, thut keinem Menschen auf der Welt Böses. Wie gräßlich muß er leiden..."

„Unterbrechen Sie den Schlaf nicht!" befahl leise der Arzt, der frische Eisumschläge auf die Wunden legte.

Die Kühlung that dem Kranken wohl; er schlief fort, nachdem er sich noch einmal geregt hatte. Die durch den Blutverlust herbeigeführte Erschöpfung war zu groß. Bernhard flüsterte Albertine zu, er sei zufrieden mit dem Zustande des Vaters. Sie sandte ihm dafür einen Blick voll Dankbarkeit und Liebe zurück.

„Mathias!"

„Herr Doktor?"

„Gehen Sie nach meiner Wohnung."

„Gern. Was soll ich dort?"

„Holen Sie von meiner Mutter die Gegenstände, die auf diesem Blatte verzeichnet stehen, und sagen Sie ihr zugleich, daß ich für diese Nacht die Wache übernommen habe."

Der greise Jäger empfing das Blatt und ging, indem er Albertine zuflüsterte:

„Der Herr Doktor wird unsern Kranken schon wieder herstellen, mir ist gar nicht bange. Wer sieht, wie er seine Patienten behandelt, muß ihm vertrauen!"

Die beiden jungen Leute saßen schweigend neben dem Bette. Die Uhr im Wohnzimmer schlug elf. Von dem Dorfe herüber hörte man den dumpfen Hornruf des Wächters, der die Stunde anzeigte.

„Albertine, gehen Sie zur Ruhe!" bat der Arzt. „Es ist schon spät."

„Lassen Sie mich bleiben, bis Mathias zurückkehrt. Aber im Falle ich Ihnen hinderlich bin ..."

„Nein; ich fürchte nur, daß Sie unter der Erschöpfung leiden. Auch wird es nicht ausbleiben, daß der Kranke phantasirt und Sie, die besorgte Tochter ..."

„Theilt die Nachtwache des besorgten Arztes."

Sie reichte ihm schmerzlich lächelnd die kleine Hand, die er zärtlich küßte.

Jetzt hob der Kranke die matte Hand und ließ sie wieder sinken.

„Gut, gut, Herr Aktuar!" murmelte er zwar leise, aber verständlich. „Verhehlen Sie mir Nichts ... ich bin auf Alles gefaßt ... Hagen ist ein schlechter Mensch ..."

Er schwieg wieder.

Bernhard sah traurig die Geliebte an.

Albertine nickte ihm zu, als wollte sie fragen: habe ich nicht Recht?

Beide lauschten. Der Kranke murmelte unzusammenhängende Worte, dann stöhnte er tief und schwer.

„Ach, es ist recht traurig,“ flüsterte er ganz leise . . . „man kann sich auf den besten Freund nicht mehr verlassen . . . die Treue stirbt aus, die Welt wird täglich schlechter . . . die graue Gestalt unter dem Baume . . . sie will mir die Hand reichen . . . sie lacht mich höhnend an . . . Mathias, reiche mir die Büchse, ich schieße den Elenden nieder . . . er hat mich infam betrogen und macht noch ein freundliches Gesicht . . . laß mich in Ruhe, Hagen! Strecke Deine Knochenhand nicht aus dem Grabe!“

Schaudernd schwieg der Kranke; er mußte mit gräßlichen Visionen kämpfen.

Nach einigen Minuten ward er ruhiger.

„Sei vernünftig, Dorothee,“ fuhr er fort; „ich weiß, was ich spreche. Schwarz wird unser Schwiegersohn, Albertine muß sich fügen . . . der Aktuar ist ein Mann für sie . . . wer mir den Plan zerstört, ist mein Feind!“

„Sie hörten es, Bernhard!“

„Still, vielleicht erfahren wir mehr!“

„Der Kranke delirirt.“

„Still, still! Sein Geist beschäftigt sich mit Dingen, die ihm äußerst wichtig sind.“

Der Oberförster schwieg lange.

„Da ist er!" rief er plötzlich mit allen Zeichen des
Schreckens. „Der Mensch sinnt auf mein Verderben! Fort
mit der Leiche ... ich will sie nicht mehr sehen! Wie die
Wunden klaffen! ... Das Blut fließt in brennenden Strömen ... Es dampft, wenn es den Boden berührt ... das
Gras wird versengt ... die zerschmetterten Glieder regen
sich ... der Arzt hat keine Seele, er ist nur ein Werkzeug ... ach, wie das brennt mit blauen und grünen Flam-
men! Der Schmerz ist furchtbar! Ich kann, ich will ihn
nicht verrathen und anklagen ... er war ja mein Freund!
Und ich habe ihm vertraut, ich habe mich ihm mit ganzer
Seele hingegeben. Mein gutes Weib! ... Meine liebe
Tochter ... Mathias, bringst Du den Hirschfänger schon
wieder? Du bist grausam, Alter! Schleudere die Klinge
in den Fluß ... bringe sie mir nie wieder vor die Augen!
Ach mein Gott! ..."

Die Kraft des Kranken war erschöpft; seiner Brust
entrang sich ein tiefer, schmerzlicher Seufzer.

Albertine hatte ihr Gesicht mit den Händen bedeckt;
sie weinte still vor sich hin.

„Das Wundfieber erzeugt wunderliche Bilder!" tröstete der Arzt. Man darf ihnen keine Bedeutung beilegen.
Der Geist ist in solchen Stunden krank wie der Körper."

„Sie sprachen vorhin anders, Bernhard!"

„Wir müssen unterscheiden."

„Hier waltet ein furchtbares Geheimniß."

„In das auch mein Vater verflochten ist! Aber noch glaube ich nicht daran."

„Großer Gott, wie werden sich die Wirren lösen!"

„Hoffen Sie, hoffen Sie das Beste!"

Der alte Mathias kam zurück. Er brachte das, was man ihm zu holen aufgetragen. Zitternd legte er die Gegenstände auf den Tisch.

„Was ist Ihnen?" fragte der Arzt.

„Herr Doktor, ich ärgere mich, daß ich unbewaffnet ausgegangen."

„Warum?"

„Bei der Linde sah ich ein verdächtiges Subjekt; es mochte das Haus umschlichen haben. Leider konnte ich nichts weiter erkennen, als die dunkle Gestalt, die, als sie mich kommen sah, sich entfernte. Ich wollte sie anreden; aber sie lief dem Dorfe zu. Meine alten Beine sind nicht mehr geschmeidig genug ... als ich die Brücke betrat, war die Gestalt schon zwischen den Häusern. Hätte ich eine Büchse gehabt, würde ich ihr eine Kugel nachgeschickt haben. Der Kerl ging auf schlechten Wegen, ich lasse es mir nicht nehmen. Man ist jetzt wahrhaftig seines Lebens nicht mehr sicher. Wer weiß, was der Kerl im Schilde geführt hat."

„Ist das Haus fest verschlossen?"

„Ja, Herr Doktor!"

Die drei Personen traten in das Wohnzimmer.

„Mathias," begann der Arzt, nachdem er die Thür des Schlafkabinets angelehnt hatte, „das Unglück, das

Ihren Herrn betroffen, fordert uns zur größten Vorsicht auf. Es walten geheimnißvolle Verhältnisse ob,
die wir zu ergründen suchen müssen, wenn wir dem
Verbrecher auf die Spur kommen wollen. Ich glaube mich
nicht zu täuschen, wenn ich annehme, daß Sie um so Manches wissen …"

„Ich, Herr Doktor?" fragte erstaunt der Greis.
„Wie meinen Sie das?"

„Sie werden mich bald verstehen, lieber Mathias."

„Sprechen Sie, Herr Doktor; ich biete gern zu Allem
die Hand. Wäre mir der Mörder bekannt, ich würde ihm
ein Andenken an den heutigen Tag zurücklassen, das nie
vergehen sollte."

„Mathias, hat der Herr Oberförster früher eine Aeußerung gethan, die Ihnen aufgefallen?"

„Ich wüßte wahrlich nicht …"

„Wenn Sie ihm den Hirschfänger brachten."

„Herr Doktor, Sie erinnern mich da an Dinge …
mein Herr war oft übel gelaunt. Aber wie können Sie
wissen, was außer mir Niemand gehört hat?"

Albertine begriff, wo hinaus Bernhard wollte; sie
hatte ja die Phantasie des Kranken gehört.

„Mathias," bat sie, „seien Sie offen! Uns können
Sie Alles mittheilen, was Sie wissen, denn wir haben nur
das Beste meines Vaters im Auge, dessen Vertrauen Sie
von jeher besaßen."

„Warten Sie, warten Sie!" murmelte der Greis,

indem er beide Hände an den Kopf legte und mit kurzen
Schritten durch das Zimmer ging. „Sie erinnern mich an
Dinge, denen ich weiter keine Bedeutung beigelegt."

Er blieb stehen.

„Ganz recht!" rief er leise. „Da fällt mir die Geschichte mit dem Hirschfänger wieder ein. Es war vor
zwei Jahren, gleich nach dem Tode Ihres Vaters, Herr
Doktor. Mein Herr trauerte, schlich still und in sich gekehrt umher ... ich weiß es, daß er trauerte, wenn er den
Freund auch lange nicht gesehen hatte. Der rasche Tod
Ihres Vaters ging ihm so tief zu Herzen, daß er weinte,
wenn er sich allein wähnte. Einmal rief er mich Morgens ;
er wollte in den Wald reiten. Der arme Mann mußte
eine schlechte Nacht gehabt haben, denn er sah angegriffen
aus. Still kleidete er sich an. Als ich ihm den Hirschfänger
brachte, stieß er ihn mit der Hand zurück. „Den nicht, den
nicht!" rief er wie erschreckt. „Es ist ja Ihr gewöhnlicher
Hirschfänger!" antwortete ich. „Jawohl, ich weiß es, aber
ich mag ihn nicht mehr tragen. Mathias, du bringst mir
von nun an stets den alten, den ich lange nicht getragen!
Diesen stelle in den Gewehrschrank, er soll verrosten!" Das
habe ich denn auch gethan, weil es der Herr wollte, und
ich dachte nicht mehr daran. Später wollte er ganz früh
zu einer Auktion; es war noch Dämmerung, als ich ihm
ankleiden half. „Mathias," rief er, „Du bringst mir den
Hirschfänger wieder, den ich nicht mehr tragen will!" Und
dabei warf er die Waffe zu Boden. Ich war erschreckt.

denn eine Verwechselung hatte unmöglich stattfinden können. Ich hob den Hirschfänger auf. „Besehen Sie ihn, lieber Herr, es ist ja der rechte!" Als er sich überzeugt hatte, nahm er ihn, bestieg sein Pferd und ritt davon, ohne ein Wort zu sagen."

„Weiter wissen Sie nichts?"

„Nein!"

„Wo ist der Hirschfänger?"

„Im Schranke, Herr Doktor."

„Holen Sie ihn."

Mathias ging. Zwei Minuten später kam er mit der Waffe zurück, die er dem Arzte reichte. Dieser betrachtete sie.

„Ich erkläre mir Alles!" flüsterte er Albertinen zu.

„Was ist es, mein Freund?"

„Der Hirschfänger ist ein Geschenk meines Vaters... hier unter dem Griffe ist der Name des Gebers zu lesen."—

„Zu Hilfe! Zu Hilfe!" rief der Verwundete.

Alle eilten erschreckt in das Schlafzimmer.

Der Oberförster hatte die gesunde Hand ausgestreckt, als ob er sich vor einem Angriffe schützen wollte. Aechzend vor Schmerz sank er zurück. Er war erwacht.

„Vater, lieber Vater!" flüsterte Albertine. „Was ist Ihnen?"

„Du bist es, meine Tochter!"

Er schien das Gedächtniß anzustrengen, um sich seiner Lage bewußt zu werden, denn er sah mit starren Blicken durch das Kabinet.

„Ich bin verwundet" murmelte er trüb vor sich hin.

„Ihre Wunden sind nicht gefährlich, lieber Vater. Beruhigen Sie sich; der Arzt versichert, daß die Genesung schnell von Statten gehen werde.

„Wer ist mein Arzt?"

„Der geschickteste Mann unserer Gegend . . . der junge Doktor Hagen."

„Hagen! Hagen!" rief schmerzlich der Kranke. „Muß ich denn stets diesen Namen hören?"

„Sie dürfen sich einem andern Arzte nicht anver-trauen, da Ihr Zustand die beste ärztliche Behandlung er-fordert. Eine Ungeschicklichkeit, ein Fehlgriff kann die schlimmsten Folgen haben. Vater, haben Sie den Mann erkannt, der Sie verwundet hat?"

„Nein! O, hätte ich ihn erkannt! Warum bin ich nicht auf der Hut gewesen . . . man hat mich gewarnt."

„Wer hat Sie gewarnt?"

„Die Wunden schmerzen und brennen!"

„Vater, Sie haben nicht mit Hagen, Sie haben mit dem Manne der Wissenschaft zu thun. Wir haben ihn zu Hilfe gerufen, damit Sie uns erhalten bleiben, damit die Schmerzen rasch gelindert werden."

„Wo ist die Mutter?"

„Sie hat das Bett aufgesucht."

„Ist sie denn krank?"

„Nein, Vater; aber es ist längst Mitternacht vorüber und die Mutter bedarf der Ruhe."

„Mitternacht! Geh' auch Du zu Bett, mein Kind!
Ich will schlafen ... die Müdigkeit übermannt mich ...
O, wäre es doch Tag! Die Sonne wird meinen Geiste
andere Bilder schaffen. Gehe zu Bett, Albertine; ruhe,
damit Du nicht krank wirst."

Albertine neigte sich über ihn und küßte sanft seine
brennende Wange.

„Vater, versprechen Sie mir, die Hilfe nicht von der
Hand zu weisen, die der Arzt Ihnen angedeihen läßt. Versprechen Sie es Ihretwegen ..."

Er drückte sanft die Hand der Tochter. Dann ent-
schlummerte er wieder. Mathias blieb am Bette zurück,
die beiden jungen Leute verweilten im Vorzimmer. Nach
einer Stunde trennten sie sich. Albertine mußte dem
Drängen des Geliebten nachgeben und zu Bette gehen.

Der Arzt erfüllte gewissenhaft seine Pflicht. Als der
Morgen dämmerte, saß Mathias schlafend in seinem Stuhle.
Die Kraft des alten Mannes war schwächer, als der gute
Wille. Der Doktor wachte, er beobachtete den Kranken.
Dieser schlug plötzlich die Augen auf und sah durch das
von dem Morgenrothe erhellte Zimmer. Er bemerkte den
Arzt, der beobachtend neben ihm saß.

„Doktor," fragte er ruhig, „können Sie mich retten?"

„Ich zweifle nicht daran!" antwortete der erstaunte
junge Mann. „Meine Hilfe ist Ihnen zur rechten Zeit geworden, und fügen Sie sich allen Anordnungen, die ich zu

treffen für gut befinde, so werden Sie bald das Bett verlassen können."

„Bestimmen Sie, Doktor!"

„Reden Sie wenig, bewahren Sie die Ruhe des Gemüths und vertrauen Sie mir, der ich mein Leben daran
setze, das Ihrige zu erhalten."

„Ich verspreche es Ihnen!"

Bernhard drückte dem Kranken dankbar die Hand.

Woher war diese plötzliche Umwandlung gekommen?
Sollte sie die Furcht vor dem Tode in dem Oberförster
erzeugt haben? Oder sollte er wirklich anderen Sinnes geworden sein? Bernhard konnte sich diese Fragen nicht be-
antworten; aber ihm war, als ob seinem Herzen eine
Zentnerlast entnommen sei, als ob er nun erst mit Fug und
Recht seinen ärztlichen Obliegenheiten nachkommen könnte

Gegen sieben Uhr erschienen Mutter und Tochter. Der
Arzt ertheilte noch einmal Befehle und tröstliche Versiche-
rungen, und ging, um seine übrigen Patienten zu besuchen.

„Du hast wohl gethan," sagte die Mutter, „den vortrefflichen jungen Mann zu rufen! Seine Worte, sein
ganzes Auftreten beruhigen mich, erfüllen mich mit Vertrauen."

Albertine küßte die Mutter und fragte:

„Konnten Sie, liebe Mutter, von Bernhard Hagen
Anderes erwarten?"

„Bei der Feindschaft, die zwischen unseren Familien
herrscht ..."

„Dieser Unglücksfall wird sie hoffentlich für immer aufheben, wird dem guten Vater zeigen, wer sein Freund, wer sein Feind ist."

„Die verruchte Hand, die das Verbrechen verübt, muß ermittelt werden!" rief Frau Dorothee. „Ich selbst werde dem Gerichte Anzeige machen."

Eine Magd trat ein und meldete, daß der Herr Aktuar Schwarz angekommen sei. Frau Dorothee selbst öffnete dem Manne des Rechts die Thür.

„Willkommen, Herr Aktuar!" rief sie ihm entgegen. „Erfüllen Sie Ihre Pflicht und verfahren Sie nach der ganzen Strenge der Gesetze. Mein armer Mann muß furchtbar leiden."

Otto verneigte sich tief.

„Mir ist von dem traurigen Vorfalle bereits Kenntniß geworden," antwortete er würdevoll. „Meine Gendarmen durchstreichen den Forst und die Umgegend … ich komme, um den Thatbestand nach den Worten des Herrn Oberförsters selbst aufzunehmen."

Albertine hatte in das Kabinet gesehen.

„Der Vater schläft!" flüsterte sie. „Der Arzt hat streng befohlen, die Ruhe des Patienten nicht zu stören."

„Weisen Sie mir ein Zimmer an; ich beginne mit den Leuten, die den verletzten Herrn aufgefunden haben."

Es geschah. Während die Mutter den Aktuar in ein Zimmer des Erdgeschosses führte, rief Albertine die Domeftifen herbei. Sie felbft war nicht Zeugin des Verhörs, sie kehrte zu dem kranken Vater zurück.

Nach einer Stunde erschien Otto in dem Wohnzimmer.

„Das ist ein eigenthümlicher Fall!" meinte er, sein Gesicht in Amtsmienen legend. „Kann mir der Herr Oberförster auch uur eine oberflächliche Beschreibung von dem Manne machen, der bei dem Kommen des Jägers in das Gebüsch entflohen, so werde ich unfehlbar die Spur des Verbrechers entdecken. Gestatten Sie mir, daß ich den Herrn Oberförster..."

„Nur jetzt nicht!" sagte entschieden Albertine, die ihm den Weg vertrat.

Der Aktuar wich zurück.

„Sie wollen es, und ich gehorche!"

Ein stechender Blick traf das junge Mädchen, das leise die Thüre des Krankenzimmers schloß. Der Aktuar, der sein amtliches Geschäft beendet, verließ das Forsthaus, nachdem er die beiden Frauen zeremoniell gegrüßt hatte.

Zweites Kapitel.

Die Stiefmutter.

An dem entgegengesetzten Saume des Waldes, vielleicht eine Stunde von Rodenfeld entfernt, lag eine reizende Villa. Das ziemlich geräumige Gebäude, von hohen Buchen beschattet, war in gothischem Style erbaut. Die Thürmchen, Vorhallen und Bogenfenster verliehen dem Gebäude einen gemüthlichen Charakter. Die glänzende Freitreppe desselben ward von Orangenbäumen geschmückt. Vor der Treppe breitete sich ein frischgrüner Rasenplatz aus mit einem kleinen Teiche, in dessen Mitte eine Fontaine ihren schlanken Wasserstrahl emporschoß. Ein hohes Eisengitter trennte den Park, der die Villa umgab, auf der einen Seite von dem Forste, auf der anderen von den Feldern. Der Besitzer dieses Grundstückes mußte entweder ein Fürst oder ein Millionär sein.

Gegen eilf Uhr Vormittags trat eine junge Dame in die Vorhalle, von der man die Aussicht auf den Forst und auf den Fluß hatte, der sich wie ein blitzendes Band zwischen den Bäumen verlor. Der kühle Raum war prachtvoll eingerichtet. Weiche Teppiche bedeckten den Marmorboden, schwellende Polster von rothem Plüsch lagen rings umher und kunstvoll gearbeitete Alabasterstatuen standen auf den Vorsprüngen. Gothische Möbel von Mahagoni vollendeten die Ausstattung des Raumes, den man füglich einen Salon nennen konnte.

Das überaus feine und zarte Gesicht der Dame, die vier- oder fünfundzwanzig Jahre zählen mochte, war lilienweiß. Ihren schlanken, durch Krankheit abgemagerten Körper hüllte eine Robe von lichtblauer Seide ein. Das schwarze, glänzende Haar war mit großer Sorgfalt geordnet. Der kostbare Schmuck glänzte an dem Halse, auf

dem Busen und an den Armen. Man hätte glauben mögen, die Dame habe sich zum Empfange großer Gesellschaft
geschmückt. Sie warf sich auf einen Sessel, stützte das
Haupt auf die zarte Hand und sah sinnend nach dem
Walde, der wie in einen bläulichen Duft gehüllt sich jenseits des Parkes ausbreitete. Die Sonne stand glänzend
am wolkenlosen Firmamente; die Kraft ihrer Strahlen
konnte die kühlen Marmorwände nicht durchdringen.

„Antoinette!" rief die Stimme eines Mannes, der
fast unhörbar eingetreten war.

„Vater!" antwortete melancholisch die Tochter.

Sie versuchte zu lächeln. Und dabei streckte sie ihm
die Hand entgegen.

„Wie befindest Du Dich diesen Morgen?" fragte
zärtlich besorgt der Vater, ein Mann von sechsundfünfzig
Jahren.

„Gut. Ich fühle, daß meine Kräfte täglich zunehmen."

„Das verräth Dein Aussehen; aber Deine Gemüths-
stimmung . . ."

„Ist nur eine Folge der Abspannung, die bald
schwinden wird. Der Doktor Hagen ist ein Wundermann;
vertrauen Sie ihm, Vater."

„Ich werde ihn fürstlich belohnen, sobald er Dir
völlig die Gesundheit zurückgegeben hat. Mir ist keine
Summe zu groß, um das Glück meiner einzigen Tochter
zu erkaufen."

„Wie gütig Sie sind, mein Vater! Es schmerzt mich

tief, daß Ihnen meine Krankheit so lange Sorgen bereitet hat."

William Satler, so hieß der Besitzer des Landhauses,
das er nach seiner Tochter Antoinettenruhe getauft hatte,
war ein kurzer dicker Mann mit stark ergrautem Haare.

Seine gutmüthigen Züge und sein stets freundliches
Auge machten ihn bei allen Denen, die mit ihm in Berührung traten, schnell beliebt. Er war nicht, wie die reichen
Leute gewöhnlich sind, stolz, kalt und abstoßend; der ge-
ringste Mann ward von ihm artig behandelt. An seiner
Tochter hing er mit überschwänglicher Zärtlichkeit, sie war
sein Alles auf dieser Erde. Antoinette stammte aus der
ersten Ehe; ganz das Ebenbild der früh verstorbenen Mutter, erinnerte sie den Vater an eine schöne, glückliche Zeit.
Aber nur körperlich war sie das Ebenbild der Verstorbenen,
denn bezüglich des Charakters herrschte eine große Verschie-
denheit zwischen Beiden. Die Mutter war sanft, still und
häuslich gewesen; die Tochter zeigte sich herrisch, kokett,
stolz und hochfahrend. Sie war mit einem Worte eine
große Dame nach dem neuesten Geschmacke, die dem Vater
viel Geld kostete. William Satler war seit acht Jahren zum
zweiten Male verheirathet; ob glücklich, mag der Leser entscheiden, wenn er Frau Satler kennen lernt. Wir berichten
für jetzt nur, daß Regina, so nannte sich Frau Satler, den
reichen Witwer sich erobert hatte.

„Heute muß der Doktor kommen," sagte Antoinette
nach einer Pause.

„Gewiß, mein Kind."

„Es ist bald eilf Uhr! Sonst war er um neun Uhr schon hier."

„Weil seine Hilfe nicht mehr so nöthig ist."

‚Aber wenn wir ihn bezahlen!" rief Antoinette hastig.

„Freilich, dann wird er kommen; wir dürfen indeß nicht vergessen, daß Hagen ein gesuchter Arzt ist, der seine Zeit eintheilen muß. Bei Dir, liebe Tochter, ist längst keine Gefahr mehr vorhanden. Wenn nun schwere Krankheiten den Arzt fesseln . . .'

„Still, sprechen wir nicht mehr davon!" rief die junge Dame verdrießlich. „Glücklich der Mensch, der keinen Arzt braucht. Es wird langweilig auf dieser Villa . . . der Arzt mag mir ein Bad empfehlen, damit ich unter Leute komme, mich zerstreuen und erholen kann. Ach, die entsetzliche Langweile!"

„Willst Du ausfahren, mein Kind?" fragte besorgt der Vater.

„Jetzt nicht; vielleicht später. Ah, dort zeigt sich ein Reiter!" rief Antoinette, die durch ein goldenes Lorgnon sah. „Wahrlich, es ist der Doktor! Sein Schimmel glänzt blendend durch das Grün der Landschaft. Aber wie langsam er reitet; sieht es doch aus, als ob er nicht vom Flecke käme!"

Und nun beobachtete Antoinette jede Bewegung des Reiters, der sich langsam der Villa näherte.

William Satler schüttelte lächelnd sein graues Haupt.

„Ich merke schon, wo hinaus die Geschichte will!" dachte er. „Hagen ist ein interessanter, ein schöner junger Mann . . ."

„Ah, Vater und Tochter!" rief eine Dame, die rauschend die Vorhalle betreten hatte. „Beide ergehen sich in philosophischen Betrachtungen!"

„Regina!"

Herr Satler erhob sich, küßte seiner Gattin die Hand und führte sie zu seinem Fauteuil. Antoinette grüßte durch ein stolzes Kopfnicken und setzte ihre Beobachtungen fort.

Regina war, obgleich sie schon vier- bis fünfunddreißig Jahre zählte, immer noch eine blendende Schönheit. Sie besaß die üppigsten weiblichen Formen. Ihr dunkles Auge glühte unter den schönsten Brauen welche die Alabasterstirne einer Frau schmücken können. Selbst die Wangen waren noch frisch und roth wie die einer Jungfrau. Jede ihrer Bewegungen zeigte Lebendigkeit und Feuer. Regina wußte, daß sie schön war; das weiße Batistkleid, das sie trug, zeigte genau so viel von den bewunderungswürdigen Körperformen, als zur Wahrung der Decenz ihr nöthig erschien. Ein strenger Moralist würde Manches an ihr auszusetzen gehabt haben! der Salonmann aber konnte nur sagen: „Frau Satler besitzt Geschmack, spricht gut und bewegt sich mit dem Anstande einer Dame von Welt." Und weil sie wirklich eine Dame von Welt war, verbarg sie ihr Mißvergnügen über den kalten Gegengruß ihrer Stieftochter. Sie spielte mit dem feinen Fächer, den sie in der

mit Ringen geschmückten Hand trug, und lächelte ihrem
Gatten zu, der bewundernd seine schöne Gattin betrachtete.

„William, hast Du schon von der Mordgeschichte
gehört?"

„Von welcher Mordgeschichte?"

„Die sich gestern Abend zugetragen hat."

„Nicht ein Wort!" versicherte William, dessen Freundlichkeit plötzlich verschwunden war.

„Es ist nicht geheuer mehr in dem stattlichen Eichen-
forste."

„Aber so erzähle doch!"

„Man hat den Oberförster Winter lebensgefährlich
verwundet."

„Wer? Wer?"

„Bis jetzt kennt man den Verbrecher nicht."

„Und wer brachte die Nachricht?"

„Die beiden Arbeiter aus Rodenfeld, die in unserem
Parke beschäftigt sind. Der Eine meint, der Oberförster
liege im Sterben, der Andere behauptet, die Wunde sei
nicht tödtlich. Soviel aber steht fest: man hat einen Mordanfall verübt, der uns zur größten Vorsicht auffordert."

„Ist der Oberförster ein in der Gegend mißliebiger
Mann?" fragte Antoinette.

„Im Gegentheil," antwortete rasch der Vater; „man
schätzt ihn als einen humanen Beamten, der überall wohl
gelitten ist."

„Der Doktor," meinte Frau Satler, „wird uns wohl

sagen können, wie viel Wahres an dem Gerüchte ist. Ge-
dulden wir uns noch kurze Zeit."

Antoinette warf einen stechenden Blick auf ihre Stiefmutter, die gleichgültig durch ihr goldenes Lorgnon die
Landschaft betrachtete. Herr Satler schnupfte, trommelte
auf der prachtvollen Dose und sah mit einem Lächeln seine
üppige Gattin an, das bewies, wie glücklich er sich in dem
Besitze derselben fühlte.

Bald trat ein Diener in blauer Livree ein und meldete den Doktor Hagen an.

„Wollen die Damen unseren Arzt hier empfangen?"
fragte der Hausherr.

„Natürlich!" rief Frau Satler. „Der Ort ist zu
einer ärztlichen Besprechung ganz geeignet."

Sprach es Antoinette auch nicht aus, daß sie anderer
Meinung war, so verrieth sie es doch durch den Ausdruck
ihres Gesichts, den sie nicht beherrschen konnte. Der Vater bemerkte es zwar, aber der Wunsch seiner blendend
schönen Gattin war ihm Befehl, die Tochter, so leid es
ihm auch that, mußte nachstehen.

„Der Arzt mag kommen!" rief er, seinen Verdruß
unterdrückend.

Der Diener ging; Bernhard Hagen trat ein.

Nach der Begrüßungs-Zeremonie begann der Arzt
sein Examen mit der Rekonvaleszentin. Er sprach seine
Zufriedenheit aus, ertheilte einige Verordnungen in Bezug
auf Diät und fügte artig hinzu:

„Fräulein Satler ist keine Patientin mehr, ich erkläre die Kur für beendet.“

„Das ist ein Wort, was sich hören läßt!“ rief der Vater. „Doktor, Sie haben ein Meisterstück vollbracht.“

Der junge Mann verneigte sich.

„Ich habe gethan,“ versicherte er bescheiden, „was in meinen Kräften stand.“

„Das haben auch die Aerzte in der Residenz gethan! aber leider sind ihre Bemühungen ohne Erfolg geblieben.“

„Mir ist das Glück hold gewesen.“

„Sie schlagen Ihre Kenntnisse, Ihre Kunst zu gering an. Man muß sein Licht nicht unter den Scheffel stellen, sagt die Bibel, und das heilige Buch hat immer Recht. Ihr Platz ist in der Residenz, nicht auf dem Lande, wo man den tüchtigen Arzt weder schätzt noch bezahlt. Wählen Sie die Stadt zu Ihrem Wirkungskreise; ich empfehle Sie . . . es wird Ihnen an Praxis wahrlich nicht mangeln. Den Hofrath, der meine Tochter mit langwierigen Kuren gepeinigt hat, schaffe ich ab . . . Sie bleiben mein Hausarzt. Das Uebrige findet sich. Was meinst Du, liebe Regina?“

„Ich pflichte Dir bei, William. Der Herr Doktor ist den Leidenden ein Engel. Dadurch, daß er unsere Antoinette geheilt, hat er sich Ansprüche auf hohen Dank erworben, den wir nach Kräften bethätigen werden. Begleiten Sie uns, mein Herr, im Herbste nach der Residenz . . . was meinen Sie zu diesem Vorschlage?“

„Er entzückt mich, gnädige Frau, und ich gestehe gerne ein, daß ich mich nach einem weiteren Wirkungskreise sehne, die Landpraxis ist beschwerlich; so lange man jung ist, achtet man der Strapazen nicht . . . "

„Aber man muß auch an sein Alter denken!" unterbrach ihn William. „Fassen Sie einen Entschluß, Doktor!"

„Ich werde mit meiner Mutter berathen; gestatten Sie mir, daß ich Ihnen später mittheile . . . "

„Abgemacht! Sie können auf mich zählen! Nun zum Dejeuner, das ich im Gartenpavillon habe serviren lassen "

William Satler reichte seiner Gattin den Arm. Der Doktor entschuldigte sich, sprach von dringenden Besuchen; aber Antoinette sah ihn mit so bittenden Blicken an, daß er, ohne die Decenz zu verletzen, nicht ausweichen konnte. Er reichte der Rekonvaleszentin den Arm und folgte Herrn Satler, der mit seiner Gattin voranging.

Der Weg führte über eine Marmortreppe in den Park. Die Paare gingen unter dichten Linden, die den Sonnenstrahlen wehrten, einem chinesischen Pavillon zu, der dicht am Ufer des Flusses lag.

„Sie zittern, mein Fräulein!" sagte der Arzt.

„Nein, nein!" flüsterte Antoinette.

„Fühlen Sie sich unwohl?"

„Ich versichere Ihnen das Gegentheil!"

„Wir gehen wohl zu rasch?"

„Ja Doktor; führen Sie mich langsamer!" bat
Antoinette schmachtend, indem sie sich an seinen Arm
hing. —

Bernhard unterstützte sie.

Nun fühlte er deutlicher das Zittern des zarten eleganten Körpers. Er richtete besorgt einige Fragen an die
junge Dame. Sie versicherte, daß sie nur noch schwach,
aber nicht krank sei.

„Meinen Sie," fragte sie schmerzlich lächelnd, „daß
ich den Triumph Ihrer Kunst zerstören könnte? Ich will
dankbar sein, will Ihren Ruhm verherrlichen . . ."

Bernhard ward verlegen.

„Hüten Sie sich vor Erregung!" mahnte er in einem
bittenden Tone. „Ruhe des Gemüths beschleunigt die
Rekonvaleszenz."

Antoinette seufzte tief und schwer.

„Ruhe des Gemüths!" flüsterte sie. „Um diese zu
erlangen, müßte ich allein sein."

„Was wollen Sie sagen?" fragte der Doktor verwundert. „Wenn ich Ihnen lästig bin . . ."

Sie klammerte sich an seinen Arm.

„In Ihrer Nähe fühle ich mich wohl; aber bedenken
Sie unsere Familienverhältnisse, die mir täglich lästiger
werden. Ich muß das väterliche Haus verlassen, wenn
ich die Ruhe des Gemüths erlangen soll, die Sie fordern.
Es ist nie gut, wenn eine Stiefmutter im Hause ist. Mein
schwacher Vater läßt sich beherrschen, wenn er auch wähnt,

daß er der Gebieter sei. Und so habe ich eine ganze Partei gegen mich, während ich allein stehe.“

Man hatte die Stufen des Pavillons erreicht, die das
junge Paar erstieg. Antoinette dankte ihrem Führer durch
eine graziöse Verneigung. Das Dejeuner begann. Ein
Lakai besorgte gewandt die Bedienung. Wahrlich, die
Tafel eines Fürsten konnte nicht besser bestellt sein. Man
speiste die leckersten Gerichte und trank die feinsten Weine.
Und wie reizend war der Ort, an dem die kleine Tafel-
runde sich versammelt hatte. Das Dach des Pavillons,
von den Zweigen großer Buchen bedeckt, ruhte auf schlanken Säulen von Eisen. Die Säulen waren durch Wände
von farbigem Glase verbunden. Nach dem Flusse zu, der
an der Grundmauer des eleganten Gebäudes vorüberfloß,
befand sich ein Balkon mit zierlichem Geländer. Von diesem Balkon hatte man eine Fernsicht über den Fluß, der
sich unten in dem Walde zu verlieren schien.

Frau Satler leitete bald das Gespräch auf den Oberförster. Der junge Arzt, befragt, erzählte was er wußte.

„Ich beklage den unglücklichen Mann!“ rief Herr
Satler. „Sie hoffen, ihn herzustellen?“

„Ja!“

„Sollte mich freuen; Winter ist, soviel ich ihn kenne,
ein braver Charakter. Man hat doch eine Untersuchung
angeordnet?“

„Es ist Nichts versäumt, um den Thäter zu entdecken.“

„Doktor, Sie sehen, wie gefahrvoll die Ausübung eines Amtes auf dem Lande ist. Der Oberförster hat geheime Feinde, und diese Feinde werden auch die Ihrigen, wenn Sie den Verwundeten heilen, der gewissen Leuten lästig ist. Den Grundsatz, schaffe Dir überall Freunde, darf man nicht einen Augenblick vergessen."

„Aber treue Pflichterfüllung, Herr Satler, stelle ich über diesen Grundsatz. Es gibt Leute, die nicht verdienen, daß man sie Freunde nennt, obgleich man sie dafür hält.

Auf dem Flusse zeigte sich ein Kahn, der langsam vorüberglitt. In dem Hintertheile desselben saß ein junger Mann, nachlässig das Steuerruder lenkend. Ein alter Schiffer ruderte.

Frau Satler bemerkte das Fahrzeug. Mit scharfen Blicken folgte sie ihm, bis es ihrem Gesichtskreise entschwand. Den übrigen drei Personen war es entgangen, da sie eifrig das Gespräch unterhielten.

Das Frühstück war eingenommen.

Der Arzt verabschiedete sich.

„Sie besuchen uns ferner?" fragte Antoinette in einer Unruhe, die sie nicht bekämpfen konnte.

Ich werde nicht unterlassen, mich von Zeit zu Zeit einzustellen.'

„Sie sind mein Hausarzt, Doktor!" rief der reiche Mann.

„Eine große Ehre für mich.'

„Darum dürfen Sie an meinem Landhause nicht

vorübergehen, selbst wenn Sie keine Patientin darin wissen. Das Honorar mögen Sie selbst bestimmen. Verzeihen Sie, wenn ich den materiellen Punkt berühre . . ."

„Werde meine Pflicht erfüllen."

Die beiden Männer gingen. Die Damen blieben zurück.

Satler führte den Arzt in sein Kabinet.

„Nun sind wir allein, Doktor. Es bedarf wohl der Versicherung nicht, daß Sie mir, indem Sie mein Kind erhalten, eine kaum zu vergeltende Wohlthat erwiesen. Nehmen Sie dieses Portefeuille; außerdem bleibe ich Ihr dankbarer Schuldner."

Der Arzt empfing ein Taschenbuch, das er, ohne zu prüfen, verbarg. Er sprach seinen Dank aus.

„Antoinette," fuhr Herr Satler fort, „wird Ihrer stets gedenken, und sollten Sie je in die Lage kommen, der Hilfe Anderer zu bedürfen, so klopfen Sie bei mir an, es wird Ihnen stets aufgethan werden."

„Sie sind zu freigebig, mein Herr!"

„Ich bin, wie ich bin!" rief scherzend der Alte. „Und so nehmen Sie mich. Berathen Sie mit Ihrer Mutter den Uebersiedlungsplan; ich sorge dafür, daß es Ihnen in der Stadt an Nichts fehle. Sie verstehen mich?"

„Vollkommen, mein lieber Herr!"

„Und nun sprechen Sie nicht von Dank! Adieu, Doktor, Adieu!"

„Der freundliche Mann umarmte den Arzt, der sich

dann rasch entfernte, um den weiteren Dankesergießungen
zu entgehen.

„Gut, recht gut!" flüsterte ihm der Besitzer des Landhauses nach. „Dieser Doktor hat mir viel, sehr viel erhalten, ich kann ihm nicht genug geben."

Er setzte sich an seinen Schreibtisch und machte Notizen in ein Buch.

Bernhard Hagen hatte sein Pferd bestiegen. Als er
durch den Wald ritt, öffnete er das Portefeuille. Es enthielt zweitausend Thaler in Banknoten.

„Das nenne ich ein Honorar!" rief er freudig erstaunt aus. „Albertine, diese Summe soll uns die Wirth-
schaft gründen. Ich brauche nun nicht nach Deiner Mitgift
zu fragen. Gott sei gelobt, ich rücke meinem Ziele immer
näher!"

Wir kehren zu den beiden Damen zurück, die sich in
dem Pavillon befinden.

Regina hatte lange Antoinetten betrachtet, die an
dem zierlichen Eisengeländer des Balkons stand, und sinnend dem Spiele der Wellen zusah, die leise rauschend das
Granitufer bespülten. Die Strahlen der höher gestiegenen
Sonne brannten heiß hernieder; in dem Pavillon war es
angenehm kühl. Bäume und Blumen dufteten noch nach
dem frischen Gewitterregen. Der Hagel hatte in dieser Gegend nur geringen Schaden angerichtet. Es schien, als ob
die Besitzung des reichen Mannes unter der besonderen
Obhut Gottes gestanden.

„Antoinette!" rief leise, aber im Tone des Vorwurfs die Stiefmutter.

Die junge Dame sah fragend zur Seite.

Es lag mehr als Verdruß in ihrem Blicke; man konnte es Gehässigkeit nennen.

Regina kannte bereits die Gesinnung ihrer Stieftochter.

„Sie sind trüb gestimmt, Antoinette!"

„Ich glaube kaum!" war die kalt ertheilte Antwort.

„Es wäre mir lieb, wenn ich mich täuschte."

„Sie täuschen sich wirklich, gnädige Frau!"

„Desto besser. Ich wünsche Ihnen Glück zu Ihrer Genesung!"

„Danke!"

Antoinette neigte sich wieder über das Geländer.

„Immer noch so gereizt!" flüsterte die Stiefmutter ziemlich laut. „Es ist recht traurig!"

„Ich bedarf der Ruhe."

„Mein Gott, es liegt durchaus nicht in meiner Absicht, Ihre Ruhe zu stören. Ich möchte im Gegentheil unser gegenseitiges Verhältniß ordnen, damit Sie mich ferner nicht für eine Person halten, die Zwietracht zwischen Vater und Tochter wirst."

„Habe ich das gesagt?"

„Nicht geradezu; aber Ihr Benehmen verräth es. Warum nennen Sie mich stets „gnädige Frau," als ob ich Ihnen fremd wäre? Warum wollen Sie mir die Stellung nicht einräumen, die mir die Liebe Ihres Vaters angewiesen hat?"

Antoinette seufzte tief und schwer.

„Gönnen Sie mir Zeit!" antwortete sie ausweichend.

„Und doch habe ich mich stets mit Ihrem Glücke beschäftigt."

„Mit meinem Glücke!"

„Ihre Krankheit hat die Ausführung des Planes verzögert.

„Von welchem Plane sprechen Sie?"

„Heute trifft Bruno Eichstädt ein."

„Genug!" rief Antoinette wie befehlend. „Ich ersuche Sie, sich ferner nicht mit meinem Glücke zu beschäftigen. Nur der Mann erhält meine Hand, den ich selbst mir wähle. Zwischenhändler ignorire ich."

Regina zuckte heftig zusammen.

Auch diese Beleidigung verzeihe ich Ihnen!" rief sie aus. „Sie sind noch krank."

„In der höchsten Fülle der Gesundheit werde ich meine Ansicht nicht ändern. Meine Liebe kann Nichts erzwingen, weder Drohungen, noch glatte Worte und Reichthum. Ich verachte den Mann, der unfähig ist, sich selbst zu empfehlen. Sagen Sie das Ihrem Herrn Bruno Eichstädt."

Antoinette verließ den Pavillon ohne zu grüßen.

„Impertinentes Geschöpf!" flüsterte Regina. „Die Kranke habe ich geschont; die Gesunde soll sich bald mir beugen. Sie sind nicht unüberwindlich, mein Fräulein; genügt meine eigene Kraft nicht, so schaffe ich Hilfe. Sehen wir zu, wer als Siegerin aus dem Kampfe hervorgeht. Habe ich darum einem Greise die Hand gereicht, um mich von einer Närrin tyrannisiren zu lassen? Ich will hier herrschen . . . koste es, was es wolle."

Die Gestalt einer Frau stieg die Stufen des Pavillons hinan.

„Petrine!" rief Frau Satler.

„Ich komme, gnädige Frau!"

„Willst Du zu mir?"

„Ja!"

„So sprich, wir sind allein!"

Petrine, die Kammerfrau der Dame, war eine lange, hagere Person von vielleicht dreißig Jahren, eine verblühte Schönheit. Sie trug ein weißes Kleid und eine Schürze von schwarzem Taffet. Die Hände hielt sie nachlässig in den Taschen dieser Schürze. Ihre Taille, lang und schmächtig, war zum Umspannen, wirklich eine Wespentaille. Das schwarze Haar bildete zu beiden Seiten des schmalen bleichen Gesichts ein Riesentoupet, das von Pomaden duftete und glänzte. Die echte Zofe einer vornehmen Frau, die in moderner Ehe lebt, hatte den Pavillon betreten. Ueber das Verhältniß zwischen Herrin und Dienerin gibt folgendes Gespräch schon einige Auskunft."

„Was bringst Du, Petrine?"

„Vor einer Viertelstunde ging ich in den Park, um

den Blumenstrauß zu pflücken, den ich Ihnen, gnädige Frau, jeden Morgen überreiche."

„Und warum hast Du ihn nicht gepflückt?"

„Sie werden den Grund sogleich kennen lernen."

Petrine forschte nach allen Seiten, ob nicht ein unberufener Zeuge in der Nähe sei. Nachdem sie sich überzeugt, daß sie sicher war, begann sie flüsternd:

„Ich ging an dem Gitter hin, das den Park von der Wiese trennt; da bemerkte ich einen Mann, der durch die Stäbe lauschte, als ob er irgend Etwas erspähen wollte. Ich erschrak, denn ich sah das Gesicht mit den großen glühenden Augen ganz in meiner Nähe. Der Fremde bat, ich möge an das Gitter kommen und versicherte zugleich, daß ich durchaus keinen Grund habe mich vor ihm zu fürchten. Ich holte ein Geldstück aus der Tasche, das ich ihm geben wollte. „Ich bin kein Bettler!" rief er lächelnd. „Nun, was wünschen Sie denn?" fragte ich. „Man sagte mir daß das Landgut des Herrn Satler in dieser Gegend liege, und dieses Landgut suche ich. Weit und breit ist kein Mensch zu sehen, der mir Auskunft gibt; ich bitte Sie, mir den Weg dorthin anzudeuten." Als ich ihm gesagt, daß der Park der des Herrn Satler sei, fragte er mich, ob ich zu der Familie des Besitzers gehöre. „Nein antwortete ich, ich bin nur das Kammermädchen der Frau von Satler." „Das trifft sich gut!" rief der Fremde. Nun fragte er nach Ihrem Vornamen.

„Was ist das?" fuhr die Dame auf.

„Ich berichte Ihnen die volle Wahrheit, gnädige Frau."

„Weiter, weiter!"

„Als ich ihn verwundert ansah, nannte er den Namen „Regina."

„Nicht möglich! Und wie sah der Mensch aus?"

„Sie verzeihen mir den Ausdruck, aber ich muß mich seiner bedienen, um den Mann genau zu bezeichnen: er sah aus wie ein Landstreicher. Nach dieser Einleitung konnte ich natürlich das Gespräch nicht abbrechen."

„Was thatest Du?"

„Ich ließ mich näher mit ihm ein und nun bat er mich, ich möge dafür sorgen, daß er mit Ihnen allein sprechen könne. „Sie, Sie wollen Frau von Satler sprechen?" fragte ich erstaunt. „Nennen Sie mir Ihren Namen" Dessen weigerte er sich, aber er fügte hinzu, daß ich Frau Regina einen wichtigen Dienst leiste, wenn ich ihr seinen, des Fremden, Wunsch mittheile. Er wolle, wo ich ihn getroffen, warten."

Regina hatte sich unruhig erhoben.

„Der Mann wird mich um ein Almosen angehen, oder um Fürsprache bei Herrn Satler bitten, der grundsätzlich alle Bettler zurückweist. Die Geschichte ist neu, originell . . . ich will den Fremden sprechen. Gehe voran und zeige mir den Ort. Fragt Jemand nach mir, so sage, ich mache eine Promenade und wünsche ungestört zu sein."

Die Dame nahm den eleganten Strohhut und den

Sonnenschirm, den ihr die Zofe reichte. Beide verließen
den Pavillon. Petrine schlug einen Weg ein , der quer
durch den Park führte. Bald erreichte sie ein dichtes Akaziengebüsch, und hier wählte sie einen schmalen Fußpfad,
auf dem sie zu den Gitter gelangte. Der Ort, durch das
Gebüsch geschützt, war vollkommen zu einer geheimen Unterredung geeignet. Die Herrin mochte ihre Gründe haben,
den Fremden allein zu sehen.

„Petrine!“ flüsterte sie.

„Gnädige Frau?“

„Bleibe zurück.“

„Ihnen zu dienen.“

„Aber halte Dich so in der Nähe, daß Du meinen
Ruf hören kannst. Kommt Jemand, so gib mir ein Zeichen.
Du verstehst mich doch?“

„Vollkommen, gnädige Frau! Gehen Sie nur das
Gitter entlang und Sie werden den, der Sie erwartet,
bald sehen. Mich finden Sie auf meinem Posten.“

Beide trennten sich. Regina ging weiter. Ihr Fuß
verursachte kein Geräusch, da er über sammtweiches Moos
schritt. Von Zeit zu Zeit neigte sie sich, um ein verspätetes
Veilchen zu pflücken. Dabei sah sie jedoch aufmerksam
nach dem Gitter, an dem sich plötzlich eine eigenthümliche
Gestalt zeigte. Es war ein Mann in einer blauen Blouse,
die nach Art der Handwerksgesellen durch einen blanken
Ledergürtel zusammengehalten ward. Das sonnverbrannte
Gesicht, in dem große Augen glühten, schloß ein voller

schwarzer Bart ein. Das Haupt dieses Mannes bedeckte ein zerdrückter grauer Filzhut.

Sie starrte ihn, er starrte sie an.

„Regina!" murmelte bewegt eine markige Stimme.

„Wer ist da?"

„Du bist es, ich erkenne Dich auf den ersten Blick."

„Aber wer sind Sie?"

Der Fremde drängte sein Gesicht an die Nähe des Gitters; er lächelte wie ein Mann, der sich an der Ueber-raschung, die er bereitet zu weiden gedenkt. Man sah seine bläulichen, aufgesprungenen Lippen, seine schnee-weißen Zähne und die großen Hände, die das Gitter hielten.

„Herr, mein Gott!" rief Regina.

„Erkennst Du mich nun?"

„Nein, ich täusche mich wohl! Die Todten verlassen ihre Gräber nicht!"

„Wenn sie wirklich gestorben sind!" entgegnete der Mann.

„Arnold!"

„Er steht vor Dir!"

„Woher kommst Du, Bruder?" fragte Regina, in-dem sie ihm haftig die Hand durch die Stäbe des Gitters entgegenstreckte, die Arnold bewegt drückte.

„Direkt aus England, wo ich durch ein Wunder vom Tode errettet ward. Erlaß mir jetzt die Erzählung meiner Leidensgeschichte, denn ich bin völlig erschöpft vor Hunger und Durst. Warum starrst Du mich an? Komme ich Dir ungelegen?" sagte Arnold verletzt.

„Du siehst fürchterlich aus."

Der Vagabund lächelte.

„Weil mir die Toilettengegenstände fehlen. Gib mir Geld und nach vierundzwanzig Stunden wirst Du einen Eleganten sehen, der mit Ehren Deine Zimmer betreten kann."

Regina überlegte.

„Nein, rief sie, Du kommst nicht ungelegen! Einen Mann wie Dich kann man stets verwenden. Ich werde Dir eine passende Stellung anweisen ... Deine Schwester sorgt für Dich. Warte eine halbe Stunde, verbirg Dich im Gebüsche ... Dort unten am Flusse findest Du eine Thür in dem Gitter; an dieser Thür sehen wir uns wieder. Ich ziehe mich zurück, um kein Aufsehen zu erregen, man könnte mich suchen. Mein Kammermädchen darf nicht wissen, daß ich den Bruder gesprochen habe. Bleibe noch einige Augenblicke, ich sende Dir ein Almosen."

„Aber nach einer halben Stunde?"

„Findest Du mich an der bezeichneten Thür. Sei vorsichtig, sonst schadest Du Dir und mir. Suche das Kammermädchen über Deine Beziehung zu mir zu täuschen; außer uns Beiden darf Niemand das Geheimniß Deiner Vergangenheit erfahren."

Frau Sattler ging durch das Akaziengebüsch in den Weg zurück, wo sie die Zofe antraf.

„Petrine, das ist ein unverschämter Bettler," sagte sie verdrießlich.

„Dachte ich es mir doch!" rief lachend die Zofe.

„Die List, deren er sich bediente, um mich zu sprechen, ist nicht übel ersonnen."

„Haben Sie ihn abgefertigt?"

„Bringe ihm dieses Geld; mich ekelt vor dem Menschen, ich kann mich ihm nicht nähern. Aber sei freundlich, denn es ist nicht gut, den Vagabunden zu reizen."

„Natürlich. Wir wohnen hier so einsam und können einem tückisch verübten Frevel leicht ausgesetzt werden."

Die Zofe entfernte sich mit dem Gelde. Sie traf den bärtigen Mann an dem Gitter, wo er ruhig wartend auf einem Steine saß.

„Dies sendet Ihnen meine Herrin ... nehmen Sie, mein Freund!"

Der Bettler empfing das Geld und betrachtete es dann.

„Danke!" murmelte er. „Die reiche Frau hätte wohl mehr zahlen können. Aber so sind vornehme Leute; sie lassen sich durch den Anblick der tiefsten Armuth nicht erweichen."

„Und um sich zu zeigen, haben Sie meine Herrin an das Gitter gelockt?"

„Es ist gut. Ich lasse der Dame danken."

Der Bettler verschwand hinter einem Strauch.

Die Zofe traf ihre Herrin in der Vorhalle des Hau-

ſes. Regina gab ihr einige Aufträge, deren Vollziehung
lange Zeit erforderte. Nun konnte ſie ſich auf eine Stunde
entfernen. Sie wußte, daß der Gemahl bis zu Tiſche in
ſeinem Kabinette beſchäftigt war und daß Antoinette in
der Veranda ſich durch Leſen unterhielt.

Madame Satler betrat ein prachtvolles Boudoir.

„Arnold, mein Bruder iſt hier!“ flüſterte ſie, indem
ſie auf einen Seſſel niederſank, als ob ſie ſich nicht erweh-
ren konnte, ihrem Erſtaunen Luft zu machen. „Das nenne
ich ein Glück! Wie oft habe ich gewünſcht, er möge noch
am Leben ſein . . . und heute tritt er mir entgegen. Das
Genie eines ſolchen Mannes läßt ſich verwerthen. Und ich
werde es verwerthen. Arnold iſt vorſichtig, liſtig und muthig bis zur Verwegenheit. Er hat uns gefehlt! jetzt iſt
er da! Aber nicht als ein Bettler, ſondern als ein Kavalier ſoll er die Antoinettenruhe betreten!“

Sie öffnete den Schreibtiſch und holte ein mit Banknoten gefülltes Portefeuille hervor, das ſie, nachdem ſie
den Inhalt desſelben geprüft, in der Taſche ihres Kleides
verbarg.

„Dieſe Summe wird genügen, flüſterte ſie lächelnd.
um die nothwendige Metamorphoſe zu bewirken. Nun
fort, daß der arme Mann nicht zu lange wartet!“

„Sich betrachtend, ſtand ſie vor dem hohen Spiegel,
der ihre ganze Geſtalt zurückgab. Regina war ein üppiges,
blendend ſchönes Weib, trotz ihrer dreißig Jahre. Ihre
Haut ſchimmerte wie Schnee, ihre Formen waren weich

und rund, ihr dunkles Auge glänzte hell und lebhaft. Sie
schien zufrieden mit sich zu sein. Nun ergriff sie eine leichte
Seidenmantille von dunkler Farbe, die sie über die schwellenden Schultern warf, schloß die Thür des Boudoirs und
verließ das Landhaus. Auf dem kürzesten Wege erreichte
sie die Thür in dem Gitter, die sie mit einem Schlüssel
öffnete. Links, in einer Entfernung von vier bis fünf
Schritten, zeigte sich das gemauerte Flußufer. Vor ihr begann der königliche Eichenforst, der sich bis zu dem Dorfe
Rodenfeld ausbreitete. Die Stille des Mittags, die rings
herrschte, ward nur durch das Murmeln des Flusses unterbrochen. Von Arnold war keine Spur zu entdecken.
Sollte er die Thür nicht gefunden haben? Regina ging
an dem Gitter hin. Plötzlich hörte sie ein Rauschen in dem
Unterhölze. Die Zweige wurden auseinander gebogen . . .
Arnold stürzte athemlos fast zu den Füßen der Dame
nieder.

„Was ist geschehen?“

„Schwester, man verfolgt mich.“

„Wer? Wer?“

„Jäger, Bauern und Gendarmen.“

„Hast Du Dich eines Vergehens schuldig gemacht?“
fragte ängstlich Frau Satler.

„Rette mich, wenn Du willst, daß ich einer großen
Gefahr entgehe. Die Spürhunde folgen mir auf dem Fuße.
Das dichte Gebüsch nahm mich auf . . . meine Verfolger
müssen die Wiese überschritten haben. Es waren ihrer zu

viel . . . ich konnte es nicht wagen, mich zu vertheidigen,
so ergriff ich denn die Flucht. In Deinem Landhause wird
man mich nicht suchen."

Die Aufgabe, die Regina zu lösen hatte, war schwer;
aber sie durfte den Verfolgten nicht abweisen, durfte ihn
auch nicht in die Hände der Gendarmen fallen lassen. Das
Nächste war, daß er dem Bereiche des Forstes entzogen
wurde.

Da fiel ein Schuß. Das Echo donnerte den Saum
des Waldes entlang. Regina stieß einen leisen Schrei aus.
Aber mit männlicher Energie faßte sie sich wieder. Sie
sah einen Augenblick ihren Bruder an, der ein Pistol gezogen hatte.

„Folge mir!" flüsterte sie. „Dort auf dem Wege
höre ich Hufschläge galoppirender Pferde."

Sie eilten an dem Gitter hin, bis sie die Thür erreichten, die Regina hinter sich verschloß. Die Gartenarbeiter
hatten ihre Beschäftigung eingestellt, um zu Mittag zu
essen. Das wußte Regina. Sie schritt durch die umbüsch-
ten Wege des Parkes. Arnold folgte ihr. So erreichten
Beide unbemerkt das Landhaus, in welchem die trägen
Domestiken ruhten. Einige Minuten später befand sich
der Vagabund in dem reizenden Boudoir der Dame. Daß
er sich höchst seltsam in dem eleganten Raume ausnahm,
bedarf wohl kaum der Erwähnung.

Regina hatte die Thür verschlossen.

„Hier," rief sie leise. „wird man Dich nicht suchen."

Arnold hatte die Miene eines Mannes angenommen, der gewohnt ist, sich in anständigen Häusern zu bewegen; er drückte nicht einmal Verwunderung über die günstigen Verhältnisse seiner Schwester aus. Ruhig ließ er sich auf einem der Fauteuils nieder.

„Was beginne ich?" fragte er, auf seine zerrissenen Stiefel blickend.

„Du bedarfst dringend einer anständigen Garderobe."

„Die Deines Mannes wird aushelfen.'

„Regina entfernte sich und kam mit Kleidungsstücken zurück. Arnold betrat das Badezimmer seiner Schwester, das durch eine Tapetenthür mit dem Boudoir verbunden ward. Man nahm keine Rücksicht, um so rasch als möglich den Vagabunden verschwinden zu lassen. Während Arnold Toilette machte, ging Regina, um die Dinge, die sich ereignen konnten, von der Veranda aus zu beobachten. Sie hatte sich nicht getäuscht, denn bald erschien ein Gendarm, der nach dem Hausherrn fragte. Regina lehnte sich über die Brüstung der Veranda.

„Was führt Sie zu uns, mein Herr?"

Der Bewaffnete, der sein Pferd am Zügel hielt, bat sehr artig um die Erlaubniß den Park des Landhauses durchsuchen zu dürfen, da aller Wahrscheinlichkeit nach ein gefährliches Subjekt ihn betreten habe, das des Mordan-falles auf den Oberförster verdächtig sei.

„Ich habe einen erschrecklichen Menschen gesehen!" rief Regina.

„Wo, gnädige Frau?"

„Am Gitter unseres Parks."

„Wann?"

„Vor einer Viertelstunde. Der Mensch bettelte. Als ich ihm, mehr aus Furcht als aus Mitleiden, ein Almosen gespendet, verschwand er in dem Dickicht nach dem Flusse zu."

„Er kann unmöglich entkommen sein. Meine Leute halten den Forst besetzt."

„So durchsuchen Sie den Park. Ich gebe ihnen hiemit die Erlaubniß dazu. Die Domestiken mögen Ihnen helfen."

Nun rief sie den Bedienten, der den Gendarm führen mußte. Das Suchen war natürlich vergebens. Die Leute sprachen die Ansicht aus, daß der Buschklepper, wie sie ihn nannten, durch den Fluß entkommen sei. Man visitirte vergebens den Pavillon und die Nebengebäude; das Landhaus selbst wagte Niemand zu betreten. Nach einer Stunde hatte sich die Polizeimannschaft wieder entfernt, um jenseits des Flusses die Nachforschungen fortzusetzen.

Regina berichtete ihrem Manne, der immer noch in seinem Kabinette arbeitete, den Besuch William legte bestürzt seine Feder nieder.

„Was ist das?" fragte er. „Sollte der Vagabund nicht ein Vorwand gewesen sein . . . "

„O nein, mein lieber Freund!" beruhigte ihn die Gattin. „Ich selbst habe den verdächtigen Menschen gesehen, den man suchte. Er bat mich um ein Almosen und floh in das Gebüsch zurück. Ich wüßte auch nicht, was irgend einen Verdacht gegen uns erwecken könnte."

„Bruno Eichstedt bleibt mir zu lange aus; er hätte vor acht Tagen schon eintreffen sollen."

„Ich fürchte nicht, daß ihm ein Unglück begegnet ist, denn Bruno, der gewandte und kluge Mann, erkennt die Gefahr von Weitem. Wir können seine Ankunft mit jeder Stunde erwarten."

Herr William Satler schien sich zu beruhigen.

„Hast Du, Regina, Antoinette vorbereitet?" fragte er, nachdem er seine schöne Gattin einige Augenblicke zärtlich angesehen.

„Ueber diesen Punkt, mein lieber Freund, möchte ich mit Dir sprechen. Es will mir nicht gelingen, irgend einen Einfluß auf Deine Tochter auszuüben. Ich habe Güte und Ernst versucht; Antoinettens Betragen, das ich für eine Folge der Krankheit gehalten, scheint der Ausfluß ihrer Gesinnung gegen mich zu sein. Diesen Morgen hat sie mich nicht nur kalt, sondern auch gehässig behandelt. Ich bleibe dabei: Deine zweite Verbindung ist dem stolzen Mädchen unangenehm."

Das graue Auge William's blitzte hell auf.

„Bin ich nicht Herr meiner Handlungen?" rief er entrüstet. „Die übergroße Zärtlichkeit der verstorbenen Mutter hat Antoinetten verwöhnt, verzogen, ungefügig gemacht. Wohlan, so werde ich ihr sagen, welchen

Platz Du in meinem Hause und in meinem Herzen einnimmst."

„Aber sei vorsichtig, William!"

„Ich verlange, daß die Tochter die Wahl des Vaters ehrt! Weigert sie sich, Dir die gebührende Achtung zu zollen, so stoße ich sie hinaus in die Welt. Ich liebe die Tochter, aber ich liebe auch meine Frau!"

William's hatte sich eine Erregung bemächtigt, daß er hastig durch das Zimmer ging. Regina folgte ihm mit den Blicken. Das Lächeln, das ihren feinen Mund umschwebte, schien dem Alten zu gelten, der sich in seiner Entrüstung ein wenig komisch ausnahm.

„Mein lieber Mann, begann sie, Du hast Recht, wenn Du zürnst; aber sei klug und vorsichtig. Wir dürfen den Bruch mit der eigensinnigen Antoinette nicht vollständig machen. Bruno, den wir eben so wenig entbehren können, als die Luft, deren wir zum Leben bedürfen, liebt Deine Tochter. Er hat nicht undeutlich zu erkennen gegeben, daß der Preis seiner ferneren Bemühungen Antoinettens Hand sei. Tritt er zurück, scheidet er nicht im Guten von uns, so haben wir das Aergste zu erwarten. Ein Mann, dessen Liebe verschmäht wird, ist zu Allem fähig."

Der Gemal wiegte nachdenklich den Kopf.

„Du hast Recht!" murmelte er. „Aber was beginnen wir? Welches Mittel ist zu ergreifen, um Bruno so fest an uns zu fesseln, daß wir seinen Verrath nicht zu fürchten haben?"

5*

„Mag er selbst sein Heil bei Deiner Tochter versuchen, denn er ist ein wirklich schöner Mann."

„Wenn aber seine Bemühungen fruchtlos sind?"
fragte der Gatte besorgt.

„Mein lieber Mann, ich habe Bedacht auf Alles genommen."

„Wie?"

„Du hast oft gesagt, ein Weib kommt nie in Verlegenheit."

„Im Scherze, Regina!"

„Ich werde es im Ernste darthun."

„Aber wie? deute nii nur oberflächlich den Plan an."

„Schon längst, mein Freund, habe ich begriffen, daß
Bruno uns gefährlich werden kann. Du hast ihm die
Hand Deiner Tochter zugesagt, willst ihn zu Deinem
Schwiegersohn machen . . . Dein Plan wird an dem
Eigensinn Antoinetten's scheitern. Können wir ein Zwangs-
mittel ergreifen? Nein. Antoinette läßt sich nicht zwin-
gen. Mag Bruno das spröde Herz erobern . . ."

„Und wenn er abgewiesen wird?"

„Dann ist es Zeit, den Abgewiesenen unschädlich zu
machen."

„Ein gewagtes Unternehmen."

„Mag sein."

„Wir kennen Bruno's Gewandtheit und Muth."

„Ernste Gefahren fordern energische Sicherheitsmaß-
regeln."

„Was vermögen wir gegen den kräftigen Mann."

„Ich erwarte Hilfe."

„Wen?"

„Meinen Bruder Arnold."

„Deinen Bruder?"

„Ja, ja, mein lieber Freund."

„Du hast mir gesagt, er sei gestorben."

„Weil ich einem Gerüchte geglaubt habe. Ich werde Dir später nähere Mittheilung darüber machen. Für jetzt beruhige Dich, gehe Deinen Geschäften nach und überlaß mir die Sorge für die Zukunft. Nun aber gestatte mir, daß ich Antoinetten meinen Verdruß zu erkennen gebe. Ich werde diesen Mittag auf meinem Zimmer speisen; Du wirst mit Deiner Tochter allein bei Tische sein. Benutze die Gelegenheit, um der Halsstarrigen eine tüchtige Straf- predigt zu halten. Es ist nicht gut, daß ich mich stets ge- fügig zeige, ich würde Antoinetten's Uebermuth neue Nah- rung geben. Trifft mein Bruder ein, wie ich allen Grund zu vermuthen habe, so sind wir gerettet."

Die beiden Gatten küßten sich zärtlich und trennten sich. Regina ging, um der Zofe Befehle zu ertheilen, denn sie wollte für den Bruder sorgen, der Hunger und Durst litt Das, was sie in Bezug auf Antoinetten gesagt, war nur ein Vorwand. Die Gründe, die sie veranlaßten, die Ankunft Arnolds noch geheim zu halten, werden wir später erfahren. Sie erreichte ihren Zweck. Petrine deckte den Tisch und brachte Speisen und Wein. Die Zofe wunderte sich darüber nicht, denn sie kannte das Verhältniß zwischen der Stiefmutter und der Stieftochter

„Nun geh'!" sagte Regina verdrießlich.

„Zu Befehl, gnädige Frau."

„Du brauchst nur dann erst wiederzukommen, wenn Du die Glocke hörst, nicht früher. Ich will allein sein."

Petrine hatte sich entfernt.

Nachdem Regina die Thür geschlossen, die zu dem Vorzimmer führte, öffnete sie die des Badekabinets.

„Arnold!" rief sie leise.

Der Gerufene erschien.

„Kann ich kommen!" flüsterte er.

„Es wird uns Niemand stören."

Arnold, der schlanke, kräftige Mann, hatte sich durch ein Bad erfrischt und trug die Kleider des Herrn Satler, die ihm nicht völlig paßten. Den Bart hatte er mit einer Scheere zugestutzt. Seiner geschickten Hand war es gelungen, eine Toilette herzustellen, die ihn wenigstens nicht lächerlich erscheinen ließ.

„Gut," sagte Regina.

„Bist Du zufrieden, Schwester?"

„So kannst Du Dich vor den Leuten sehen lassen, ohne aufzufallen. In Deinen Reisekleidern botest Du einen entsetzlichen Anblick."

„Ich weiß es!" rief Arnold mit Laune. „Doch vor der Hand überhebe mich des Antwortens, denn mir klebt die Zunge am Gaumen fest. Ich empfinde Tantalusqualen beim Anblicke dieser herrlichen Speisen."

„Gehen wir zu Tische. Wir haben uns gegenseitig so viel zu fragen und zu antworten, daß wir eine Sitzung dazu anberaumen müssen."

Arnold hatte die Mahlzeit schon begonnen; er speiste mit den Manieren des noblen Mannes und leerte das Glas auf seine glückliche Auferstehung von den Todten.

William Satler hatte ebenfalls sein Zimmer verlassen. Nachdem er eine Tapetenthür geöffnet, fand er eine schmale Wendeltreppe, die ihn in den obersten Stock eines der gothischen Thürme führte, welche sich an beiden Seiten des Landhauses erhoben. Der Vorplatz, den er betrat, war luftig und hell. Er klopfte an eine kleine ovale Thür von Eichenholz. Zuerst zweimal, dann einmal.

„William?" fragte eine dumpfe Stimme in dem Innern des Gemaches.

„Oeffne, Bertram!"

„Gleich!"

Die ovale Thür ward leise, als ob in unmittelbarer Nähe Lauscher wären, aufgemacht. Ein kleiner zusammengeschrumpfter Mann mit gelblichem Gesichte und buschigem grauen Haare stand an der Schwelle. Er trug Rock, Weste und Beinkleider von gelbem Nanking. Es war dies offenbar ein Arbeitsanzug.

„Es ist Zeit, daß Du kommst!" sagte Bertram.

„Bist Du fertig?" fragte William.

„Die Prüfung kann beginnen."

„Wie ist das Werk ausgefallen?"

„So gut wie noch nie."

„Bewährt sich die neue Erfindung?"

„Sie ist unbezahlbar."

„Du bist ein Genie, Bertram!"

„Nach wenigen Wochen können wir das Atelier schließen. Ist Bruno angekommen?"

„Nein!"

„Die Verzögerung macht mich besorgt . . . ."

Beide Männer waren in das Gemach getreten. Die ovale Thüre ward geschlossen und Alles war still. Ein leichter Windhauch umspielte die Kuppel des Thurmes, der romantisch über den Wald emporragte. Die mit gestreiften Jalousien versehenen Fenster glichen denen eines bequemen Wohnhauses. Schon mancher Vorübergehende hatte den Besitzer um das Zimmer beneidet, das eine köstliche Fernsicht über die Landschaft gewähren mußte.

Eine Stunde war verflossen.

Da öffnete sich die ovale Thüre wieder. William, dessen Gesicht freudig strahlte, trat heraus. Ihm folgte Bertram, der sorgfältig die Thür schloß. Jetzt aber trug der Mann elegante Sommerkleider und einen Strohhut mit schwarzem Bande. Er glich einem alten Gecken von reinstem Wasser. Auf seinem Busenstreifen glänzten Diamantknöpfe und an seinen dürren Fingern, die gelblich waren wie das Gesicht, zeigten sich die kostbarsten Ringe.

Er trat an das Fenster, das die Aussicht über den Fluß gewährte. ·

„Was ist das?" rief er erschreckt. Dort reiten Gendarmen . . ."

„Beruhige Dich; sie suchen den Strolch, der auf den Oberförster geschossen hat."

Er erzählte kurz den Raubanfall; auch des Besuches erwähnte er, den man seinem Parke abgestattet hatte.

Bertram lächelte wieder.

„Es ist Zeit, William, daß wir Ruhe gewinnen, meinte er. Mir ist stets, als ob ich auf einem Vulkan lebte, dessen Ausbruch in jeder Minute zu fürchten steht."

„Warte den Herbst ab, mein lieber Freund, und unser Schiff liegt im sicheren Hafen. Ich empfinde nicht minder das Bedürfniß nach Ruhe, als Du."

In dem kühlen Speisesaale trafen die Männer Antoinette an, die nachlässig in einem Buche blätterte, um die Langweile zu tödten.

„Vetter Bertram, flüsterte sie dem kleinen Manne zu, kommen Sie nach Tische, wenn der Vater schläft, in den Pavillon, ich habe Ihnen Etwas mitzutheilen."

Bertram nickte freundlich.

„Wo ist die Hausfrau?" fragte er dann.

„Wir sprechen später darüber, antwortete William. Ich hoffe, wir speisen heute zum letzten Male ohne meine Gattin, die in ihrem Zimmer der Ruhe pflegt, weil sie Verdruß gehabt hat."

Antoinette warf das Buch bei Seite, nahm ihren
Platz bei Tische ein und ließ sich bedienen. Der Vetter, ein
heiterer Mann, erzählte viel und aß wenig; William ver-
fuhr umgekehrt; trotz des Familienzwistes zeigte er einen
vortrefflichen Appetit. Antoinette verließ den Tisch, als
die beiden Männer anfingen Champagner zu trinken; sie
erwartete in dem Pavillon den Vetter

Drittes Kapitel.

Die Schrift des Pfarrers.

Der Arzt stattete heute nur solchen Kranken Besuche
ab, die seiner Fürsorge am bedürftigsten waren; man
hatte ihn zu lange in dem Landhause aufgehalten. Der
Ereignisse gedenkend, die seit gestern auf ihn einstürmten,
ritt er durch die duftenden Felder. Der tiefe Seufzer, der
sich seiner Brust entrang, galt Antoinetten; es war ihm
längst kein Geheimniß mehr, daß die Rekonvaleszentin ihn
liebte.

, Sie ist schön und geistreich,'' dachte er schmerzlich;
,,aber ich kann sie nicht lieben. Ach, hoffnungslose Liebe
ist eine herbe Pein, ich habe sie empfunden . . . arme
Antoinette!''

Bernhard Hagen näherte sich einem kleinen Dorfe,
dessen Pfarrer er behandelte. Das Dorf lag mitten im

Forste, eine halbe Stunde von Rodenfeld entfernt. Es hieß Eilsdorf und ward durch einen reizenden Waldweg mit Rodenfeld verbunden.

Der Arzt stieg vor dem Pfarrhause, das am Eingange des stillen Friedhofes lag, ab. Nachdem er sein Pferd an einen der Bäume gebunden, betrat er das Haus. Der Pfarrer saß in einem großen Stuhle an dem offenen Fenster, das nach dem Gemüsegarten hinausging. Er rauchte gemächlich sein Pfeifchen.

„Gott sei Dank, daß Sie kommen, Doktor!" rief der Greis.

„Warum?"

„Nun werde ich endlich Gewißheit über das Schicksal meines Freundes, des Oberförsters, erhalten. Wäre ich nicht von der Krankheit noch so angegriffen, ich hätte ihm längst einen Besuch abgestattet. Es sind mir im Laufe des Morgens verschiedene Gerüchte zu Ohren gekommen . . ."

Bernhard erzählte kurz, was er wußte.

Der Greis, der die Hände gefaltet hatte, rief traurig:

„Es gibt doch recht gottlose Menschen! Wohin wird es noch kommen, wenn die Sittenlosigkeit so fortschreitet? Der Bösewicht hat offenbar den Tod des Oberförsters bezweckt. Wie verderbt muß der Mensch sein, der vor einem Morde nicht zurückbebt! Gott wird es fügen, daß der Missethäter dem Arme der irdischen Gerechtigkeit anheimfällt, damit ein heilsames Exempel gegeben werde."

In dem Arzte stieg plötzlich ein Gedanke auf.

„Herr Pastor, fühlen Sie sich heute wohl?" fragte er, die Hand des Greises ergreifend.

„So wohl, daß ich bald wieder mein Amt werde verwalten können. Mein vorangegangener Freund, Ihr würdiger Vater, wird wohl noch einige Zeit warten müssen, ehe er mich in dem ewigen Vaterlande empfängt!" fügte er lächelnd hinzu.

„Ueber ihn möchte ich mit Ihnen sprechen, Herr Pastor, Sie sind der Einzige, der Aufklärung zu geben vermag und ich bedarf der Aufklärung über so Manches, das mir seit einiger Zeit ernst und wichtig geworden. Um Ihnen kurz Alles zu sagen: ich liebe Albertine . . . ."

„Das ist gut, das ist recht! unterbrach ihn der Pfarrer. Albertine verdient, daß sie durch einen braven Mann beglückt werde."

„Aber . . . ."

„Ich errathe nun schon Alles! Die Feindschaft des Oberförsters stellt sich Ihren Wünschen entgegen."

„Ja, würdiger Herr!"

„Und Albertine?"

„Sie leidet, wie ich. Die Kindespflicht liegt mit ihrer Liebe im Streite. Jetzt, so glaube ich, ist der günstige Zeitpunkt gekommen, der eine Versöhnung gestattet, denn ich bin der Arzt des Verwundeten. Aber ich kann die Vertheidigung meines todten Vaters nicht mit Nachdruck führen, da ich nur die Feindschaft kenne und den Grund der-

felben nicht einmal ahne. Schon mehr als einmal wollte
ich Sie um Aufklärung bitten, denn ich darf wohl voraus-
setzen, daß Sie, der Dritte in dem Freundschaftsbunde, der
so lange beglückend bestanden, mit den traurigen Verhältnissen vertraut sind. Mag die Natur der Sache noch so
zart sein . . . ich bin ja der Sohn des Verstorbenen und
Albertine ist schon längst vor Gott meine Braut."

Der Greis hatte lange überlegend zu Boden gesehen.

„Fast muß es scheinen, murmelte er, als ob ich es
an Versuchen hätte fehlen lassen, den Zwist auszugleichen
. . . nein, mein junger Freund, ich habe Viel, ich habe
Mancherlei gethan . . . aber ich habe Nichts ausgerichtet.
Vereinigen wir uns denn, auf dem Grabe des Todten die
Palme des Friedens zu pflanzen Ein eigener Drang, dem
ich nicht widerstehen konnte, trieb mich im verflossenen
Winter, meine Erlebnisse, in so weit sie die beiden Freunde
betreffen, niederzuschreiben. Ich sagte mir, daß die Schrift
wohl einmal nützen könne, vorzüglich dann, wenn ein plötz-
licher Tod mich von der Erde abriefe. Dem Sohne des
würdigen Arztes übergebe ich vertrauensvoll meine Aufzeichnungen. Ich füge Nichts weiter hinzu, als daß ich einfach die Thatsachen niedergeschrieben und mich aller Betrachtungen enthalten habe, denn ich wollte weder gegen
den einen noch gegen den anderen meiner Freunde Partei
ergreifen."

Der Pfarrer holte aus seinem Pulte ein kleines Heft
und übergab es dem Arzte.

„Stellen Sie es mir zurück, wenn Sie gelesen haben, wir überlegen dann, was in der traurigen Angelegenheit zu thun ist."

Der junge Mann kam seinen Pflichten als Arzt nach, dankte gerührt für den Freundschaftsdienst und entfernte sich. Zwanzig Minuten später hielt er vor dem Forst-hause. In dem Wohnzimmer traf er Mutter und Tochter, die ihn zu dem Kranken geleiteten. Er untersuchte die Wunden und gab dem alten Mathias neue Verhaltungs-befehle. Der Oberförster sprach kein Wort; er ließ ruhig geschehen, was der Arzt ausführte. Albertine, die ängst-lich beobachtete, glaubte die Bemerkung zu machen, daß in dem Blicke des Kranken, wenn er den beschäftigten Arzt traf, eine gewisse Gehässigkeit liege, die durch physische Entkräftung kaum gemildert ward. Sie kannte ja den Va-ter und verstand es, in seinen Blicken zu lesen. Das war für die liebende Tochter eine Erkenntniß, die wenig dazu beitrug, die Hoffnung auf eine glückliche Lösung der Wir-ren zu erhöhen.

Als der Arzt sich entfernen wollte, fragte der Kranke:

„Hat man den Thäter entdeckt?"

„Nein, Herr Oberförster."

„Die Behörden sind doch nicht lässig?"

„Das ganze Amt ist in voller Thätigkeit."

„Gut, recht gut."

„Ich zweifle nicht daran, daß die emsigen Nachfor-

schungen ein Resultat liefern werden. Können Sie, Herr
Oberförster, der Behörde keine Andeutung geben?"

Der Gefragte gab ein verneinendes Zeichen mit der
Hand. Dann schloß er die Augen und lag still in seinen
Kissen. Der Arzt führte die beiden Frauen in das Wohnzimmer zurück. Man bestürmte ihn mit Fragen. Mehr
als einmal mußte er versichern, daß er mit dem Zustande
des Kranken, der durchaus nicht anders sein könne, zufrieden sei. Auf der Hausflur flüsterte ihm Albertine zu:

„Der Aktuar ist wieder hier gewesen."

„Wann?"

„Vor kaum einer halben Stunde."

„Troz meines Verbots . . ."

„Der Vater selbst hat ihn rufen lassen."

„Und was ist geschehen?"

„Die kurze Unterredung, die zwischen Beiden stattge-
habt, konnte ich nicht belauschen, nur so viel habe ich bemerkt, daß der Aktuar einige Notizen in sein Tagebuch
schrieb."

Der Arzt sah schmerzlich bewegt die Geliebte an.

„Otto Schwarz hält seine Beute fest," sagte er;
„und Ihr Vater, Albertine, läßt sich bethören, der treulose
Freund führt einen Streich gegen mich, um den Folgen
der durch die Nothwendigkeit bedingten Annäherung vorzubeugen. Der Kranke schenkt mir sein volles Vertrauen
nicht. Aber das soll mich nicht hindern, meine Pflicht zu
erfüllen . . ."

„Bernhard, bleiben wir uns treu!“ flüsterte Albertine.

„Halte fest an dem Glauben, daß ich ohne Dich nicht leben kann!“

„Mein Glaube wird nicht wanken.“

„Diesen Abend sehen wir uns wieder.“

Er drückte einen Kuß auf ihre Stirn und verließ das Haus. Albertine sah ihm durch das Fenster nach bis er auf der großen Steinbrücke verschwand.

Frau Hagen wartete mit dem Mittagsessen.

„Du bist ungewöhnlich bleich und erschöpft, Bernhard!“ rief sie aus. „Was ist Dir begegnet?“

„Vergiß nicht, Mutter, daß ich die ganze Nacht am Krankenbette gewacht habe. Nun aber werde ich den ganzen Nachmittag ruhen. Wenn nicht besonders dringende Fälle angemeldet werden, soll Nichts meine Ruhe stören.“

Bernhard nahm flüchtig das Mittagsmahl ein. Als er sich entfernen wollte, fragte die Mutter:

„Was sage ich Deinem Freunde, wenn er zur gewohnten Stunde kommt?“

„Ich glaube, er wird ausbleiben.“

„Aber wenn er kommen sollte?“

„So laß durch die Magd anfragen.“

Der junge Arzt war so erschöpft, daß er sich einem kurzen Schlafe überlassen mußte. Die Natur forderte unerbittlich ihre Rechte. Gestärkt erwachte er wieder. Die sorgliche Mutter brachte den Nachmittagskaffee. Endlich war Bernhard allein; er holte die Schrift des Pfarrers und begann zu lesen.

„In später Nachmittagsstunde, es war um die Erntezeit, saß ich in meinem Stübchen, mich auf die Predigt vorbereitend, die ich am folgenden Tage meiner Gemeinde halten wollte, als mein Freund, der Doktor Friedrich Hagen, eintrat und mich aufforderte, einem Sterbenden die Tröstungen der heiligen Religion zu ertheilen. Er mahnte mich zur Eile, da die Minuten seines Patienten gezählt seien. Ich rüstete mich und bestieg den kleinen Wagen, dessen Pferd der Doktor selbst lenkte. Im raschen Trabe fuhren wir durch den stillen Forst."

„Wohin führst Du mich, Friedrich?" fragte ich den Freund.

„Nach dem Erlenkruge," war die Antwort.

„Und wer ist der Sterbende?"

„Ich kenne ihn nicht. Man rief mich an, als ich an dem Wirthshause vorüberfuhr und sagte mir, daß ein Reisender ärztliche Hilfe verlange. Mehr bedurfte es nicht, um mich zur Erfüllung meiner Pflicht anzuspornen. Ich fand den Kranken in einem hoffnungslosen Zustande. Er sehnte sich nach einem Geistlichen. Um diesen so rasch als möglich zur Stelle zu schaffen, bestieg ich meinen Wagen und holte Dich. Es wäre ein Glück, wenn wir den Kranken noch am Leben fänden."

Der Doktor trieb sein Pferd an.

Der Erlenkrug liegt an der äußersten Grenze des

königlichen Forstes. Das kräftige Pferd brachte uns nach drei Viertelstunden an das Ziel. Die Abenddämmerung war angebrochen, als wir vor dem einsamen Wirthshause hielten. Der Wirth, mein Pfarrkind, sagte uns, daß der Reisende sich nach geistlichem Zuspruche sehne. Wir betraten das Krankenzimmer, das sich im ersten Stocke des alten, unfreundlichen Gebäudes befand. Der Patient saß aufrecht im Bette, sein todtbleiches Gesicht ward von der Abendsonne beschienen, die mild durch das offene Fenster ihr letztes Licht sandte. Er mochte, so viel ich beurtheilen konnte, sieben oder achtundvierzig Jahre zählen. Seine Züge verriethen den gebildeten Mann und seine feine Wäsche ließ auf Wohlhabenheit schließen. Ueber dem Bette lag ein eleganter grüner Tornister und auf dem Tische bemerkte ich eine goldene Uhr und mehrere Pretiosen. Der Doktor richtete einige Fragen an ihn, die er mit der Ergebung eines Menschen, der an seinem Tode nicht mehr zweifelt, beantwortete.

Der Kranke bat den Arzt, der sich entfernen wollte, daß er bleiben möge. Und so geschah es. Nun begann ich die Verrichtungen, die mir mein Amt vorschreibt. Der Kranke zeigte ein gläubiges, frommes Gemüth und betete inbrünstig mit mir zu seinem Schöpfer und Heilande. Ich habe selten einen Menschen gefunden, der mehr Vertrauen in die Gnade des Herrn setzte, als dieser Fremde.

Die heilige Handlung war vorüber, der Kranke hielt sich mit sichtlicher Anstrengung noch aufrecht.

„Herr Pfarrer," flüsterte er unter Thränen, „Sie haben meine Seele vorbereitet zum Eintritte in das ewige Leben und ich fürchte mich nicht, vor dem Richterstuhle Gottes zu erscheinen, der aller Menschen Thaten in seiner Gerechtigkeit abwägt . . . aber ich kann diese Welt nicht verlassen, ohne meine irdischen Angelegenheiten zu ordnen. Der Tod überrascht mich . . . ich kann das Geschäft nicht zu Ende führen, das mich zu reisen veranlaßte."

„Wohin wollten Sie reisen?" fragte ich.

„Dieses Wirthshaus ist mein Ziel."

„Der Erlenkrug?"

„Ja!" flüsterte der Kranke. „Ich wollte hier meinen Sohn erwarten . . . er bleibt zu lange . . . "

„Die Kräfte des Kranken schwanden immer mehr; er mußte sich einige Augenblicke unterbrechen, um zu ruhen.

„In irdischen, rein materiellen Dingen bin ich ein unpraktischer Mann, deshalb empfahl ich dem Kranken den Arzt, den ich zugleich als meinen intimen Freund bezeichnete.

„Wenden Sie sich an ihn, bat ich den Fremden, Sie können ihm wie mir, volles Vertrauen schenken. Es ist, was Sie in seine Hände legen, gut aufgehoben. Auch wird er Ihre Aufträge besser ausführen, als ich).

„Nun nahm der Arzt meine Stelle ein.

„Sind Sie einverstanden?" fragte Hagen, der half, wo er helfen konnte.

Der Kranke nickte mit dem Kopfe.

6*

„Nennen Sie mir Ihren Namen," bat der Doktor, indem er sein Taschenbuch hervorzog.

„Verzeihen Sie mir . . . ein Familiengeheimniß zwingt mich, meinen Namen zu verschweigen."

„In der letzten Stunde noch?"

„Schöpfen Sie keinen Verdacht . . . aus Liebe zu meinem einzigen Sohne muß ich schweigen . . . es kommt ja auf den Namen nicht an . . . ein unglückseliger Zwist hat unsere Familie zerrissen, die zu den angesehensten im Lande zählt . . . im Namen Gottes beschwöre ich Sie: erfüllen Sie den letzten Willen eines Sterbenden, der nach wenigen Minuten schon dem ewigen Richter Rechenschaft ablegen muß."

Der Kranke sprach in der Angst des Todes; sein unheimlich glühendes Auge sah bald mich bald den Arzt an, in dessen Hand die seinige ruhte.

„Vollenden Sie, vollenden Sie!" bat der Arzt dringend.

Der Sterbende holte mit matter Hand ein Taschenbuch von seiner Brust. Mein Freund mußte ihn unterstützen, denn das Buch war schwer.

„Oeffnen Sie!" flüsterte er. „Oeffnen Sie rasch! mein Leben erlischt . . . mir ist seltsam zu Muthe . . . und ich fühle, daß ich sterben muß . . . ich habe Ihnen noch Manches zu sagen . . ."

Er sank zurück in das Kissen.

Der Arzt öffnete das Taschenbuch. Es war mit

englischen Banknoten von hohem Werthe angefüllt. Wir
staunten über den enormen Reichthum des Fremden, der
leise zu reden begann:

„Das Vermögen meines Sohnes . . .: ich habe es
ihm gerettet . . . legen Sie es in seine Hände, sobald er
kommt . . . Sie erfüllen ein gutes Werk . . . erhält er
es nicht, so ist er ein Bettler . . .“

„Aber wie erkenne ich Ihren Sohn?“ fragte der Arzt.

Der Kranke schien auf diese Frage vorbereitet zu sein.

„Betrachten Sie den Siegelring, der auf dem Tische
liegt.“

Ich reichte den Ring dem Doktor. Das Juwel war
von massivem Golde. Auf der breiten Platte desselben
zeigte sich eine Hand, welche den Daumen und zwei Finger wie zum Schwur emporstreckte. Unter der Hand befand sich ein umgekehrtes Füllhorn, aus dessen Oeffnung
Geldstücke fielen.

„Mein Sohn, flüsterte der Sterbende, besitzt einen
zweiten Ring, der genau wie dieser gezeichnet ist . . .
einen dritten gibt es nicht . . . gegen Vorzeigung dieses
Ringes . . . händigen Sie ihm sein Erbtheil aus. Sorgen Sie, daß der letzte Wille eines Sterbenden vollzogen
werde . . . Gott, in Deine Hände befehle ich meinen
Geist.“

Röchelnd sank der Fremde zurück. Noch einmal erhob er sich mit wunderbarer Kraft. Er saß fast ganz aufrecht und starrte uns mit erlöschenden Blicken an.

„Sie sind der Vollstrecker meines Testaments . . .
bewahren Sie, was geschehen, als Geheimniß . . . Niemand darf wissen, daß Sie den Ring und das Vermögen
besitzen . . . nur mein Sohn . . . Ihr Leben ist bedroht, wenn Sie sprechen, denn . . . eine furchtbare
Gewalt wacht unsichtbar über Sie . . . den Lohn empfangen Sie aus der Hand meines Sohnes . . .'

Noch einen Augenblick starrte uns der Fremde an;
dann verschied er.

„Er ist todt!" sagte der Arzt.

In demselben Momente erlosch das letzte Abendroth.
Mit dem Abenteuerlichen des Lebens verband sich das Er-
habene des Todes . . . denn das Scheiden eines Menschen aus der Welt ist für mich erhaben, für Andere mag
es schrecklich sein. Ich sprach still ein Gebet für den Geschiedenen.

„Das ist seltsam! sagte der Arzt. Was beginnen
wir?"

„Der letzte Wille des Todten muß uns heilig sein!
Wir erwarten ruhig die Ankunft des Sohnes."

„Wenn aber der Verstorbene ein Verbrecher war?
Wenn er auf unerlaubte Weise sich in den Besitz der großen Summe gesetzt, die bei einem Manne, der zu Fuß
reist, Verdacht erwecken muß? Das Geheimnißvolle gefällt mir nicht. Wer auf rechten Wegen geht, braucht
das Licht nicht zu scheuen."

„Ich gab zu bedenken, daß es wunderbare Verhältniſſe in der Welt gäbe, daß der Fremde, der im Glauben an ſeinen Erlöſer geſtorben ſei, ein rechtſchaffener Mann geweſen ſein müſſe, daß wir ihm Wort halten und von dem Sohne Rechenſchaft fordern könnten, wenn uns dies räthlich erſcheinen ſollte.

„Gotthold, rief der Freund, wir können möglicherweiſe die Entdeckung eines Verbrechens verhindern!

„Unſere Anſichten blieben getheilt.

„Wir öffneten den Torniſter. Er enthielt Nichts als einige feine Wäſche und verſchiedene Toilettengegenſtände. Die Stahlbörſe, die auf dem Tiſche lag, barg in Gold- und Silberſtücken die Summe von hundert Thalern. Kein Zeichen war vorhanden, aus dem wir den Namen und Stand des Verſtorbenen ſchließen konnten. In der Wäſche fanden wir ſtatt des Namens ein kleines rothes Kreuz. Man ſah, daß gefliſſentlich Bedacht genommen war, jede Spur, die zur Erkenntniß des Reiſenden führen konnte, abzuſchneiden. Freund Hagen bekämpfte immer noch meine Meinung; er wollte den Fall dem Gerichte anzeigen und die Banknoten ausliefern.

„Da hörten wir Huffſchläge vor dem Wirthshauſe und zugleich die Stimme des Oberförſters, der den Wagen des Arztes erkannte. Winter, der königliche Beamte, ſollte entſcheiden. Außerdem war er uns ein ſo vertrauter Freund, daß wir ihm das Geheimniß, das er ohne Zweifel doch erfahren haben würde, mittheilen konnten. Wir riefen ihn. Der Forſtmann, der von einer Holzauktion

zurückkehrte, trat gleich darauf in das Zimmer. Er war
erstaunt, die Medizin und die Theologie, wie der stets
Heitere sich ausdrückte, in dem einsamen Wirthshause bei-
sammen zu finden. Ich trug den Fall vor und zeigte ihm
den Todten. Ohne zu überlegen, antwortete er:

„Familiengeheimnisse muß man ehren, zumal wenn
sie von Sterbenden mitgetheilt werden. Bis jetzt liegt kein
Grund vor, ein Verbrechen anzunehmen. Stellt sich ein
Verdacht heraus, so ist es immer noch Zeit, daß wir reden. Wir sind unserer Drei, die um die Sache wissen,
und das ist genug. Der Doktor meldet das Absterben des
Fremden, das Pfäfflein besorgt das Begräbniß und die
Sache ist abgethan. Warum sollen wir dem Erben den
Antritt der Erbschaft erschweren? Kommt der Bursche,
woran sich nicht zweifeln läßt, so werde ich ihm schon auf
den Zahn fühlen; schickt ihn nur zu mir.

Diese Rede hatte meinen Beifall und der Doktor
fügte sich. Winter nahm den Ring, Hagen behielt die
Banknoten, die einen Werth von zehntausend Pfund re-
präsentirten. Das Geld in der Börse sollte zu den Be-
gräbnißkosten verwendet werden. Unten mußte der Wirth
berichten, was er über den Fremden wußte. Er erzählte:

„Vorgestern, es war gegen Abend, schwankte der
Mann über meine Schwelle. Er sah leichenblaß aus und
brach fast zusammen. Wir mußten ihn die Treppen hinan
zu dem Zimmer führen, das er verlangt hatte. Von den
Speisen, die wir ihm auftrugen, genoß er Wenig oder

Nichts. Er lag schon im Bette, als er mich noch einmal zu sich rufen ließ. Da sagte er mir, daß er auf eine Woche das Zimmer miethen wolle und bezahlte den Preis, ohne zu feilschen, voraus. Wenn ein junger Mann kommen sollte, der nach Herrn Alexander fragt, so solle ich diesen sogleich zu ihm führen. Ich versprach es ihm. Am andern Morgen früh schon sah ich ihn am Fenster sitzen, von wo aus man die Waldstraße überblicken kann. Aber bald legte er sich wieder zu Bett, das wir dicht an das Fenster stellen mußten, damit er die Straße übersehen konnte. Diesen Mittag gab er endlich meinen Bitten nach und schickte zu dem Herrn Doktor, der auch gleich kam."

So erzählte der Wirth.

Ein Jeder von uns that nun, was er zu thun übernommen hatte. Die wenigen Sachen wurden dem Gerichte übergeben, das eine Beschreibung der Person des Verstorbenen aufnahm; das Begräbniß fand statt, und die Goldstücke nahm das Gericht für Kosten an sich. Der Mann, der so gläubig und echt christlich gestorben war, hatte mich dergestalt interessirt, daß ich auf sein Grab einen kleinen Stein mit Inschrift „Alexander" und einer zum Schwur emporgestreckten Hand, wie ich sie auf dem Ringe gesehen, setzen ließ.

Nach dem, was wir erfahren, konnte der Sohn nicht lange auf sich warten lassen, denn es schien eine Verabredung zwischen ihm und dem Vater stattgefunden zu haben. Aber es meldete sich Niemand zu dem schönen Vermögen, das der Doktor aufbewahrte. Ich brauche wohl nicht zu sagen, daß der Wirth des Erlenkruges Auftrag hatte, Jeden, der nach Herrn Alexander fragte, zu dem Ober-förster zu schicken.

Der Sommer verfloß. In unserem Freundeskreise war oft die Rede von der seltsamen Geschichte und es wur-den mancherlei Vermuthungen ausgesprochen.

„Was wird," fragte einst der Doktor, „mit den Banknoten, wenn der Erbe sich nicht einfindet? Wie lange sollen wir warten, ehe wir darüber verfügen?"

Auf diese Frage gab Niemand eine Antwort.

„Ich machte den Vorschlag, ein volles Jahr zu war-ten und dann zu berathen, weil ich der Meinung war, daß bis dahin der Erbe nachgefragt haben würde. Und somit glaubte ich die Sache zum Besten gelenkt zu haben. Aber ich hatte mich getäuscht. Der Mammon ist doch ein furcht-bares Ding, er ist der Teufel selbst, der die Herzen der Menschen vergiftet und die schlummernden Leidenschaften zur Flamme anschürt, die den Keim des Guten versengt und verbrennt. Der Mammon erschüttert den festesten Mann und führt ihn in Versuchung."

Bernhard mußte sich einen Augenblick unterbrechen, mußte das Heft sinken lassen, denn eine unbeschreibliche Angst preßte ihm das Herz zusammen.

„Wer wird der Macht des Mammons erliegen?" fragte er sich. „Gott im Himmel, wenn meine Befürch-tung gegründet wäre!"

Haſtig las er weiter:

„Es mußte zwiſchen den beiden Freunden Etwas vorgefallen ſein, ich merkte es an dem froſtigen Tone, in dem ſie verkehrten, obgleich ſie es zu verbergen bemüht waren. Einer ſuchte dem Anderen auszuweichen. Winter beſuchte mich, wenn er Hagen nicht zu finden glaubte, und Hagen kam, wenn er mich allein wähnte. Sie wollten mich täuſchen.

Einſt kam der Oberförſter von der Jagd zurück; ich lud ihn zum Abendeſſen ein. Er nahm die Einladung an. Nach Tiſche ſaßen wir allein bei einem Glaſe Wein.

„Winter, ſagte ich, „Du biſt ein braver offener Charakter . . .“

„Zweifelt Jemand daran?“ fragte er auffahrend.

„Ja!“

„Wer?“

„Ich!“

„Gotthold, Du?“ rief er ſchmerzlich.

„Beweiſe, daß Du der Alte biſt, daß Du Dich nicht geändert haſt.“

„Wie ſoll ich es beweiſen?“

„Bekenne mir den Grund des geſpannten Verhältniſſes zwiſchen Dir und Hagen.“

„Hat ſich Hagen beklagt?“

„Nein; aber er ſucht Dir auszuweichen, und Du...“

„Meine Amtsgeſchäfte haben ſich dergeſtalt gehäuft, daß ich der Freundſchaft nur wenig Zeit widmen kann.“

„Winter, fragte ich, indem ich seine Hand ergriff, bin ich Dir denn Nichts mehr, daß Du mich von Deinem Vertrauen ausschließest? Wir sind so lange Freunde gewesen . . . sollen wir es ferner nicht mehr sein? Laß mich den Riß heilen, den unser Bund erlitten hat."

„Ich bin dem Doktor nicht gram!" rief er mit Anstrengung.

„Aber es ist nicht Alles, wie es sein soll.

„Dann trägt Hagen die Schuld. Grüße den Doktor, wenn Du ihn siehst.

„In sichtlicher Bewegung verließ mich der Freund. Das war mir ein gutes Zeichen, ich gab mich der besten Hoffnung hin. Am folgenden Tage ging ich nach Rodenfeld. Ich traf den Doktor zu Hause, der mich mit gewohnter Herzlichkeit empfing und in die Arme schloß. Wir saßen beim Kaffee rauchend und plaudernd.'

„Friedrich, rief ich dem Freunde zu, mir fehlt Etwas."

„Nun? "

„Dort steht ein leerer Stuhl. Unser Kollegium ist nicht vollständig. Mir schmeckt die Pfeife, mir schmeckt der Kaffee nicht."

Um die Heiterkeit des Arztes war es geschehen.

„Du hast Recht! murmelte er düster vor sich hin. Aber ich kann es nicht ändern."

„Winter läßt Dich grüßen."

„O, o! rief der Freund. Wenn Du diesen Gruß

nicht brächtest, ich würde ihn für eine Erfindung halten. Winter läßt mich grüßen! Danke, danke!"

„Nimmst Du den Gruß nicht an?"

„Ich nehme ihn an und lasse ihn erwidern.

„Brav, Alter; hier ist meine Hand. Winter ist ein Hitzkopf, aber von Herzen gut. Soll der Stuhl dort leer bleiben?"

Hagen schüttelte schmerzlich sein graues Haupt. Ich sehe ihn in diesem Augenblicke noch vor mir, wie er traurig den Stuhl betrachtete und wie die Muskeln seines treuen Gesichts zuckten, denn er kämpfte gegen eine Rührung, die er mir verbergen wollte. Aber ich kannte das weiche Herz des Freundes, ich las in seiner Seele wie in einem aufgeschlagenen Buche. Und darum wußte ich jetzt, daß der Oberförster den Anlaß zu dem traurigen Zwiste gegeben, der unsern schönen Freundschaftsbund zu zerstören drohte. Ich gestehe, daß mir Hagen so lieb war als Winter, und daß ich Beide gleich schätzte und achtete. Ein Urtheil wollte ich nicht fällen, ich wollte nur versöhnen."

„Doktor, sagte ich, ich hole den Oberförster.‘

Hagen stand rasch auf.

„Nein!" rief er entschieden.

„Ich hole ihn!" versicherte ich, Hut und Stock ergreifend.

„Wenn Du mich achtest, Gotthold, bleibe!"

„Freund, bist Du denn unversöhnlich? Weil ich Dich kenne, weil ich Dich achte, fordere ich von Dir, daß Du meinem Versöhnungswerke kein Hinderniß entgegenstellst."

"Kommt Winter aus freiem Antrieb, so reiche ich ihm die Hand."

"Sei nicht eigensinnig!"

"Sage das dem Oberförster."

"Einer muß sich doch rühren."

"Ich rühre mich nicht zuerst, ich würde sonst . . . "

Hagen schwieg, als ob er fürchtete, zu viel zu sagen.

"Sprich Dich aus," mahnte ich dringend, "sprich Dich in Gottes Namen aus! Bin ich nicht der Dritte im Bunde? Seid Ihr Beide mir nicht Offenheit und Vertrauen schuldig? Euere Halsstarrigkeit muß mich kränken, mich den Freund und Seelsorger. Wodurch habe ich denn Euer Mißtrauen verdient?"

Der Doktor nahm meine Hand und sah mir offen in das Auge.

"Gotthold," sagte er mit bewegter Stimme, "Du kennst mich, Du weißt, daß ich nicht Böses mit Bösem vergelte, daß ich meine Thätigkeit der leidenden Menschheit widme und der Arzt des Körpers bin, wie Du der Arzt der Seele bist. Ich frage nie nach dem Gewinne, wenn man mich zu Hilfe ruft, und trete gleich ruhig an das Krankenbett meines Freundes wie an das des Feindes . . . Schickte Winter jetzt nach dem Arzte, er würde ohne Säumen kommen und gewissenhaft seine Pflichten erfüllen . . . "

„Und der Freund?"

„Ich bin gezwungen, so lange den Freund von dem
Arzte zu trennen, als meine Ehre in Gefahr schwebt, die
mir nicht minder heilig ist, als die Freundschaft. Mehr
kann, mehr darf ich Dir nicht sagen, ohne gehässig zu erscheinen; aber ich will auch nicht, daß Du für mich Partei
ergreifest, denn Du sollst der Freund Winters bleiben, wie
Du der meinige bist Kommt Winter und reicht mir die
Hand, so schlage ich ein, und wir sind die Alten, das ist
mein fester Entschluß, den keine Macht der Erde zu er-
schüttern vermag. Grüße den Oberförster."

Mit dieser Erklärung mußte ich mich begnügen. Ich
hätte gerne das Gespräch auf die Banknoten geleitet, die
ich für den Samen der unheilvollen Zwietracht hielt; aber
ich fürchtete das Ehrgefühl des Doktors zu verletzen, und
schwieg.

Es war spät geworden. Der Wagen des Freundes
mußte mich nach Eilsdorf bringen. Ach, mancherlei Gedanken durchkreuzten mir den Kopf! Es wollte mir nicht
recht zu Sinnen, daß das Geld die Freunde entzweit haben
könne; denn beide waren erprobte Ehrenmänner, die sich
einer Unredlichkeit nicht schuldig machen würden. Ich
schämte mich der Vermuthung, die in mir aufgestiegen,
und bat im Herzen die Beleidigung ab, die ich so schwach
gewesen ihnen zuzufügen.

Mein Geburtstag stand bevor, den wir seit vielen
Jahren in dem stillen Pfarrhause gefeiert hatten. Ich hatte,

wie dies verabredet, nie eine Einladung ergehen lassen, die Freunde waren mit kleinen Geschenken gekommen, und ich hatte sie bewirthet; das war stets ein Tag gewesen, der unseren Bund fester geknüpft, ich kann wohl sagen, geheiligt hatte. Wie sollte er dieses Jahr gefeiert werden? Ich bin Wittwer, meine Gattin ruht lange im Grabe, und mit einem Kinde hat der Himmel meine leider zu kurze Ehe nicht gesegnet ... so waren denn die Freunde meine Familie gewesen, in deren Kreise ich meinen Geburtstag still, aber heiter begangen. Ein Gefühl tiefer Wehmuth beschlich mich, als ich der eingetretenen traurigen Verhältnisse gedachte. Sollten die Freunde ausbleiben? fragte ich mich. Nein, antwortete mein Herz, sie werden kommen, sie müssen kommen, denn sie können meinen Ehrentag, auf den ich so großes Gewicht lege, nicht unbemerkt vorübergehen lassen. Ihr Ausbleiben wäre eine Kränkung, die ich ihnen nie verzeihen könnte, und dann wäre ja der letzte Faden zerrissen, der unsern Bund noch zusammenhält. So dachte ich und traf Vorbereitungen, um den Tag noch heiterer zu begehen, als sonst. Ich wollte zeigen, daß mein Vertrauen unerschütterlich sei.

So kam der zehnte Oktober. Das ganze Haus war gescheuert und geputzt und die große Stube zum Empfange eingerichtet. Die Wirthschafterin und die Magd besorgten die Küche, ich ordnete die Pfeifen und setzte den Wein in Bereitschaft. Wie mir an jenem Tage zu Muthe war, kann ich kaum beschreiben. Bald traten mir die Thränen

in die Augen, bald mußte ich lachen. Dann wieder befiel
mich eine Angst, als ob mir ein großes Unglück bevor=
stände. Die Zeit verging langsam. In dem Hause hatte
ich keine Ruhe, ich mußte in's Freie. Der Tag war prachtvoll: die Sonne schien warm herab vom blauen Firmamente, die Vögel sangen in den immer noch grünen
Baumzweigen, und die Marienfäden flatterten wie weiße
Schleier durch die laue Luft. Betend hob ich meine Hände
empor zu dem guten Gotte, der so liebevoll den Menschen
Freude und Glück spendet; ja, ich betete mit Inbrunst,
daß er die Freunde erleuchten, die alten Gefühle in ihren
Herzen wieder anfachen und sie gemeinschaftlich unter mein
stilles Dach führen möge.

Das Gebet verscheuchte meine trübe Stimmung; mir
ward wieder wie das Jahr zuvor, da ich lachend die Ankunft der Gäste erwartete, die nie ausblieben. Ich malte
mir im Geiste ihre Gesichter, hörte sie lachen und scherzen
und Toaste bringen auf das Pfäfflein, das nicht älter,
wohl aber mit jedem Jahre jünger würde; ich überdachte
meine Rede, die ich halten wollte, und ging, ohne daß ich
es wußte, an den Gräbern des Friedhofes, der sich zwischen
der Kirche und dem Pfarrhause ausbreitete. Da schimmerte mir der weiße Stein mit dem Namen „Alexander"
entgegen. Ein Schauer schüttelte mich, als ob ich plötzlich
vom Fieber befallen würde. Es wäre doch wohl besser gewesen, dachte ich, wenn wir den Fremden nie gesehen
hätten. Und traurig schlich ich in das Haus zurück.

Fünf Uhr Nachmittags, die gewohnte Stunde der Ankunft, war vorüber. Ich hatte mich sonntäglich gekleidet und ging mit bangem Herzen im Zimmer auf und ab. Der Tisch war mit drei Couverts versehen. In der Küche standen die duftenden Speisen bereit. Die Thurmuhr schlug ein Viertel auf sechs. Gott weiß, wie entsetzlich lang mir jede Minute wurde. Und doch wünschte ich, daß die Zeit still stände; ich hatte Furcht, daß die Uhr von Neuem schlagen würde. Sie schlug auch. Und ich war immer noch allein. Ich zündete eine Kerze an. Erschöpft vor Angst und Pein sank ich in den Lehnstuhl.

Der Haß, den die beiden Männer gegen einander nährten, war demnach stärker als die Liebe zu dem alten Freunde, der seinen Geburtstag feiern wollte. Was sollte ich denken? Sollte ich verurtheilen oder entschuldigen? Drei Glockenschläge zitterten durch die Luft . . . auch mein Herz zitterte, denn nun war jede Hoffnung verschwunden.

Da hörte ich Schritte auf der Hausflur Es klopfte . . . Herein! . . . Die Thür ward geöffnet . . . der Oberförster in seiner Staatsuniform, den Federhut auf dem Haupte, trat ein.

„Anton!" rief ich.

„Gratulire, Gotthold!"

Wir küßten uns.

„Du hast geweint, Gotthold! was ist geschehen?"

„Weil die Freunde mich allein lassen. Da sitze ich mit meiner Sehnsucht und warte . . . sonst waret Ihr pünktlich, da tratet Ihr mit dem Schlage fünf ein, wie seit einundzwanzig Jahren ..."

„Da bin ich! da bin ich!" rief der Forstmann bewegt. „Ich wäre wahrlich nicht ausgeblieben."

„Nun, so wird ja wohl Hagen auch kommen. Warum hast Du ihn nicht gleich mitgebracht?"

Winter seufzte, legte Federhut und Hirschfänger ab und ging erregt durch das Zimmer. Nach einer Pause antwortete er:

„Ich habe geglaubt, ihn hier vorzufinden.

„Gott sei Dank! Laß Dich umarmen, Herzensfreund! So habe ich doch nicht zu wenig erwartet von Deiner Liebe!"

Es schien ihn schmerzlich zu berühren, daß der Doktor fehlte. Da standen drei Stühle; aber es waren nur zwei Gäste da!

Die Dorfuhr schlug sechs.

„Schon!" rief Winter.

„Der Doktor kommt noch, er muß kommen!" versicherte ich.

„Hast Du ihn gesprochen?"

„Nein. Wenn er nicht kommt, schicke ich einen Boten; er muß kommen. Sieh' mich nicht so ernst an, heute habe ich zu kommandiren."

„Sendest Du einen Boten ab, so gehe ich!" sagte ernst der Oberförster. Es soll durchaus nicht scheinen, als ob ich mich beuge. Der Doktor mag freiwillig kommen, wie ich gekommen bin."

Ich fügte mich, denn ich fand die Forderung Winters gerechtfertigt. Also der Doktor war der Halsstarrige, und ich hatte bisher den Oberförster dafür gehalten. Ich war dem Arzte recht böse, daß er allein mir die Freude des Geburtstages vergällte, und dem Oberförster war es mehr als unangenehm, ich sah es ihm wohl an, daß der dritte Stuhl leer blieb. Auf meine schüchterne Frage nach dem Grunde des Zerwürfnisses ward mir die Antwort: „Du erfährst ihn wohl noch."

Die Kerzen brannten, die Speisen standen auf dem Tische. Ich machte mir zu schaffen, um den Beginn der Mahlzeit noch hinauszuschieben. Winter ward immer verdrießlicher, er ging erregt durch das Zimmer und drehte die Spitzen seines grauen Schnurrbartes.

„Wir werden wohl allein bleiben!" sagte er mit einem tiefen Seufzer.

„Dann," fügte ich hinzu, „hat Hagen meine Freundschaft verwirkt. Ich werde ihm das rund heraus erklären."

„Was?" fragte eine Stimme.

Der Doktor stand in der Thüre. Ein Bote des Himmels hätte mir keine größere Freude machen können.

„Freunde," rief ich, „Gott segne diesen Abend!"

Die beiden Männer sahen sich an. Keiner wollte zuerst die Hand ausstrecken. Ich führte sie zusammen.

Und sie ließen sich führen. Die alte Freundschaft war stärker als der junge Zwist. Ein mächtiges Gefühl regte sich in ihrer Brust ... sie sanken sich einander in die Arme. Dieser Augenblick war mir das schönste Angebinde, das mir werden konnte. Zitternd vor Freude sprach ich den Segen über den neu befestigten Bund. Da saßen denn die drei alten Freunde wieder bei Tische, und als die Gläser erklangen, wurden die Herzen weich, und es ließen sich die alten Trinksprüche wieder hören, die ein jeder nach seiner Weise ausbrachte.

Es schien schweigend die Uebereinkunft getroffen zu sein, die Vorgänge der letzten Zeit nicht zu berühren. Und so geschah es auch; ich vermied in meiner wohlgesetzten Rede jede Anspielung, die hätte verletzen können.

Bald dampften die Pfeifen, und der Punsch stand auf dem Tische. Es wurde ein wenig mehr getrunken als sonst, und ich selbst, ich gestehe es, fühlte mich sehr erregt. Daran war mehr die Freude als der Wein schuld. Der Doktor wurde redselig ; er erzählte, daß ihn ein alter reicher Bauer habe kommen lassen, der sich einbilde, krank zu sein. Dadurch wäre seine Ankunft um eine Stunde verspätet. Auch der Oberförster versicherte, daß er sich lange auf meinen Geburtstag gefreut habe. Ah, dachte ich, vielleicht gestattet man mir einen Blick in die dunkle Angelegenheit.

„Glaubst Du mir nun?“ fragte Hagen.

„Sprich nicht mehr davon!“ entgegnete der Oberförster.

„Du sollst nicht an meiner Freundschaft zweifeln. Ich gehe für Dich in den Tod!"

„Aber Du hast an der meinigen gezweifelt."

„Morgen komme ich zu Dir."

Der Forstmann reichte dem Arzte die Hand, eine lebhafte Freude blitzte aus seinen Augen.

„Es ist noch nicht zu spät!" murmelte er.

„Abgemacht!"

Wir stießen an und ließen die Freundschaft leben.

„Soll ich denn immer nur zuhören?" fragte ich verletzt. „Ihr dürft mich nicht ausschließen; ich will wissen, was Euch Freude oder Kummer macht. Ich will Alles wissen!"

„Morgen! Morgen!" riefen die Beiden, und die Gläser erklangen von Neuem.

Wir stimmten leise ein Lied an, das ich nach bekannter Melodie gedichtet hatte. Nach der ersten Strophe umarmten wir uns.

„Der Zwist sei auf immer verbannt!" rief der Oberförster.

„Der ist ein Thor, der sich das Leben muthwillig verbittert!" rief der Doktor.

Da trat meine Wirthschafterin ein.

„Herr, ein Fremder ist angekommen."

„Ein Fremder?"

„Ja, Herr! Er fragte nach dem Herrn Oberförster, den er nothwendig sprechen müße."

„So mag er eintreten!" befahl ich.

Die Frau ging. Gleich darauf erschien ein junger Mann in Reisekleidern.

„Verzeihung," sagte er, und man sah es ihm an, daß er große Eile hatte, „Verzeihung, wenn ich störe. Ich war in dem Forsthause, wo man mir sagte, daß der Herr Oberförster hier sei."

Der Oberförster regte sich nicht; er saß starr auf seinem Platze. Der Doktor fragte:

„Wer sind Sie, mein Herr?"

„Ich suche einen Herrn Alexander. Der Wirth des Erlenkruges wies mich an den Herrn Oberförster Winter, von dem ich Auskunft erhalten würde."

Auch der Arzt gerieth in Verlegenheit, die er jedoch besser zu verbergen wußte, als sein Freund

„Mein Herr," sagte er, „Alexander ist gestorben."

„Ich weiß es bereits."

„Und in welcher Beziehung stehen Sie zu dem Todten?"

„Ich bin sein Sohn."

„Beweisen Sie es."

Der Fremde legte einen goldenen Ring mit den Worten auf den Tisch:

„Prüfen Sie meine Legitimation!"

Ich nahm den Ring und erblickte die Hand und das Füllhorn. Dann reichte ich ihn dem Oberförster, und dieser, nachdem er ihn betrachtet, gab ihn schweigend dem Doktor. Es ließ sich nicht bezweifeln, daß der Mann vor uns stand, dem der Sterbende sein Portefeuille zugedacht hatte. Aber warum waren die beiden Freunde so bestürzt? Ich hatte nicht den Muth, sie anzusehen. Um die Aufmerksamkeit des Fremden abzulenken, bot ich ihm ein Glas Punsch. Er wies es höflich zurück und bat um ein Glas Wasser, das ich ihm reichte.

Der Fremde trug elegante Kleidung, hatte ein schönes Gesicht mit einem krausen Bart über der Oberlippe, große feurige Augen, die nicht ohne Argwohn um sich blickten, und mochte sechs- oder siebenundzwanzig Jahre zählen. Meinen Zustand kann ich nicht beschreiben: eine namenlose Herzenspein hatte sich meiner bemächtigt. Der Abend, der so schön begonnen, sollte traurig enden.

„Sie sehen, begann endlich der Oberförster, daß wir einen Geburtstag feiern; suchen Sie mich morgen in meiner Wohnung auf.“

Der Fremde schrak kaum merklich zusammen. Mir entging es nicht, denn ich beobachtete mit scharfen Blicken.

„Ich weiß,“ antwortete er, „daß ich Ihnen ein Opfer zumuthe, wenn ich Sie um Beschleunigung der Angelegenheit bitte; aber mich zwingt eine eiserne Nothwendigkeit, diese Nacht noch meine Reise fortzusetzen.“

„Diese Nacht noch?“ fragte der Doktor, der un

ruhig, ärgerlich auf seinem Stuhle hin- und herrückte. „Eine so wichtige Angelegenheit, wie die vorliegende, macht man nicht in einigen Minuten ab. Wir haben dem Sterbenden gegenüber Verpflichtungen übernommen, die wir erfüllen müssen.“

„Habe ich mich nicht als den Sohn dessen ausgewiesen, der Ihnen eine Summe von zehntausend Pfund Sterling anvertraut hat?“

Der Oberförster sah rasch auf und fragte:

„Sie kennen die Höhe der Summe?“

Der Fremde verneigte sich.

„Es mag Ihnen dies ein Beweis sein, daß ich der rechtmäßige Erbe des Verstorbenen bin.“

„Warum haben Sie sich nicht früher gemeldet?“

„Erlauben Sie mir, diese Frage unbeantwortet zu lassen.“

Der Arzt sah den Forstmann, dieser den Arzt an. Ich wollte der peinlichen Situation ein Ende machen, indem ich fragte:

„Mein Herr, haben Sie schon das Grab ihres Vaters besucht?“

„Wo ist das Grab?“ rief er lebhaft aus.

„Wenig Schritte von hier . . .“

„Wo? Wo?“

„Auf dem Friedhofe vor meiner Thüre. Da Sie eilig reisen müssen, werde ich Sie führen.“

„Sie leisten · mir einen Dienst, den ich Ihnen kaum werde vergelten können.“

Und ich erreichte eine doppelte Absicht. Den beiden Freunden blieb Zeit zu berathen, mir ward Gelegenheit, mit dem Fremden allein zu sprechen.

Wir verließen das Zimmer und das Haus. Der Vollmond war aufgegangen und sandte ein helles Licht auf die Reihen der Gräber, deren Kreuze und Monumente sich deutlich unterscheiden ließen. Es war eine köstliche Oktobernacht. Kein Lufthauch regte sich, kein Blatt zitterte an den hohen Linden, die das stille Pfarrhaus umstanden. Die langen Fenster des Gotteshauses glänzten im falben Lichte des Mondenscheines. Die Uhr auf dem Thurme schlug zehn.

Ich schritt voran dem Grabe Alexanders zu. Dort, in der vierten Reihe, nicht weit von der Kirche, befand es sich. Ueberrascht blieb ich stehen. Neben dem weißschimmernden Leichensteine lag betend eine Frau auf den Knien. Nun senkte sie das Haupt, als ob sie weinte. Ich sah meinen Begleiter an. Dieser verstand die Frage, die in meinen Blicken lag.

„Meine Schwester!“ murmelte er.

Sie hatte ohne Zweifel den Namen auf dem Steine gelesen, während sie den Bruder erwartete. Ich unterschied, daß sie einen langen schwarzen Mantel und einen eleganten Hut trug. Mein Begleiter mochte vom Schmerze übermannt werden; er trat hinzu und sank neben der

Schwester nieder. Beide murmelten halblaut ein Gebet, dessen einzelne Worte ich nicht verstehen konnte.

„Schlummere sanft, armer Vater!" flüsterte die Frau.

„Dein Angedenken wird uns stets heilig sein!" fügte der Bruder hinzu.

„Vielleicht sehen wir uns bald wieder."

„Das wolle Gott verhüten." rief eifrig der Fremde, der sich erhob.

Die Frau folgte seinem Beispiele. Als sie mich erblickte, fragte sie:

„Mein lieber Herr, wer sind Sie?"

„Ich bin der Pfarrer des Orts."

„So müssen Sie wissen, wer dem Verstorbenen den Stein hat setzen lassen."

„Kein Anderer als ich, der ich dem Sterbenden die Tröstungen der Religion habe angedeihen lassen. Wer so echt christlich in dem Glauben an seinen Erlöser starb, verdient, daß sein Name in Stein gegraben wird."

Die Geschwister überschütteten mich mit Danksagungen; die Dame küßte sogar meine Hände.

„Sie wollen sich mir dankbar zeigen?" fragte ich gerührt.

„Ohne Ihre Pietät für den Todten würden wir sein Grab nicht gefunden haben. O, sprechen Sie, wie können wir Ihnen danken?"

„Lichten Sie das geheimnißvolle Dunkel, das die Angelegenheit einhüllt."

Der Fremde lächelte bitter.

„Und wenn dies geschähe," fragte er, „welcher Zweck wäre dadurch erreicht? Ohne Ihnen zu nützen, würden wir uns eines Wortbruches schuldig machen, der uns großen Schaden brächte. Herr Pfarrer," fügte er bittend hinzu, „verlangen Sie nicht mehr zu wissen, als Ihnen bis jetzt bekannt ist; Sie ehren den Todten, wenn Sie nicht weiter in mich dringen."

Auch die Dame bat mich, indem sie meine Hand ergriff, und bei dieser Gelegenheit sah ich ihr schönes, jugendliches Gesicht, das hell vom Monde beschienen ward. Es lag so viel Schmerz und Trauer in den feinen Zügen, daß ich es nicht über mir gewinnen konnte, auf meinem Ansuchen zu beharren. Wer die Geschwister an dem Grabe des Vaters sah, konnte unmöglich glauben, daß sie ein verbrecherisches Geheimniß bargen. Gewohnt, stets das Beste von den Menschen zu denken, ließ ich ab. Aber ich entschuldigte meine Freunde, vorzüglich den Oberförster, den ich als einen gewissenhaften Beamten bezeichnete.

„Wenn er dies ist," sagte der Fremde, „wird er nicht zögern, mir das Gut zu übergeben, das ihm der Sterbende anvertraut hat."

Dagegen ließ sich vernünftigerweise Nichts einwenden. Meine Lage war nun in so fern eine peinliche geworden, als ich ruhig dem Verlaufe der Dinge zusehen mußte. Ich konnte den Fremden nicht nützlich werden,

„Was werden Sie thun," fragte ich, „wenn man außer dem Ringe Beweise dafür fordert, daß Sie der rechtmäßige Erbe sind?"

„Die Gewissenhaftigkeit des Herrn Oberförsters wird sie nicht fordern. Ich zweifle nicht einen Augenblick daran, daß ich mit Ehrenmännern zu thun habe, die den letzten Willen des Todten und unser Geheimniß achten werden."

Ich lud nun die Fremden ein, mir in das Zimmer zu folgen.

Wir traten ein. Ich stellte die Dame als die Schwester des Herrn Alexander vor.

Der Doktor, bleich vor Erregung, die er zu bekämpfen suchte, blies große Rauchwolken aus seiner Pfeife. Ich kannte das und wußte nun, wie die Sachen standen. Der Oberförster war ruhig.

„Mein Herr," sagte er streng, „Ihr Ring genügt uns nicht."

Der Fremde antwortete betreten:

„Nach der Bestimmung meines Vaters habe ich weitere Obliegenheiten nicht zu erfüllen."

„Aber wir, mein Herr!"

„Was fordern Sie noch?"

„Beglaubigen Sie Ihren Namen und Ihren Stand. Wir müssen wissen, wem wir das Kapital übergeben."

„Nur der Sohn des Verstorbenen besitzt einen Ring, wie er gefordert wird"

„Ich zweifle daran," sagte ernst der Oberförster.
Die Augen des Fremden glühten.

„Sie wollen mich beleidigen! Ich bin Kavalier..."

„Auch ich!" rief der Oberförster, den Kopf hoch
emporstreckend und indem er den Orden auf seiner Brust
bezeichnete.

„Ein Kavalier hält sein gegebenes Versprechen."

„Und zwar gewissenhaft. Weigern Sie sich, meiner
Forderung nachzukommen, so bleibt das Kapital in unserer Verwahrung, und wir erlassen eine Aufforderung
durch die Zeitungen. So wird unter den obwaltenden
Verhältnissen jeder gewissenhafte Mann handeln, und ich
handle so!"

Die junge Dame zitterte heftig am ganzen Körper.
Sie mußte sich an der Lehne eines Stuhles halten. Der
Mann, der für ihren Bruder galt, blieb ruhig, obgleich
ich zu bemerken glaubte, daß sein Gesicht noch bleicher
geworden war. Ich hatte Mitleid mit dem armen Menschen, und wäre ich an Stelle des Oberförsters gewesen,
ich würde ihnen die Erbschaft überliefert haben. Der
Doktor saß auf seinem Stuhle, als ob ihn die Angelegenheit, die verhandelt ward, gar nicht kümmere. Mir,
ich gestehe es, fehlte der Muth, ein Wort darein zu
reden.

„Helfen Sie uns doch, Herr Pfarrer!" bat mich
leise die Dame.

Ich konnte nur durch Achselzucken antworten. Mir

schien es unmöglich, daß diese aristokratisch aussehenden jungen Leute Betrüger sein könnten.

„Ist das Ihre letzte Erklärung?" fragte der junge Mann.

„Sie ist es!" antwortete Winter fest.

Von diesem Augenblicke an war der Gesichtsausdruck des Fremden ein anderer geworden. Eine Bitterkeit und eine Kälte sprach sich in seinen bleichen Zügen aus, die mich einschüchterte. Mit Entsetzen gedachte ich der Aeußerung des Sterbenden, und ich gedachte ihrer jetzt zum ersten Male: daß im Weigerungsfalle Gefahr für uns erstehen würde.

„Mein Herr," fuhr der Fremde fort, „Sie sprechen unumwunden aus, daß Sie mir mißtrauen; auch ich mißtraue Ihnen. Die Hilfe der Behörden kann ich gegen Sie nicht in Anspruch nehmen, denn ich würde sonst mein Geheimniß preisgeben müssen . . ."

„Halt!" rief Winter gebieterisch. „Ich werde Ihnen Gründe für meine Forderung angeben. Wenn Sie diese Gründe gehört haben, sagen Sie mir, ob Sie mir noch mißtrauen können."

„Sprechen Sie, o, sprechen Sie! Ich bin gerne bereit, mein Wort, das Sie beleidigen muß, zurückzunehmen."

„Sie behaupten, es existire kein dritter Ring?"

„Ich behaupte es."

„Und doch hat mich ein Mann besucht, der unter

Vorzeigung eines solchen Ringes die Banknoten rekla-
mirte.''

„Großer Gott!'' flüsterte bestürzt die Dame.''

„Wer ist nun der Rechte?'' fragte mit starker
Stimme der Oberförster. Soll ich nun dem Ersten, der
sich meldete, oder soll ich Ihnen glauben? Wenn ich
nun, der Anweisung des Verstorbenen folgend, auf den
Ring hin die Banknoten ausgeliefert hätte, würden Sie
mir es heute geglaubt haben? Das, mein Herr, sind
Dinge, die mich mißtrauisch machen. Liefern Sie stärkere Beweise, und die Erbschaft steht zu Ihrer Verfü-
gung. Was soll ich dem Ersten antworten, der wiederzukommen versprochen, wenn ich Ihrer Forderung ohne
Weiters genüge? Es kann nur einen rechtmäßigen Erben geben.''

Ich hätte den Freund umarmen mögen. Nun
war mir sein Benehmen klar.

„Du hast Recht, Winter!'' rief ich aus. „Nur des
Einen Ansprüche können rechtmäßig sein. Und Sie, mein
Herr.'' wendete ich mich an den Fremden, „werden das
begreifen.''

Aber dieser lächelte so ironisch, als ob er sagen
wollte: Wer beweist denn, daß vor mir schon Jemand
Ansprüche erhoben hat, daß überhaupt Jemand dagewesen ist?''

Ich sah den Doktor an.

Dieser, der bisher fast theilnahmslos zugehört, hatte

den Fremden scharf in's Auge gefaßt, als ob er aus dem
Benehmen desselben die Wahrheit der Angabe Winters erkennen wollte. So schien es mir, denn ich war bemüht,
den Grund des unglückseligen Zwistes zu erforschen.

Der Arzt unterbrach die eingetretene Stille.

„Mein Herr," sagte er, „dort steht ein Geistlicher,
dort ein königlicher Beamter, und ich bin Arzt ... Sie
begreifen, daß Sie mit Männern zu thun haben, die ihre
Ehre rein und makellos erhalten müssen, die sämmtlich
öffentliche Aemter bekleiden. Wir erfreuen uns des allge-
meinen Vertrauens ... warum wollen Sie uns das Ihrige
entziehen? Wenn wir auf unserer Forderung beharren, so
leiten uns, ich wiederhole es, nicht eigennützige Absichten,
sondern die Gewissenhaftigkeit zwingt uns dazu. Ihr Familiengeheimniß wird so gut aufbewahrt sein, als ob Sie
es uns nicht ausgesprochen hätten. Setzen Sie uns in den
Stand, unsere Pflicht zu erfüllen."

„Es ist mir unmöglich!" murmelte der junge Mann,
der zu schwanken schien.

Die Dame, die an meiner Seite stand, flüsterte
mir zu:

„Er kann, er darf nicht sprechen."

Und dabei rollten ihr die Thränen über die Wangen.

„Genug!" rief der Oberförster. „Nach dem, was
vorgegangen, muß ich bei meinem Ausspruche bleiben."

„Natürlich!" fügte Hagen hinzu.

Und ich selbst äußerte meine Meinung in diesem Sinne, um die peinliche Verhandlung abzukürzen.

Der Fremde wollte mit seiner Schwester berathen. Ich öffnete ihm das angrenzende Stübchen Bruder und Schwester betraten es. Nun war ich mit den beiden Freunden allein.

„Winter,“ sagte der Arzt, „ich habe einen Vorschlag zu machen.“

„Sprich, Freund.“

„Es läßt sich nicht bezweifeln, daß man eine Betrügerei verüben will.“

„So scheint es.“

„Wenn der Erste, der sich gemeldet hat, kein Schuft ist, muß es dieser sein.“

„Natürlich!“ antwortete ruhig der Oberförster.

„Wir sind nicht befugt, darüber zu entscheiden.“

„Gedenke des Versprechens, Hagen, das wir dem Sterbenden gegeben.“

„Nach dem gegenwärtigen Stande der Dinge sind wir nicht mehr an dieses Versprechen gebunden.“

„Warum nicht!“

„Unsere Ehre ist gefährdet!“

„Hagen!“ fuhr Winter auf.

„Wir übergeben der Behörde die Angelegenheit; sie mag entscheiden, nachdem sie untersucht hat. Das ist mein Vorschlag, auf dem ich jetzt unerschütterlich beharre.“

„Und ich verwerfe ihn!“ rief fest der Forstmann.

„So ziehe ich mich von dem Handel zurück."

„Du kränkst meine Ehre, Hagen!"

„Das will ich nicht. Aber ich erkläre in Anwesenheit des Pastors, daß meine Ansichten mit den Deinigen
nicht übereinstimmen. Nun handle, wie Du es für gut
befindest."

Der Oberförster war bleich geworden. Ich sah, wie
sich krampfhaft seine Fäuste ballten, wie er es nur mit
Mühe verhindern konnte, auf den Tisch zu schlagen.

„Kennst Du mich nicht, Hagen," murmelte er, „oder
willst Du mich nicht kennen? Ich bin Dir entgegengekom-
men, habe Dir die Hand gereicht . . ."

„Und ich habe diese Hand angenommen und warm
gedrückt."

„Meine Ehre ist mir heilig!" rief Winter, dessen
Augen unheimlich glühten. „Der leiseste Verdacht befleckt
sie. Trete nicht zurück, Hagen; beweise, indem Du mir
beipflichtest, daß Du mich ehrst. Was ich thue, kannst Du
getrost verantworten, selbst wenn ich keine Rechenschaft
darüber ablege."

„Ich will Dich nicht kränken!" versicherte Hagen.

„Verlangtest Du es, ich würde Dir unbedingtes Vertrauen schenken, ohne weiter zu fragen. Was ich dem
Freunde gewähre, fordere ich auch von ihm."

„Still, Freunde, endet den Streit," warf ich ein;
der Fremde selbst wird wohl zu der Erkenntniß gelangen,

daß er seine rechtmäßigen Ansprüche näher beweisen muß. Warten wir, wozu er sich entschließt."

Wir brauchten nicht lange zu warten.

Bruder und Schwester traten wieder ein.

"Wir müssen reisen," sagte der junge Mann. "Nachdem ich alle Verhältnisse reiflich erwogen, bin ich zu dem Entschlusse gelangt, mit Denen Rücksprache zu nehmen, die bei der fraglichen Angelegenheit betheiligt sind. Ich allein darf das Familiengeheimniß nicht preisgeben."

"Wann werden Sie zurückkehren?" fragte der Oberförster.

"Meine Reise ist weit, ich weiß nicht, wo und wann ich die Personen antreffe, deren Ansicht ich hören muß ... Sie können mich bald, Sie können mich nach langer Zeit wiedersehen ... bewahren Sie das Ihnen anvertraute Gut. Und nun rathe ich Ihnen wohlmeinend: seien Sie verschwiegen, wenn Sie die Feindschaft einer Familie nicht auf sich laden wollen, die Gewalt genug besißt, den Bruch eines Versprechens zu rächen. Denken Sie, Alexander lebte noch und wachte über Sie."

"Mein Herr, Sie drohen?" fragte entrüstet der Arzt.

"Nein, ich ertheile nur einen Rath."

"Für unsere Gefälligkeit ..."

"Sollen Sie nicht in die Nothwendigkeit versetzt werden, sich zu vertheidigen. Gedeiht die Angelegenheit zu einem guten Abschlusse, so mögen Sie sich der Bethätigung unserer Dankbarkeit versichert halten."

Die Fremden grüßten und wollten sich entfernen.

„Halt!" rief der Arzt.

„Was wollen Sie noch?" fragte ruhig der junge Mann.

„So werden Sie nicht gehen."

„Ich wüßte nicht, was mich hinderte."

„Geben Sie Antwort."

„Fragen Sie, mein Herr!" sagte der Fremde in einem ironisch bittenden Tone.

„Was geschieht, wenn wir den Ersten, der wiederzukommen versprochen, festhalten?"

„Sie werden ihn einfach abweisen, wie Sie mich abgewiesen haben."

„Und wenn wir ihn festhalten?" rief ungeduldig der Doktor.

„So mag er sehen, wie er sich befreit. Ich weiß keinen Rath."

„Die Behörden lassen sich nicht einschüchtern."

„Sorgen Sie dafür, daß die Behörden aus dem Spiele bleiben. Erfolgt aber die Einmischung derselben, durch Sie veranlaßt, so mögen Sie auch die Folgen davon tragen."

Der junge Mann bot seiner Schwester den Arm.

„Nicht von der Stelle!" rief der zornige Arzt, indem er dem Paare den Weg vertrat.

„Hagen!" rief mahnend der Oberförster.

Aber der Doktor hörte nicht auf die Mahnung.

Zitternd vor Erregung stand er an der Thür, um das
Entkommen der beiden Fremden zu verhindern. Der
Schreck über die plötzlich eingetretene unheilvolle Wendung
der Dinge lähmte mir die Zunge. In meiner friedlichen
Wohnung sollte ein Kampf stattfinden, der vielleicht mit
der Tödtung einer Person endigte. Ich mußte ein stummer
Zuschauer der Szene bleiben.

„Mein Herr," sagte der Fremde, „Sie bedenken
nicht, was Sie thun. Indem Sie meinen Ausgang verhindern, bereiten Sie sich eine große Gefahr."

„Ihre Geheimnißkrämerei hat bereits so traurige
Folgen gehabt, daß ich weitere nicht fürchte. Die Ungewißheit, in der Sie uns zurücklassen, darf nicht fortbe-
stehen. Bleiben Sie nicht, um sich mit uns völlig zu verständigen, so mache ich dem Gerichte morgen Früh
Anzeige."

„Denken Sie an den Rath, den ich Ihnen ertheilt
habe!" entgegnete ernst der junge Mann. „Ihren Wort-
bruch straft eine unsichtbare Hand . . ."

„Zurück!"

„Reizen Sie mich nicht!"

„Wenn Sie ein gutes Gewissen haben, können Sie
bleiben. Sie müssen bleiben!"

Der junge Mann schob den Arzt gewaltsam bei
Seite.

„Sie vergreifen sich an mir?" rief dieser. „Winter,
komm' mir doch zu Hilfe!"

Mit einer raschen Handbewegung hatte Hagen den Hirschfänger ergriffen, der dicht neben der Thür an der Wand lehnte. Die blanke Klinge blitzte in dem Lichte der Kerzen

„Ah," rief der Fremde, „man ist vorbereitet! Werfen Sie die Waffe weg!"

„Sie fügen sich meinen Anordnungen!"

Der jungen Dame gelang es, durch die Thür zu entschlüpfen. Der Bruder, der dies geschehen ließ, war kühner geworden. Er zog ein Pistol aus der Seitentasche seines Rocks. In diesem Augenblicke trat der Oberförster dazwischen. Der starke Mann entwand dem Fremden das Pistol, dann nahm er dem Arzte den Hirschfänger.

„Ruhe!" gebot er mit einer wahren Donnerstimme. „Entweihen Sie das friedliche Pfarrhaus durch einen Kampf nicht!"

Indem er die Thür öffnete, befahl er dem Fremden: „Gehen Sie, mein Herr! Ich gebe Ihnen Frist bis zum Beginn des neuen Jahres. Haben Sie bis dahin sich nicht legitimirt, so erkenne ich den Ersten als den rechtmäßigen Erben an."

Der junge Mann schüttelte dem Oberförster die Hand, warf dem Arzte einen gehässigen Blick zu und verschwand.

„Winter," rief Hagen, „Du hast nicht wohl gethan! Ich kann von nun an Dein Freund nicht mehr sein!"

Der Arzt nahm seinen Hut und verließ das Zimmer,

ehe ich es verhindern konnte. Der Oberförster saß zitternd
auf einem Stuhle. Mir kam Alles wie ein Traum vor;
ich mußte mich sammeln, um an die Wirklichkeit zu glauben. Mir war, als ob eine erstickende Hitze in dem Zimmer
herrschte. Mein Kopf brannte wie Feuer, ich konnte kaum
athmen. Um der frischen Luft Eingang zu gestatten, öffnete ich ein Fenster. Da hörte ich Hufschläge und das
Rollen eines Wagens, der jenseits der Kirchhofshecke rasch
davonfuhr. Das mußten die Fremden sein. Ich spähte
nach dem Arzte, denn ich wollte ihn zurückrufen ... aber
ich sah nur die Gräber und die Leichensteine im hellen
Mondlichte; der Weg nach dem Friedhofsgitter war leer.

Als ich mich wandte, rüstete sich der Oberförster zum
Gehen.

„Winter,“ rief ich, „was ist das? Wo hinaus soll
die Geschichte?

Der Freund sah mich ernst an.

„Gotthold,“ fragte er, „zweifelst Du an meiner
Ehre?“

„Nein!“

„Glaubst Du, daß ich eine Infamie begehen könne?“

„Nein, mein lieber, alter Freund!“ versicherte ich.

„Und Hagen hält mich in dem Verdachte ...“

Er konnte nicht weiter sprechen; der Zorn erstickte ihm
die Worte auf den bebenden Lippen. Ich sah, daß Thränen in seinen vor Erregung gerötheten Augen erschienen.

„Du bleibst, Winter!“ bat ich. „Wir müssen uns

verständigen. Uebertrage mir, dem Seelsorger, das Amt des Vermittlers und nenne mir die Gründe, die Dich bei Deinen Handlungen leiten."

„Auch Du forderst Gründe, Rechtfertigung?"

„Damit ich Alles zum Besten kehren kann. Verbanne das Mißtrauen, wie ich es verbanne."

„Ich muß Dir, wenigstens für jetzt, jede Aufklärung versagen. Begnüge Dich damit."

Der Forstmann setzte seinen Federhut auf das Haupt.

„Winter, theile Dich mir mit, daß ich rathen kann. Betrachte mich nicht als Deinen Freund, sondern als Deinen Beichtiger. Was ich erfahre, ruht fest verschlossen in meiner Brust."

„Warum willst Du es in diesem Falle wissen?"

„Du darfst mit Hagen nicht in Feindschaft leben!"

„Ich bedauere es schmerzlich; aber ich kann nicht anders."

„Habe Mitleid mit meiner Seelenpein, die mich verzehrt. Da stehe ich zwischen den streitenden Parteien und kann nicht versöhnen! Begreifst Du auch, was es heißt, die Freunde leiden zu sehen? Und Du leidest, wie Hagen leidet."

„Gott weiß, daß ich keine Freude empfinde!" rief Winter mit einem Blicke gen Himmel. „Von uns Allen ist Niemand schlimmer daran, als ich. Glaube mir, Gotthold, ich möchte reden, aber ich kann nicht."

„Was hindert Dich?"

„Unsere Freundschaft."

„Mann, es liegt keine Logik in Deinen Worten."

„So wähnst Du."

„Noch einmal: theile Dich mir mit, daß ich helfen kann."

„Nach dem ersten Jänner, denn ich bin gewohnt, mein Wort mit eiserner Strenge zu halten, und wenn ich darüber zu Grunde gehe, Gott befohlen!"

Es war nicht zu verkennen, daß dem Oberförster diese Standhaftigkeit große Ueberwindung kostete. Er schüttelte mir beide Hände.

„Freund," rief er tief bewegt, „bemitleide mich, aber halte mich für einen ehrlichen Mann. Die Aussöhnung mit Hagen unterlaß ... hätte ein Anderer mich beleidigt, wie er, ich würde mich mit ihm schlagen. Sobald ich reden darf, komme ich zu Dir; dann wirst Du erkennen, daß ich Dein wahrer Freund gewesen bin."

Er umarmte mich stürmisch und eilte davon.

Mir fehlte der Muth, ihn zurückzuhalten. Die Angelegenheit nahm einen immer geheimnißvolleren Charakter an. Was hat Winter versprochen? fragte ich mich. Wem hat er ein Versprechen gegeben? Und in welchem Widerspruche steht es mit den Ansichten des Arztes, der die Erbschaft der Behörde übergeben wissen will? Mein Nachsinnen brachte mich auf Vermuthungen, die ich durch Nichts rechtfertigen konnte. So viel aber glaubte ich sicher annehmen zu dürfen, daß der Fremde, der zuerst erschienen, Einfluß auf den Oberförster ausgeübt hatte

Das war mein Geburtstag, von dem ich mir einen so schönen Erfolg versprochen.

Die Wirthschafterin räumte den Tisch ab.

„Was ist das?" fragte sie plötzlich.

Ich sah auf. Die alte Frau deutete auf ein Pistol. Es war die Waffe des Fremden, die der Oberförster zurückgelassen hatte. Sie lag zwischen den Tellern und Gläsern. Aengstlich betrachtete ich das Mordgewehr. Ich hatte nie einen Gegenstand dieser Art berührt.

„Legen Sie es in den Schrank!" befahl ich.

Die alte Frau zögerte.

„Das Pistol kann geladen sein!" meinte sie ängstlich.

Ich war derselben Meinung, denn es ließ sich füglich nicht annehmen, daß Jemand ein ungeladenes Pistol als Waffe zur Abwehr tragen würde. Ein Fehlgriff konnte den Schuß entzünden und großes Unheil anrichten. Schon der Knall mußte die Bauern aus dem Schlafe wecken.

Das war nun eine neue Verlegenheit. Wir starrten das verhängnißvolle, gefährliche Ding an. War ich auch völlig unerfahren in der Waffenkunde, so erkannte ich dennoch, daß das Pistol einen besondern Werth hatte. Die beiden Läufe glänzten bläulich, und der zierliche Griff war mit Silber ausgelegt. Auch glaubte ich ein Wappen zu bemerken auf einer der schimmernden Platten.

„Was soll denn geschehen?" fragte ängstlich die Wirthschafterin.

Freilich; das Mordinstrument kann nicht auf dem Tische bleiben."

„Wem gehört es denn?"

Diese Frage setzte mich in Verlegenheit. Lügen wollte ich nicht, und die Wahrheit glaubte ich verschweigen zu müssen Ein Zwischenfall machte meiner Verlegenheit ein Ende. Draußen ward heftig an die Thür geklopft. Ich erschrak so heftig, daß ich auf einen Stuhl sank. Der Fremde konnte ja zurückkommen, um sein Eigenthum nachzuholen. Nichts war natürlicher als dieser Gedanke. Die Wirthschafterin, die keine Ahnung von dem Zusammenhange der Dinge hatte, sah mich fragend an. Widerstand zu leisten wäre eine Thorheit gewesen; ich befahl also, daß man öffne.

Es ward zum zweiten Male geklopft. Die Wirthschafterin ging. Mir ward das Herz leicht, als ich die Stimme des Doktors hörte, der gleich darauf in das Zimmer trat.

„Freund, suchst Du den Oberförster?" fragte ich.

„Nein Er ist fort, ich weiß es."

„Bleibe, leiste mir Gesellschaft, ich kann nicht schlafen. Ich habe Wichtiges mit Dir zu sprechen," fügte ich hinzu, als ich die Unschlüssigkeit des Arztes bemerkte, der mit glühenden Blicken durch das Zimmer sah.

„Gehe nur zu Bett, Alter, Du kannst ruhig schlafen!"

„Aber was willst Du denn?" fragte ich ängstlich.

„Ha, da liegt's auf dem Tische! Ich dachte es mir: Das wollte ich, das brauche ich!''

Und der Arzt hatte das Pistol ergriffen, das er nun in der emporgehobenen Hand hielt. So aufgeregt, wie er war, hatte ich ihn nie gesehen. Seine Augen glühten, seine Hände zitterten. Der Schweiß rann in großen Tropfen von seiner Stirn. Ich konnte einen Schreckensruf nicht unterdrücken.

„Hagen, um Gottes Willen, was sinnst Du? Lege das Instrument an seinen Platz zurück, es ist geladen.''

Der Doktor lachte wie ein Wahnwitziger. Er trat an den Tisch zurück und prüfte, die Augen weit aufreißend, die blinkende Waffe.

„Gut, gut,'' murmelte er; „das ist ein Kabinetsstück. Die Kugel aus diesen Läufen verfehlt wahrlich ihr Ziel nicht!''

„Und die Läufe waren auf Dich gerichtet!'' rief ich aus.

„O, ich weiß es!''

„Winter hat Dir das Leben gerettet!''

„Zu seinem Vortheile! Ich wollte, die Kugeln hätten nur die Brust durchbohrt! Gute Nacht, Gotthold! Verzeihe, Freund, daß wir Dir zu Deinem Geburtstage so viel Sorgen und Schrecken bereitet haben.''

„Doktor, Du kannst Alles wieder gut machen!''

„Wie?''

„Bleibe, bleibe!'' bat ich dringend. „Ich vergehe vor Angst, wenn Du mich verläßt.''

„Kann nicht, Freund, mich ruft die Pflicht! Und die Pflicht geht mir über Alles, selbst über die Freundschaft.

„So laß das Pistol zurück ... lege es in meinen Bücherschrank, den ich verschließen werde ... keine Hand soll es berühren ..."

„Gute Nacht, Gotthold!"

Der Doktor war verschwunden. Ich hörte, daß er die Hausthür in das Schloß warf und über den Kirchhof eilte. Seine Schritte erklangen dumpf auf dem von Gräbern unterhöhlten Boden.

Der Rasende beabsichtigt einen Mord! dachte ich mit Grauen.

Meine Kraft war dahin, ich konnte Nichts mehr unternehmen. Was ich in der nächsten halben Stunde that, weiß ich nicht mehr. Ich schickte meine Domestiken zu Bett. Lauschend stand ich an dem offenen Fenster, denn mir war, als ob ich einen Schuß hören müßte, einen Schuß aus der fürchterlichen Mordwaffe, die der Doktor so gierig ergriffen hatte. Solche Blicke entströmten nur den Augen eines Menschen, der Böses sinnt, der mit Rachegedanken umgeht und nicht zeitig genug das Ziel erreichen kann.

Die Uhr auf dem Kirchthurme schlug zwölf.

Mein Geburtstag war vorüber. So traurig hatte ich noch keinen verlebt. Gott weiß, wie inbrünstig ich zu ihm gebetet habe, während die feierlichen Glockenschläge durch die stille Nacht hallten. Die Freundschaft, die doch sonst so beglückend ist, bereitete mir schwere Sorgen.

Plötzlich hörte ich das leise Knarren der Friedhofs=
pforte. Ich konnte das Gitter nicht sehen, da es durch eine
starke Linde verdeckt ward. Nun lauschte ich, mich aus dem
Fenster neigend. Aus dem Schatten des Baumes trat
eine dunkle Gestalt hervor, die sich langsam dem Pfarrhause näherte. Sie trug einen langen Mantel und einen
runden Hut. Mein Herz pochte so ungestüm, daß ich jeden
einzelnen Schlag hören konnte. Der Mann im Mantel
mußte mich bemerkt haben, denn er ging rasch und stand
plötzlich vor mir am Fenster. Das Licht des Mondes traf
sein Gesicht. Es war lang, bleich und hager. Ein großer
Bart, ich kann es wohl sagen, hüllte sein Gesicht ein. Die
Augen waren groß und glühten wie die eines Kranken.

„Guten Abend!" murmelte eine tiefe, aber wohlklin-
gende Stimme.

Der Fremde hatte seinen Hut gezogen. Bei dieser
Gelegenheit bemerkte ich, daß der Kopf desselben eine
große, glänzende Glatze hatte, die sich mit der hohen Stirn
vereinigte. Das kurze Haar bildete die dunkle Einfassung
dieser Glatze. Der Kopf hatte für mich etwas Ehrwürdi-
ges, und in der Stimme, wenn sie auch nur zwei Worte
gesprochen, drückten sich Offenheit, Furchtlosigkeit und Biederkeit aus. Ich dankte so freundlich, als es mir möglich
war, auf den Gruß. Der Fremde, der seinen Hut in der
Hand hielt, sagte ruhig:

„Dies ist wohl das Pfarrhaus von Eilsdorf?"

„Ja, mein Herr."

„Dann habe ich die Ehre, den Herrn Pfarrer zu grüßen?"

„Ihnen zu dienen ... ich bin der Pfarrer des Orts, Gotthold Günther ist mein Name. Und wer sind Sie, mein Herr?"

Der Mann, der das Haupt bedeckt hatte, vielleicht um sein Gesicht nicht länger zu zeigen, wich dieser Frage aus. Er trat dem Fenster näher und murmelte:

„Ein junger Mann und eine junge Dame haben Sie vor kaum einer Stunde verlassen . . ."

„Ja, mein Herr!"

„Ich komme im Auftrage derselben."

„Und was steht zu Diensten?"

„Es ist ein werthvolles Pistol hier zurückgeblieben, das ich im Namen des jungen Herrn reklamire."

Eine neue Verlegenheit stellte sich ein. Ich war zu abgespannt, um mit Klugheit und List zu verfahren. In einer Art Muthlosigkeit, die ich später oft bereut habe, sagte ich ihm, daß der Doktor Hagen, unstreitig in der Absicht, es dem Besitzer zurückzugeben, das Pistol an sich genommen. Zugleich bat ich den Fremden, er möge mich am nächsten Morgen besuchen, ich würde, versicherte ich, bis dahin sorgen, daß die Waffe hier sei.

„Doktor Hagen?" fragte der Mann.

„Der brave, geachtete Arzt in Rodenfeld."

„Ich kenne den Arzt."

Der Fremde dankte kurz für die ertheilte Auskunft,

grüßte und ging dem Gitter zu, das ich zwei Minuten
später knarren hörte. Das ausdrucksvolle, leidende Gesicht
des Mannes hat sich meinem Gedächtnisse so fest einge-
prägt, daß ich es heute auf den ersten Blick wieder erkennen würde, wenn es sich mir zeigte. Die Nacht war indeß
vorgerückt. Die unbestimmte Besorgniß, die sich meiner
bemächtigt, schwand ein wenig, als ich nach einer Stunde
keinen Schuß gehört hatte. Ich ging zu Bett. Am nächsten Morgen kleidete ich mich zeitig an. Vertraut mit den
Waldwegen, erreichte ich das Forsthaus. Von Frau Winter erfuhr ich, daß ihr Gatte, der Oberförster, bereits aus-
geritten sei. Die gute Frau führte mich in das Wohnzimmer und begann mich auszuforschen. Sie meinte, mit
ihrem Manne sei eine Veränderung vorgegangen, die vielleicht ihren Grund in der Beziehung zu den Freunden habe.

„Wie äußert sich denn," fragte ich, „diese Veränderung? Und seit wann ist sie eingetreten?"

„Seit einigen Monaten," erzählte Frau Winter,
„bemerke ich an dem sonst so lebensfrohen Manne eine
Zerstreutheit, die ich unmöglich seinem Alter zuschreiben
kann. Oft sitzt er in tiefen Gedanken versunken, fährt erschreckt auf, wenn man ihn fragt, und gibt entweder gar keine
oder eine falsche Antwort. Dann wieder sitzt er stunden-
lang allein in seinem Zimmer, dessen Thür er sorgfältig
verschlossen hält, gleichviel ob er zu Hause ist oder in Dienst-
geschäften sich entfernt. Die Reinigung des Zimmers muß
in seiner Anwesenheit vorgenommen werden. Er ist miß-

trauisch gegen die Domestiken, selbst gegen seine Tochter und mich. Frage ich nach dem Grunde, so gibt er zur Antwort, es dürfe nicht ein Blatt von seinen Amtspapieren berührt werden. Als er diesen Morgen in den Forst ritt, nahm er so bewegt Abschied von mir, als ob er fürchtete, nie wiederzukehren."

Ich beruhigte die arme Frau, die eine Geistesverwirrung ihres Mannes fürchtete, natürlich ohne der geheimnißvollen Erbschaftsangelegenheit zu erwähnen, und ging nach dem Dorfe. Ich fand eine Art Trost in den Mittheilungen der Frau Winter, denn ich erkannte daraus, daß der Oberförster ängstlich über das ihm anvertraute Gut wachte. Der Freund mag mir den leisen Argwohn verzeihen, den die seltsamen Verhältnisse angefacht hatten.

Bald zog ich die Glocke an dem Hause des Doktors. Auch er war schon ausgefahren. Frau Hagen erzählte mir, daß der Arzt Nachts herausgeklopft worden sei.

„Wann?" fragte ich.

„Es mochte gegen ein Uhr sein. Mein Mann war soeben von Ihrem Geburtstage zurückgekehrt. Er selbst hat die Thür geöffnet."

„Wann kam er von dem Krankenbesuche zurück?"

„Gegen Morgen. Dann ruhte er einige Stunden und fuhr aus, um seine tägliche Runde zu machen."

Demnach hatte der Fremde mit dem Arzte gesprochen.

Gedankenvoll trat ich den Weg nach meinem stillen Pfarrhause an. Ein Monat verfloß, und ich hatte keinen der Freunde gesehen. Soviel hatte ich indeß erfahren, daß jeder seinen Berufspflichten nachging Das beruhigte mich. Ich hoffte viel von der Zeit. Das schlechte Wetter trat ein, ich konnte das Dorf nicht verlassen. Die Freunde kamen nicht, um mich zu besuchen. Aengstlich wartete ich auf das neue Jahr, als den Termin, den Winter dem Fremden gestellt hatte.

Es war um die Mitte des Dezembers. Spät Abends ward an meine Thüre geklopft. Die Wirthschafterin ließ einen Boten ein, der mich zu dem kranken Doktor Hagen beschied. Meinen Schreck kann ich nicht beschreiben, als der Bote berichtete, sein Herr liege schwer darnieder und verlange von mir geistlichen Zuspruch. Angstvoll fuhr ich in dem geschickten Wagen nach Rodenfeld. Frau Hagen saß jammernd an dem Bette ihres Mannes.

„Sie kommen zu spät!" rief sie mir entgegen.

Starr vor Entsetzen sah ich den Freund an, der mit verzerrtem Gesichte in seinem Bette lag. Ich erkannte ihn kaum wieder.

„Reden Sie ihn an!" bat mich die weinende Gattin.

„Hagen, lieber Freund, rief ich, erkennst Du mich nicht? Gotthold steht an Deinem Bette!"

Der Kranke lag in den letzten Zuckungen des Todes. Gewaltsam richtete er die Blicke auf mich und wollte reden ... er röchelte und verschied

Die Witwe lag still weinend am Boden. Mir blieb Nichts, als den Segen über die Leiche des Freundes zu sprechen. In dem Nebenzimmer erzählte mir Frau Hagen, daß der Doktor gegen Abend unwohl zurückgekommen sei, daß man ihn aus seinem Wagen hätte heben und in das Bett tragen müssen. Dann habe er sich einen Trank bereitet, den er hastig genossen. Als die gehoffte Wirkung nicht eintrat, habe er Auftrag gegeben, mich holen zu lassen. Von diesem Augenblicke an habe er eine Zeit lang geras't, dann sei der Zustand der Bewußtlosigkeit eingetreten, in dem ich ihn getroffen. Auf alle an ihn gerichteten Fragen habe er nicht geantwortet.

„Wo ist der Doktor gewesen?" fragte ich.

Man wußte es nicht, da er selbst das Pferd leitete und stets ohne Kutscher fuhr.

„Hat er sich des Oberförsters nicht erinnert? Hat er ihn nicht sprechen wollen?"

„Nein!" war die Antwort.

Ich verließ das Trauerhaus und fuhr nach dem Forsthause. Der alte Mathias öffnete mir die Thür. Er war erstaunt und zugleich erfreut mich zu sehen.

„Wo ist Winter?"

„Die Familie ist zu Bett; mein Herr arbeitet in seinem Zimmer."

Die Uhr, die auf der Hausflur des Forsthauses steht, schlug zehn, als ich an die Thür klopfte.

„Herein!" rief die starke Stimme Winters.

Er saß vor seinem Schreibtische, die Feder in der Hand. Mit großen Augen starrte er mich an.

„Was bringst Du, Gotthold?" fragte er, ohne auf-
zustehen.

„Beschleicht Dich keine Ahnung, Freund?"

„Nein. Dein später Besuch verräth allerdings nichts
Gutes. Darum fasse Dich kurz . . ."

„Ich bringe eine Trauerbotschaft."

„Rede, Freund, spanne mich nicht auf die Folter.
Ich mag die Umschweife nicht leiden."

„Hagen ist todt!"

Der Oberförster erstarrte zur Bildsäule. Die Feder
entsank seiner Hand. Blieb er auch regungslos, so drückten seine Züge dennoch die größte Bestürzung aus. Minuten verflossen. Da löste sich der starre Schmerz des
Freundes; ich sah, daß seine Gesichtsmuskeln zuckten, daß
große Thränen seinen Augen entrannen. Er faltete die
Hände und murmelte:

„Das hätte ich nicht gedacht!"

Nun erzählte ich ihm die Einzelnheiten des gräßlichen
Falles, die er in fieberhafter Spannung anhörte. Ich sah
ihm dabei scharf in das Auge. Ruhig und fest ertrug er
meine forschenden Blicke.

„Kannst Du Auskunft geben?" fragte ich.

„Ich habe Hagen diesen Mittag gesehen."

„Wo?"

„Er fuhr den Weg nach dem Erlenkruge."

„Und Du?"

„Ich kam aus einem Forstwege und erkannte nur

den Wagen, den ich vorüberfahren ließ, ehe ich weiter ritt. Weiter weiß ich Nichts."

„Glaubst Du, daß er den Erlenkrug besucht hat?"

Der Oberförster zuckte mit den Achseln. Dann murmelte er: „Ich hätte ihn gern noch einmal gesprochen!"

„Ihr seid in Feindschaft geschieden!" sagte ich schmerzlich. Das ist nicht gut!"

„Mein Freund, ich konnte es nicht ändern. Hagen war starrköpfig, nahm seine Beleidigung nicht zurück . . ."

„Und Du grolltest ihm!" rief ich im Tone des Vorwurfes.

„Nein, aber ich habe ihn bedauert. Du hast gesehen, daß ich nicht unbeugsam bin, daß ich die Hand zur Sühne geboten. Ich konnte nicht anders handeln, wie ich gehandelt, und dabei bleibe ich im Angesichte des Todes."

Nach seiner Art, wenn er erregt war, ging der Oberförster durch das Zimmer. Ich unterbrach die eingetretene Pause mit der Bemerkung:

„Die Witwe Hagen meint, ihr Mann sei keines natürlichen Todes gestorben."

Winter blieb wie gebannt stehen.

„Das meint die Witwe?"

„Ja!"

„Sie kann Recht haben! Auch ich bin der Meinung . . ."

„Anton," rief ich, „um Gottes willen, erkläre Dich jetzt! Der Mann, den wir unter dem Namen Alexander kennen gelernt, hat großes Unglück über uns gebracht. Glaubst Du, daß der Tod unseres alten, braven Freundes mit jener Angelegenheit im Zusammenhange steht?"

Der starke Mann erbebte.

„Wir sind allein," murmelte er, indem er meine Hand ergriff, „wir sind allein. Hagen trägt die Schuld an seinem Tode . . . ."

„Du hast es gewußt und hast ihn nicht gewarnt? Winter, es lastet ein Verbrechen auf Deiner Seele!"

„Ich dachte es mir!" sagte im tiefen Schmerze der Freund „Auch Du hältst mich für strafbar. Ich fürchte den Tod nicht, wohl aber die Schande! Meine Brust schmückt das Ehrenkreuz, und dieses Kreuz will ich makellos mit in die Grube nehmen. Eine furchtbare Gewalt schwebt über uns, um so furchtbarer, als sie nicht zu erkennen ist. Lies den Brief, den ich vor einem Monate erhalten habe."

Er erschloß ein geheimes Fach seines Sekretärs und reichte mir ein Papier.

Ich las:

„Vergessen Sie das Versprechen nicht, das Sie dem Todten gegeben Sie büßen den Verrath mit Ihrem Leben. Der Erbe wird sich einstellen, ehe Sie es vermuthen."

Das war Alles, was ich erfuhr.

Die erste Zeit nach dem Tode des Doktors schien unser Verhältniß wieder inniger geworden zu sein. Die Trauer brachte uns einander näher. Winter besuchte mich,

auch wenn ihn der Weg nicht durch Eilsdorf führte. Eines
Abends kam er spät. Ein heftiges Schneewetter mit Sturm
hatte sich eingestellt. Ich ließ rasch einen Punsch bereiten,
das Lieblingsgetränk des Freundes. Wir hatten lange
schweigend am Tische gesessen. Der Oberförster ergriff sein
Glas und rief mit bewegter Stimme:

„Hagen soll leben!"

Große Thränen rannen ihm über die braunen Wangen, während er trank.

„Ja, er soll leben!" stimmte ich aus vollem Herzen
mit ein. „Und nun, Anton, auf ein baldiges Wiedersehen
im ewigen Jenseits."

„Nein," rief er; „ich muß noch eine Zeit lang auf
der Erde bleiben!"

„Bleibe Du. Mir ist es recht, wenn mich der Herr
morgen abruft. Du bist Deiner Familie nöthig."

„Und Du bist mir nöthig, Gotthold!"

„Gut, daß Du es eingestehst."

„Hast Du daran gezweifelt?"

„Ja, ja! Der Dritte aus unserem Bunde ist hin-
übergegangen ... jetzt stehen wir Beide allein da. Laß
mich nun die Stelle Hagen's einnehmen!"

„Nimmermehr!" rief Winter.

„Bin ich dessen nicht würdig?"

„Du bist ja mein einziger Freund noch, und darum
darf ich nicht dulden, daß Du in Gefahr geräthst. Hagen
lebte vielleicht heute noch, wenn ..."

Er schwieg, bestürzt darüber, daß er schon zu viel gesagt hatte.

„Was ist das? Sprich weiter! Sprich weiter!"

„Nun ja, ich glaube es wenigstens. O, hätte ich ihn schützen können! Ich müßte mich arg täuschen, wenn Hagen nicht das Opfer des geheimnißvollen Warners wäre."

Der junge Mann senkte das Heft.

„Mein Gott," flüsterte er, „die Sektion hat doch ergeben, daß mein armer Vater am Lungenschlage gestorben ist. Ich war freilich nicht Zeuge, meine Mutter schrieb es mir... Diese Aufzeichnungen verbreiten ein schreckliches Licht!"

Er las hastig weiter:

„Nun fragte ich, ob ich den Warner zu fürchten hätte, da ich stets für die Bewahrung des Geheimnisses gestimmt..."

„Der Platz ist gefährlich!" rief Winter. „Du darfst ihn nicht einnehmen. An meiner Weigerung erkenne, daß ich Dein wahrer Freund bin."

„Wie steht es jetzt mit der Angelegenheit, die so verhängnißvoll auf unsere Verhältnisse eingewirkt?"

„Wie immer!"

„Freund," sagte ich dringend, „nach dem, was geschehen, pflichte ich der Ansicht des verstorbenen Hagen bei, daß wir die Behörde herbeiziehen müssen..."

„Noch nicht! Noch nicht!" rief Winter heftig.

„An dem Arzte ist ein Verbrechen verübt..."

„Ich vermuthe es nur."

„Und ich behaupte es."

„Sprich diese Behauptung nicht aus! Schweige nur so lange, Gotthold, bis ich Dir sage: jetzt ist es Zeit zu reden und zu handeln. Hagen konnte die Zeit nicht erwarten, er hat eigenmächtig, allein gehandelt, und das war der Grund unseres Zerwürfnisses. Gotthold, Hagen hat mich verrathen wollen, ja er hat mich in gewisser Beziehung schon verrathen."

Der Zorn machte die Augen des Oberförsters glühen. Er zitterte. krampfhaft die Fäuste ballend.

„Und," fügte er mit erstickter Stimme hinzu; Hagen war mein Freund! Gott möge ihm verzeihen!"

„Wie Du ihm verzeihest!"

„Noch weiß ich nicht, ob ich es kann."

Schmerz und Schrecken bemächtigte sich meiner bei dem Anblicke des tief ergriffenen Freundes. Ich beschloß, einen letzten Versuch zu wagen.

„Winter, ich bekleide ein geistliches Amt, bin der langjährige Seelsorger iu meiner Gemeinde, die mich schätzt und achtet ... ich rühme mich dessen mit Stolz ... halte mich in diesem Augenblicke nicht für Deinen Freund, sondern für Deinen Seelsorger, der im Namen Gottes sich der Mühseligen und Beladenen annimmt ... Deine Seele leidet unter einer furchtbaren Last ... flüchte Dich zu mir und beichte getrosten Muthes Alles, was Dich bedrückt. Vielleicht hast Du in Deiner Rechtlichkeit Dir eine eigen-

thümliche, eine irrige Anschauung von den Dingen gestal-
tet ... Eröffne Dich mir, Deinem Beichtvater; der Himmel wird mich erleuchten, daß ich rechten Rath und wirk-
samen Trost ertheilen kann. Ich bin der Vermittler zwischen
der heiligen Religion und den strauchelnden Menschen, der
Religion, die Liebe und Duldung gebietet!"

Von dieser gut gemeinten Rede hatte ich mir einen
ganz besonderen Erfolg versprochen; aber ich hatte mich
getäuscht. Die alte Heftigkeit des Oberförsters erwachte
wieder.

"Mann, Du sprichst von Verirrungen?" fuhr er auf.

"Wir alle sind Menschen."

"Wenn es meine Ehre gilt, irre ich nie!"

"Um des Himmels willen, Freund, ich taste Deine
Ehre, die mir heilig ist, nicht an."

"Aber Du zweifelst daran. Gotthold, Du kennst
meine empfindlichste Seite; sorge dafür, daß diese nicht berührt werde. Du hast mir gesagt, Du bekleidest ein geistliches Amt, seiest von Deiner Gemeinde geachtet und geliebt ... wenn Du irgend wähnst, daß Deine Stellung gefährdet werde, so brich den Umgang mit mir ab. Ich
kann nicht anders handeln, und so werde ich handeln, bis
die Zeit kommt, offen und frei aufzutreten."

"Diese Deutung gibst Du also meinen Worten,
Winter! O wie schmerzt mich das! Um Dir zu zeigen,
daß mein Vertrauen in Dich unerschütterlich ist, werde ich
von nun an schweigen."

„Das lohne Dir Gott, alter Freund! Deine Liebe ist mir Bedürfniß."

So schieden wir.

Der Winter verging. Der Frühling mit seinen Blättern und Blüthen kam. Eines Abends sah ich aus meinem dunklen Zimmer auf den Friedhof hinaus. Da glaubte ich eine dunkle Gestalt zu bemerken, die langsam zwischen den Gräbern hinschlich. Ich konnte nicht unterscheiden, ob diese Gestalt einer Frau oder einem Manne angehörte.

Das war seltsam.

Von den Dorfbewohnern betrat um diese Zeit keiner den Friedhof, das wußte ich. Darum beobachtete ich mit verschärfter Aufmerksamkeit. Die Gestalt bewegte sich dem Grabe Alexanders zu. Ich schlich aus dem Hause und näherte mich dem Gitter eines Monumentes, das sich in der Nähe jenes Grabes befand. Unter dem Schutze der Finsterniß nahm ich ein verstecktes Plätzchen ein. Gott ist mein Zeuge, daß mir nicht Neugierde, sondern der Wunsch, dem armen Oberförster zu nützen, die Rolle eines Lauschers aufdrängte. Die Gestalt stand regungslos neben dem Leichensteine, sie schien die Gitterthüre des Friedhofs zu beobachten.

Ich ließ mich auf dem Rasen eines Kindergrabes nieder.

Die Glocke auf dem Thurme verkündete die neunte Stunde. Kaum waren die hellen Schläge verklungen, als ich das Gitter knarren hörte, das den Eingang von der Dorfstraße aus bildete

Die Gestalt, die vielleicht acht Schritte von mir stand, machte eine Bewegung.

„Ah," dachte ich, „sie hat also Jemanden erwartet."

Und nun sah ich eine zweite Gestalt auftauchen, die sich rasch durch die Furchen der Grabhügel bewegte. Sie schien zu suchen.

„Alexander!" rief leise die Gestalt in meiner Nähe.

„Alexander!" war die Antwort.

Es hatten zwei männliche Stimmen gesprochen.

Beide grüßten sich nun durch ein zeremonielles „guten Abend!"

Der zuletzt Gekommene fragte:

„Sind wir auch an dem Grabe Alexanders?"

„Wäre es nicht zu dunkel, Sie würden den Namen auf dem Steine lesen können."

Die Stimme, die diese Worte sprach, hörte ich nicht zum ersten Male, sie mußte dem jungen Manne angehören, der an meinem Geburtstage den Oberförster aufgesucht hatte. Ich werde, da ich Namen nicht kenne, diesen den Ersten, den, der zuletzt angelangt, den Zweiten nennen.

„Der Arzt ist todt!" sagte der Erste.

„Aber der Oberförster lebt noch, und er ist im Besitze der Banknoten."

„Vereinigen wir uns!"

„Nie, nie," rief der Zweite. „Mir gebührt das Vermögen."

„Wir theilen."

„Ich bedarf der ganzen Summe. Denken Sie daran, daß Ihre Schwester meine Gattin ist. Sie theilen mit ihr, wenn Sie mit mir theilen."

Die nun folgenden Worte wurden so leise gemurmelt, daß ich sie nicht verstehen konnte.

„So schießen wir uns!" rief der Erste.

„Wohlan!" sagte fest der Zweite.

„Der Ueberlebende wird der Erbe sein."

„Einer muß fallen!"

„Was wird, wenn Keiner von uns am Leben bleibt?"

„Dann erbt meine Frau."

„Gut, also meine Schwester."

„Sie besitzt den Ring."

„Man wird den Leichnam des Gefallenen hier finden."

„Gehen wir an den Fluß, er ist nicht weit von hier."

„Haben Sie Pistolen?"

„Ja!"

„Gehen Sie voran, Sie kennen die Gegend."

Beide verschwanden in der Finsterniß. Sollte ich ihnen folgen, um das Duell zu verhindern? Sollte ich es geschehen lassen, daß Menschenblut vergossen würde? Ich erhob mich rasch und wollte mich den beiden Männern als Vermittler anbieten. Ich dachte selbst daran, mir Bauern zu Hilfe zu rufen und die Duellanten gefangen zu nehmen. Dann war ich mit einem Schlage im Besitze des verhängnißvollen Geheimnisses, das mir bisher unendlich

viel Sorgen bereitet hatte. Aber nun durfte ich nicht zögern, wenn ich die gefährlicheu Menschen nicht aus den
Augen verlieren wollte.

„Herr Pastor!" rief eine Stimme, eine zarte Frauen-
stimme.

„Wer ist da?"

Erschreckt wandte ich mich. Auf dem nächsten Grabhügel saß eine Frau.

„Wer sind Sie? Was wollen Sie?"

„Sie haben das Gespräch der beiden Männer belauscht."

„Ja," stammelte ich. „Aber ohne es zu wollen."

Eine unerklärliche Angst erpreßte mir diese Unwahrheit, denn ich gedachte des armen Doktors, der so rasch
aus der Welt geschieden war. Unter so ernsten Umständen
hielt ich eine Nothlüge für erlaubt.

Die Frau hatte sich erhoben. Sie trug einen dunklen
Mantel und einen schwarzen Schleier, der das Gesicht
verhüllte.

„Ob Sie es gewollt oder nicht," fuhr sie in einem
milden Tone fort ... „Sie haben gelauscht und kennen
einen Theil unseres Familiengeheimnisses. Das ist gefährlich."

Um meine gute Absicht zu erkennen zu geben, bemerkte ich, daß ich die streitenden Parteien versöhnen, und
wenn mir dies nicht gelingen sollte, wenigstens das Duell
verhindern wollte.

„Sie sind ein geistlicher Herr, und predigen Versöhnung und Frieden," sagte die Dame; „in diesem Falle aber möchte ich Ihnen rathen, Ihr Amt nicht zu üben, da es fruchtlos sein würde. Das Duell wird stattfinden, und zwar in dieser Nacht noch, denn es ist ein Gottesgericht."

„Der Urtheilsspruch Gottes, meine Dame, offenbart sich nicht durch Mord, und in einem Duelle mordet man! Das sind leider die verkehrten Ansichten leidenschaftlicher Menschen."

Die Dame näherte sich mir und ergriff meine Hand.

„Sie kennen mich, würdiger Herr, denn Sie haben mich schon in Ihrem Hause gesehen; ich vergesse nie die freundlichen Worte, die Sie zu unseren Gunsten gesprochen . . ."

„Dieselbe Dame waren Sie?"

„Dieselbe. Ihnen verdanken wir die ehrenvolle Bestattung Alexanders und den einfachen Schmuck seines Grabes . . . ja, lieber Herr, Sie haben uns eine große Wohlthat erwiesen . . . und wenn Jemand in der Welt diese Wohlthat anerkennt, so bin ich es. Sie stehen unter meinem Schuße."

Und dabei drückte sie mir innig die Hand.

„Meine Dame," rief ich erstaunt, „Sie wollen das Duell nicht verhindern?"

„Nein."

„Sie mahnen auch nicht zur Sühne?"

„Nein!"

„Und der eine der Duellanten ist Ihr Bruder, der andere Ihr Gemal … Beide können in dem Kampfe bleiben … bedenken Sie, was Sie verlieren.“

„Ich habe Alles bedacht, lieber Herr!“

„Bei diesen Gesinnungen bleiben Sie ruhig?“ fragte ich erstaunt und zugleich entrüstet.

„Wer sagt Ihnen, daß ich ruhig bin? Wer sagt Ihnen, daß ich den Kampf nicht verhindern möchte? O, könnten Sie in meiner Seele lesen, die von tausend Qualen gefoltert wird, Sie würden mich bemitleiden.“

Und nun brach die Dame in ein so heftiges Schluchzen aus, daß sie nicht weiter reden konnte. Mir war seltsam um's Herz. Ich wollte trösten und helfen, aber ich wußte nicht, wie. Die arme Dame befand sich in einer noch schwierigeren Lage als ich. Das Leben ihres Gatten und ihres Bruders stand auf dem Spiele.

„Können Sie denn Nichts thun?“ fragte ich.

„Nichts! Nichts! Ein furchtbares Verhängniß lastet auf unserer Familie!“

„Meine Dame,“ begann ich nach langer Pause, „ich kenne einen Theil Ihres Geheimnisses …“

„Fordern Sie nicht mehr zu wissen!“ rief sie eifrig.

„Aber was soll nun werden? Denken Sie an den Ausgang des Duells, das jeden Augenblick stattfinden kann.“

„Hören Sie mich an!“ bat sie mit zitternder Stimme. „Ich war an Ihrem Wohnhause und sah Sie nach diesem

Grabhügel schleichen. Ich folgte Ihnen, denn ich wollte mit Ihnen reden. Da sah ich, daß die eine Partei sich schon am Orte befand ... gleich darauf erschien die andere. Ich kauerte mich in kurzer Entfernung von Ihnen nieder. Das Gespräch durften Sie, soweit es geführt ward, belauschen .., Sie kennen nun den Stand der Dinge. Deßhalb werden Sie mir einen Dienst nicht versagen, um den ich Sie hiemit bitte."

„Was ist es?"

„Folgen Sie mir nach dem Kampfplatze.

„Meine Dame, schon der Gedanke macht mich schaudern, daß ein Duell stattfinden soll. Ich kann unmöglich Zeuge einer Szene sein ..."

„Wir werden ankommen, wenn die Katastrophe vorüber ist "

„Und was soll ich an dem Schreckensorte?"

„Sie werden das Resultat des Kampfes sehen, um es später zu bezeugen."

„Ich, ich, meine Dame?" rief ich entsetzt. „Meine Gefälligkeit ist bekannt; aber hier bitte ich Sie, verschonen Sie mich! Wählen Sie einen anderen Zeugen ... ich kann Ihnen nicht dienen, auch wenn ich wollte. Bedenken Sie mein Alter, meinen Stand ... ich will schweigen, das verspreche ich Ihnen; aber verschonen Sie mich!"

„So gern ich es möchte; es ist leider unmöglich," entgegnete die Dame. „Wir dürfen außer Ihnen Niemand mehr in das Geheimniß ziehen. Und Ihnen wird der

Oberförster Winter glauben, wenn Sie versichern, daß der Besitzer des einen Ringes nicht mehr am Leben ist. Sie leisten mir, aber auch Ihrem Freunde einen wichtigen Dienst."

„Gott im Himmel, also des Mammons wegen soll das Duell stattfinden? Des Geldes wegen will man einen Menschen tödten?"

„Nicht deshalb; es sprechen andere, wichtige Verhältnisse mit! Glauben Sie mir, das Duell ist ein Gottesgericht, es muß stattfinden."

„Und was geschieht, wenn ich mich weigere?"

„Sie werden sich nicht weigern."

„Nehmen Sie es an, meine Dame!"

„So werde ich Sie auf meinen Knien anflehen, von sich selbst und von Ihrem Freunde ein sicheres Verderben abzuwenden. Ueber Ihrem Haupte schwebt eine furchtbare Macht, die zu beschwören meine Kraft zu schwach ist. Ich kann Ihnen nur den Weg andeuten, den Sie gehen müssen, um in Ruhe und Frieden zu leben. Zweifeln Sie nicht an meiner Dankbarkeit, wähnen Sie auch nicht, daß ich Sie listig einschüchtern will . . . ich selbst bin jener Macht unterworfen, die Sie fürchten müssen. Ihre Begriffe von dem Duelle sind nicht die der großen Welt . . . es gibt Dinge, die nur durch Kampf gesühnt werden können."

Von dem Walde herüber krachten fast zu gleicher Zeit zwei Schüsse.

Die Dame stieß einen leisen Schrei aus.

Ich mußte mich an dem Gitter des Grabmonumen-
tes halten, um nicht zu Boden zu sinken. Ein heftiger
Schrecken hatte alle meine Glieder gelähmt.

„Es ist geschehen!“ wimmerte die Dame.

Sie streckte die zitternden Hände zu dem Nachthimmel
empor.

„Wen von Beiden wird das tödtliche Blei getroffen
haben?“ fügte sie schmerzvoll hinzu. „Den Bruder oder
den Gatten? Ich liebe den einen wie den andern...
Gott im Himmel, gib mir Kraft, das Unvermeidliche zu
tragen!“

Nun umklammerte sie den Leichenstein auf dem Grabe
Alexanders und sprach mit bebender Stimme ein Gebet,
das mir in die Tiefe der Seele drang. Ich mußte mit
ihr beten. Das war keine Verstellung, das war der auf-
richtigste, herbste Schmerz.

„Amen!“ flüsterte sie schluchzend.

Und „Amen!“ sagte auch ich, meine Hand auf ihr
Haupt legend.

In wilder Verzweiflung umklammerte sie meine Knie.

„Würdiger Herr,“ rief sie, „Sie sehen meine Pein,
meine Todesangst... begleiten Sie mich jetzt auf dem
schwersten Gange meines Lebens! An Ihrer Seite werde
ich hingehen können, wenn ich Ihre Stimme höre, werde
ich den Muth haben, den Schreckensort zu betreten. Ueben
Sie jetzt das Amt, das Ihnen Gott verliehen, segnen Sie
den Todten und trösten Sie die Lebende... ich bin Gat-

tin und Mutter! Herr Pfarrer, Sie können nicht taub
bleiben bei meinem Schmerze, Sie können eine Mutter
nicht der Verzweiflung preisgeben! Im Namen Gottes,
begleiten Sie mich! Das Furchtbare ist geschehen, es läßt
sich Nichts mehr daran ändern. Und nun denken Sie an
den Freund, den Sie aus einer gefährlichen Lage befreien . . ."

„Genug!" rief ich, von Schmerz und Mitleiden über-
wältigt. „Ich werde Sie begleiten. Die That will ich
nicht richten; aber die Pflichten meines heiligen Amtes
werde ich erfüllen."

Die Dame küßte mir die Hände. Ich fühlte, daß sie
von Thränen benetzt wurden.

Wir verließen den Friedhof. Die Dame, die in der
Gegend genau bekannt sein mußte, führte mich. Wie eine
Fieberkranke schwankte sie voran. Von Zeit zu Zeit blieb
sie stehen, um Luft zu schöpfen. Schwer seufzend ging sie
dann weiter. Ach, es war nicht zu verkennen, daß sie sich
auf dem schwersten Gange ihres Lebens befand. Das
Mitleid mit der Armen war stärker als die Angst in meiner Brust. Und das war gut, recht gut; ich würde mich
andernfalls vielleicht zur Umkehr entschlossen haben.

„Wir müssen eilen!" sagte die Fremde.

Und mit gewaltiger Anstrengung schleppte sie sich in
den Forst, der nun begann. Ein milder Frühlingswind
schüttelte die jungen Blätter, daß sie leise rauschten. Wie

schön war die Nacht, und welche schrecklichen Dinge ereigneten sich im Schoße derselben!

Nach und nach ließ sich das Murmeln des Flusses unterscheiden.

„Wir sind gleich zur Stelle!" sagte die Fremde.

Noch einmal blieb sie stehen, bedeckte einige Augenblicke das Gesicht mit beiden Händen und ging dann weiter. Ich hörte, daß sie flüsterte: „Kommt uns denn Niemand entgegen?"

Da regte sich ein Mann, der an dem Stamme einer Eiche gestanden haben mußte.

„Endlich!" rief er. „Kommst Du allein?"

„Allmächtiger Gott! Wo ist mein Bruder?"

„Gehe noch einige Schritte weiter, und Du wirst ihn finden. Doch, beeile Dich! die Schüsse könnten Aufmerksamkeit erregt haben."

„Ihre Hand, Ihre Hand, Herr Pfarrer!" bat die Dame. „Um Gottes willen, führen Sie mich! Ich muß ihn sehen!"

Dicht am Ufer des Flusses gewahrte ich auf dem grauen Boden einen schwarzen Gegenstand. Wir blieben stehen. Nichts regte sich. Die Dame, die krampfhaft meine Hand hielt, zitterte heftig. Auch mir schwand die Fassung, denn ich durfte nicht zweifeln, daß ich neben einer Leiche stand. Plötzlich blitzte ein Licht auf ... der Mann war uns mit einer angezündeten Blendlaterne gefolgt. Mit

festem Griffe warf er den Mantel von der Leiche zurück,
dann senkte er die Laterne und sagte:

„Die Kugel hat ihm den Kopf zerschmettert, ich habe
gut geschossen. Mein Gegner brach zusammen, ohne einen
Laut auszustoßen. Prüfen Sie, Herr Pastor!“

Schaudernd wandte ich mich ab ... ich hatte ein
völlig zerrissenes Gesicht gesehen. Mir schwanden fast die
Sinne. Der Fremde nahm die Hand der Leiche, zog ihr
einen Ring vom Finger und reichte mir diesen Ring.

„Betrachten Sie ihn genau, Sie müssen ihn kennen!“
fügte er hinzu, indem er die Laterne näher brachte.

Auf der glänzenden Platte erkannte ich dieselben Em-
bleme, die ich dem Leichensteine hatte eingraben lassen.

„Ich kenne den Ring!“ murmelte ich, um der
schrecklichen Szene ein Ende zu machen.

„Behalten Sie ihn.“

„Zu welchem Zwecke?“

„Daß Sie Ihrem Freunde bestätigen können, der ihn
getragen, sei todt!“

„Ich werde es bestätigen!“ stammelte ich.

„So wird man nicht mehr zweifeln, daß ich der
rechtmäßige Erbe bin. Diesen hier hat Gott gerichtet! Ich
sollte leben, darum hat mich die Kugel verschont. Fahre
hin, Verblendeter . . Du selbst trägst die Schuld an Deinem Geschicke.“

„Segnen Sie ihn! O, segnen Sie ihn!“ bat jammernd die Dame.

Ich sprach leise ein kurzes Gebet. Das „Amen" wiederholten die beiden Personen, die neben mir standen.

Der Fremde neigte sich, erfaßte mit starken Armen die Leiche und warf sie von dem hohen Ufer in den tiefen Fluß. Ein kurzes dumpfes Rauschen ließ sich vernehmen ... Alles war vorbei.

„Mein Herr," sagte in einem fast befehlenden Tone der Mann, der auch nicht den leisesten Anflug von Grauen, Schrecken oder Reue zeigte ... „Mein Herr, Sie werden nur dann über die Ereignisse dieser Nacht sprechen, wenn der Oberförster Winter Sie fragt. Zugleich geben Sie ihm dann den Ring. Das Versprechen, genau meine Befehle zu erfüllen, fordere ich nicht von Ihnen; meine Frau wird Ihnen gesagt haben, was bevorsteht, wenn Sie indiskret handeln. Ist die Angelegenheit geordnet, was in kurzer Zeit geschehen sein wird, empfangen Sie den Dank aus der Hand meiner Gattin. Leben Sie wohl!"

Die Dame küßte mir noch einmal im wilden Schmerze die Hände. Dann nahm sie den angebotenen Arm ihres Gatten und ließ sich fortziehen Ich hörte ihr Schluchzen, während ich dem Paare folgte. So erreichten wir das Dorf. Da stand ein Wagen, dessen Rosse ungeduldig in die Erde strampften. Ein Diener öffnete den Wagen, das Paar stieg ein, der Kutscher schwang die Peitsche, und der Wagen rollte fast unhörbar auf der Straße fort, die nach Rodenfeld führt. Ich erreichte, krank vor Angst und Schrecken, mein einsames Pfarrhaus. Was sollte ich unter den

obwaltenden Verhältnissen beginnen? Ich war in eine finstere Angelegenheit verwickelt, ohne recht zu wissen, wie
dies geschehen. Der Gedanke stieg in mir auf, der Behörde
Anzeige zu machen. Dann aber erinnerte ich mich meines
unglücklichen Freundes Hagen, des Oberförsters, dieses
muthigen Mannes, der selbst sich der Gewalt beugte, und
des furchtbaren Fremden, der kalt und gleichgiltig seinen
Schwager getödtet, und die Leiche desselben in den Fluß
geschleudert hatte. Daß der Schreckliche seine Drohungen
ausführte, ließ sich nicht bezweifeln, und daß der Doktor
als ein Opfer der Bosheit gefallen, nahm ich als gewiß an.

So schwankte ich hin und her. Die Befürchtung,
Winter könne darunter leiden, wenn ich energische Schritte
unternähme, bestimmte mich, den Verlauf der Dinge abzu-
warten. Auch ließ sich wohl annehmen, daß der Oberförster
mich bald befragen werde. Aber die Zeit verfloß, und der
Freund blieb aus. Ich war nach und nach ruhiger. Von
der Leiche des im Duelle Getödteten hörte ich nichts; man
mußte sie also nicht gefunden haben. Auch eine Annäherung des geheimnißvollen Fremden fand nicht statt. So
gab ich mich denn der Hoffnung hin, daß die Angelegenheit geordnet sei. Aber warum mied mich der Oberförster?
Ich hatte ihn ja nicht beleidigt, ich duldete vielmehr seinet-
wegen die gräßlichen Qualen der Ungewißheit, und verließ
aus Furcht meine Wohnung nicht. Wie gerne hätte ich dem
Freunde mein Herz ausgeschüttet, wie gern hätte ich mit
ihm berathen, was zu unserm Heile zu unternehmen sei.

Einst kam ich von dem kranken Waldwärter zurück, der unten am Flusse ein einsames Häuschen bewohnt. Ich hatte lange einen so weiten Weg nicht gemacht und würde ihn auch damals nicht unternommen haben, wenn es meine Amtspflicht nicht erfordert hätte. Es war gegen Abend. So rasch, als es meine Kraft gestattete, ging ich durch den stillen Wald. Da kam der Oberförster aus einem Seitenwege. Als er mich sah, stieg er vom Pferde und begrüßte mich mit der gewohnten Herzlichkeit. Wir gingen neben einander, das Gespräch drehte sich um gleichgiltige Dinge. Ich merkte wohl, daß Winter sich Mühe gab, die Zeit auszufüllen, die wir in Gesellschaft verbringen mußten.

Der Pfad führte uns an dem schrecklichen Ort des Duells vorüber. Gewaltig pochte mir das Herz und meine Kraft erlahmte.

„Was ist Dir, alter Freund?“ fragte Winter besorgt.

„Der Weg ist mir zu anstrengend, gestatte, daß ich ein wenig ruhe.“

Ich mußte mich auf einen Baumstamm setzen, der am Wege lag. Trotzdem aber beobachtete ich den Freund. Er zeigte nur Sorge um mich, die Bedeutung des Ortes schien er nicht zu kennen.

„Wir werden nun alt!“ rief er.

„Vor der Zeit!“ entgegnete ich.

„Wie?“

Sorgen und Kummer zehren rasch die Kraft auf.

„Haſt Du Sorgen und Kummer, Gotthold," fragte er theilnehmend. „Dein friedliches Amt ſchützt Dich vor der Berührung mit der Welt. Und wer, wie Du, ſein Leben wohl benützt hat, kann ſorglos der Zukunft entgegenſehen."

„Verſtehſt Du mich denn nicht, Anton? Kannſt oder willſt Du mich nicht verſtehen?"

Er ſtampfte zornig mit dem Fuße, indem er ausrief: „Daß es ſo kommen mußte! Verdammt!"

„Ja, daß es ſo kommen mußte!" wiederholte ich traurig. „Wir könnten noch im heitern Freundeskreiſe glücklich ſein. Winter, dürfen wir ein offenes Wort reden?"

„Nein! Nein!"

„Was hindert Dich?"

„Du magſt es wiſſen, Hagen!"

„Er iſt todt!" rief ich mahnend.

„Aber die Folgen ſeines Mißtrauens gegen mich dauern noch fort. Siehſt Du denn nicht, wie ich leide? Und ich kann mich nicht ausſprechen, bin zu einem furchtbaren Schweigen verurtheilt; Wäre meine Ehre nicht gefährdet, ich würde . . ."

Winter legte die geballte Fauſt an die Stirn, wie er ſtets pflegte, wenn der Zorn ihn übermannte. Bebend fügte er hinzu:

„Ich will nicht mit Schande in die Grube fahren! Hagen, Hagen, Du haſt übel an mir gehandelt! Gebe

Gott, daß ich noch gut machen kann, was Du verschuldet!"
Der starke Mann weinte.

Ich ergriff seine Hand.

"Freund, hast Du mich um Nichts zu fragen?"

"Nein!"

"Kann ich Aufklärung geben, kann ich rathen?
Sieh', ich leide mit Dir, und bin ich auch nur ein fried-
licher Pfarrer, so denke ich doch zuweilen: wäre es nicht
besser, wenn wir durch Muth und Entschlossenheit dem
traurigen Zustande ein Ende machten? Eine gerechte Sache
trägt stets den Sieg davon, und wir haben uns vor der
Welt nicht zu fürchten. Nach dem, was geschehen, so
glaube ich, sind wir an das Versprechen nicht mehr gebunden, das wir dem Sterbenden gegeben. Wir haben Alles
gethan . . ."

"Diese Ansicht mag von Deinem Standpunkte aus
die richtige sein; ich bin gezwungen, anders zu urtheilen.
O, wie gern schüttete ich Dir, dem treuen Freunde, mein
Herz aus . . . aber ich kann, ich darf noch nicht! Das
Glück meiner Familie hängt von der ruhigen Entwicklung
der Dinge ab."

Das war eine neue Eröffnung.

"Deiner Familie, Anton?"

"Frage nicht weiter! Zu Deinem eigenen Heile,
frage nicht! Vielleicht komme ich bald zu Dir. Wundere
Dich nicht, wenn ich Dich nicht aufsuche . . . aber trete ich
einmal in Dein stilles Stübchen, wo wir so oft glücklich

gewesen, dann ist die Gefahr vorüber und ich eröffne Dir
jede Falte meines Herzens!"

Wir gingen weiter.

Winter sprach kein Wort mehr. Sein Pferd am Zügel führend, begleitete er mich bis an das Gitter des Friedhofes. Da trat ein unbekannter Mann heran und über-
reichte meinem Freunde einen Brief. Der Oberförster
warf einen Blick auf die Adresse. Dann erbrach er das
Siegel und las. „Ich werde kommen!" sagte er kalt.

Der Bote, ein anständig gekleideter Mann von vielleicht vierzig Jahren, grüßte und verschwand zwischen den
Bäumen.

„Was ist's?" fragte ich besorgt.

„Ein Geschäft ruft mich. Gute Nacht, Gotthold!"

Ich reichte ihm traurig die Hand.

„Bist Du auch sicher, Anton?"

„Fürchte Nichts! Vielleicht komme ich bald."

„Das gebe Gott!"

Der Oberförster hatte sein Pferd bestiegen und
sprengte davon. Noch lange hörte ich die Hufschläge seines
galoppirenden Pferdes. Er mußte große Eile haben. Sinnend betrat ich mein Stübchen. Auf dem Arbeitstische lag
ein Brief. Erschreckt starrte ich das Papier an, ich wagte
nicht, die Hand darnach auszustrecken. Amtliche Briefe
hatten eine mir wohlbekannte Form, und Privat-Korre-
spondenzen führte ich nicht. Ich rief die Wirthschafterin.

„Wer brachte den Brief?"

Die alte Frau beschrieb den Boten, der sich am Gitter dem Oberförster genähert hatte.

„Er fragte nach dem Herrn Pastor," berichtete sie. „Als ich ihm sagte, Sie besuchten einen Kranken, bat er mich sehr höflich, den Brief richtig in Ihre Hände gelangen zu lassen, da er eine wichtige Nachricht enthalte. Dann überlegte er, ob er gehen oder bleiben sollte. Ich versicherte, daß ich den Brief besorgen würde. Nun ging er."

Ich entließ die Frau.

Kaum war ich allein, als ich den Brief prüfte. Er mußte mit dem Zwillingsbruder des Ringes gesiegelt sein, den ich in meinem Schranke sorgfältig aufbewahrte. Nun wußte ich, woher er kam. Muthig erbrach ich das Siegel und las:

„Ehrwürdiger Herr!"

„Die unglückliche Frau, der Sie in den furchtbarsten Augenblicken ihres Lebens großmüthig Beistand geleistet, bethätigt ihre Dankbarkeit durch die Warnung: halten Sie sich von dem Oberförster Winter fern und beeinflussen Sie die Handlungen dieses Herrn weder durch Winke noch durch klar ausgesprochene Worte. Betrachten Sie mich als die unsichtbare Schützerin Ihres würdigen Hauptes. Noch einmal beschwöre ich Sie ... tragen Sie Sorge, daß das Duell und seine Folgen verschwiegen bleibe."

Ich habe den Brief wörtlich abgeschrieben.

Wären nicht schon Menschenleben zum Opfer gefallen, ich würde die ganze Geschichte für ein Abenteuer, für

eine Mystifikation gehalten haben. Leider mußte ich, von
den Thatsachen gedrängt, an einen furchtbaren Ernst glauben. Die heftigen Gemüthserregungen hatten meine Gesundheit untergraben, ich ward krank und mußte lange das
Bett hüten. Der Sohn meines alten Freundes Hagen kam
als ein tüchtiger Arzt von der Universität zurück, und ihm
vertraute ich mein körperliches Heil an ...“

„So eben erfahre ich, daß man den Oberförster
schwer verwundet im Walde gefunden hat. Ich kann ihn
nicht besuchen, ich bin noch zu schwach ... gebe Gott, daß
ich günstige Nachrichten von ihm erhalte.“

Hier schloß die Schrift.

Der junge Arzt starrte gedankenvoll vor sich hin Der
Vater war todt, der Oberförster schwer verwundet ... auf
wen von Beiden sollte man die Schuld wälzen? Die Ereignisse, die der Pfarrer geschildert, gestatteten ein Urtheil
nicht. Aber daß der Mörder Winter's, der den eleganten
Hut zurückgelassen, jener geheimen Gesellschaft angehörte,
ließ sich nicht einen Augenblick in Zweifel stellen. Sollte
der Oberförster nicht den Schutz des Gerichtes angerufen
haben? Sollte nicht diese Angelegenheit der Grund zu dem
Umgange sein, den der Oberförster mit dem Aktuar ange-
knüpft? Sollte nicht Albertinens Hand der Lohn für ge-
leistete Dienste sein? In diesem Falle mußte Otto Schwarz
ganz auf der Seite des Oberförsters stehen und mit ihm
vereint für die Erhaltung der beträchtlichen Summe käm-

pfen, die der Sterbende den Freunden anvertraut hat. Aber Winter war ja ein Ehrenmann . . .

„Ich komme zu keinem Resultate!" rief Bernhard schmerzlich. „Mag die Zukunft darthun, ob Albertinens Vater die Feindschaft verdient, die ihn bis auf den Tod verfolgt. Mein Vater, und dies erkläre ich vor der Welt, war eines Betruges nicht fähig. Sein Andenken werde ich heilig halten und vor jeder Verunglimpfung bewahren. Ich setze den Kampf fort, wenn es sein muß."

Es war Abend geworden.

Die Mutter trat ein.

„Bernhard, der Aktuar ist so eben angekommen; er läßt Dich, selbst wenn Du beschäftigt wärst, um eine Unterredung bitten. Aber wie erregt bist Du, mein Sohn? Was ist geschehen?"

„Beruhige Dich, liebe Mutter; es ist Nichts. Die Sorge für den verwundeten Oberförster hat mich allerdings ein wenig angegriffen . . . er ist ja der Vater Albertinens."

„Willst Du Otto Schwarz empfangen?"

„Ja!" rief Bernhard, nachdem er einige Augenblicke überlegt hatte. „Er mag kommen."

„Wäre es nicht besser, Du pflegtest für heute der Ruhe?"

„Ich kann den Freund nicht abweisen. Wer weiß, was er mir mitzutheilen hat. Bereite das Abendessen vor, liebe Mutter, Du wirst mich bald sehen.'

Frau Hagen verließ das Zimmer. Bernhard verschloß

die Schrift des Pfarrers in seinen Sekretär und sah dann sinnend in den stillen Abend hinaus. Deutlich ließ sich das Rauschen des nahen Flusses vernehmen, desselben Flusses, der den Leichnam des im Duelle Getödteten aufgenommen hatte.

Viertes Kapitel.

Die Freunde.

Einer Magd, die das Licht brachte, folgte der Aktuar, der ruhig, wie er stets pflegte, eintrat. Er reichte dem Freunde zum Abendgruße die Hand.

„Du bist beschäftigt, Bernhard?"

„Gewesen; jetzt bin ich erschöpft. Eine Unterhaltung mit Dir wird mich in der Ruhe nicht stören. Nimm Platz!"

Beide Freunde saßen in dem Sofa, das sie so oft, um traulich zu plaudern, eingenommen hatten.

Der Arzt fragte:

„Haben Deine Nachforschungen ein Resultat ergeben?"

„Bis zu diesem Augenblicke nicht. Man hat ein verdächtiges Subjekt an dem Parkgitter des Landhauses gesehen, das der reiche Satler bewohnt. Der Kerl ist auf eine unerklärliche Weise verschwunden; er muß in die Luft ober in die Erde gefahren fein, wenn er in dem Fluße nicht den Tod gefunden hat."

„Nach dem gefundenen Hute zu urtheilen, muß der Mörder ein Elegant fein."

„Wohl möglich. In einigen Tagen, vielleicht morgen schon, werden wir wissen, woran wir sind. Meine Spürhunde sind außerordentlich thätig. Es bleibt kein Baum, kein Strauch, kein Feld undurchsucht. Die Grenze wird scharf bewacht. Wirst Du den Oberförster retten?"

„Ich glaube es. Und damit mir dies möglich ist, richte ich eine Bitte an Dich."

„Sprich die Bitte aus, Bernhard!"

„Verschone den Kranken mit Inquisitionen; die leiseste Aufregung ist gefährlich, sie kann alle meine ärztlichen Bemühungen vereiteln."

„Soll geschehen. Der Arzt hat in diesem Punkte das erste zu reden. Nun gestatte mir, daß ich die Angelegenheit berühre, die mich eigentlich zu Dir führt. Sie ist für Dich trauriger Natur, aber ich kann, ohne meine Pflicht zu verletzen, sie nicht übergehen. Dein verstorbener Vater hat mit dem Oberförster in Feindschaft gelebt."

„So sagte man."

„Es steht wohl so ziemlich fest."

„Was kümmert Dich, Otto, diese Angelegenheit?" fragte verletzt der Arzt.

„Du wirst es gleich erfahren. In diesem Augenblicke fragt Dich der Freund, nicht der Aktuar ... merke wohl darauf, Bernhard. Ich komme nicht von Amtswegen, um Dich auszuforschen; die Freundschaft führt mich zu Dir. Ist Dein Vater eines natürlichen Todes gestorben?"

„Welche Frage! Was alle Welt weiß, sollte Dir verborgen geblieben sein? Und wie kann ich Dir Auskunft ertheilen, der ich zu jener Zeit auf einer wissenschaftlichen Reise begriffen war."

Otto Schwarz richtete einen forschenden Blick auf den Arzt; seine kleinen, dunklen Augen glühten wie Kohlen. Dabei bemerkte er, daß Bernhard eine Verlegenheit bekämpfte, die durch die Frage hervorgerufen worden. Er machte diese Bemerkung mit der Befriedigung eines Richters, der schlau inqnirirt. Sein Gesicht nahm rasch wieder den Ausdruck milder Freundlichkeit an.

„Es ist wahr, Du befändest Dich damals auf Reisen," fuhr er fort. „Du hast mir ja erzählt, daß Dich der Brief Deiner Mutter nicht getroffen, daß Du hoffnungsfroh die Heimat erreichtest, und daß es Dir nur vergönnt gewesen, das Grab des geliebten Vaters zu besuchen."

Der Arzt, der längst die Gesinnung des Aktuars kannte, bezwang seinen Unmuth.

„Was veranlaßt Dich zu der Frage, Otto, und gerade jetzt?"

„Weil ich den Mordanfall auf den Oberförster mit dem Tode Deines Vaters in Verbindung bringen zu können glaube. Theile mir mit, was Du weißt oder vermuthest."

Bernhard bedachte, daß er das Geheimniß des Pfarrers nicht preisgeben durfte und zumal diesem Manne nicht,
der sein versteckter Feind ist.

„Ich weiß nicht mehr und nicht weniger, als was alle
Welt weiß. Du sprichst von einem unnatürlichen Tode . . .
Soll der Tod meines Vaters in Folge eines mörderischen
Angriffes eingetreten sein?"

„Wenn Du versicherst, daß dies nicht der Fall ist, so
bescheide ich mich. Aber ich mußte jede Andeutung benützen,
um zu einem Resultate zu gelangen."

„Von wem kam Dir die Andeutung?"

„Von dem Oberförster."

„Otto, jetzt erst, nachdem mein Vater zwei Jahre
todt ist?· Der Oberförster hat entweder im Fieber gesprochen, oder Du hast ihn falsch verstanden. Mein Vater ein
Menschenfreund im wahren Sinne des Wortes, hat keinen
Feind gehabt."

„Außer dem Oberförster," fügte der Aktuar bedauerlich lächelnd hinzu.

„Und diese Feindschaft würde sicherlich beseitigt worden sein, wenn mein armer Vater nicht so plötzlich aus
dem Leben geschieden wäre. Ich übernehme es, den Oberförster auszusöhnen, wenn es noch nöthig sein sollte."

Der Aktuar blieb regungslos. Nur sein stechender
Blick richtete sich zur Seite auf den Arzt, indem er sagte:

„Um eine Aussöhnung zu bewirken, mußt Du doch die
Natur des Zwistes kennen."

„Ich kenne sie nicht; aber der Oberförster wird sie mir offen mittheilen. Brechen wir ab, Otto! Und nun ersuche ich Dich, die Angelegenheit weder offiziell, noch privatim zu berühren."

Otto betrachtete seine fleischigen, mit Ringen geschmückten Finger.

„Du willst es, und es wird, so viel an mir ist, geschehen. Nun mache ich Dir eine konfidentielle Mittheilung. Der Freund soll der Erste sein, der mein Glück erfährt. Albertine Winter ist meine verlobte Braut."

„Verlobt?" fragte Bernhard erstaunt.

„Wie ich Dir sage."

„Seit wann?"

„Seit einer Stunde. Es ist zwischen mir und dem Vater abgemacht."

„Und Albertine?"

„Wird sich dem Willen des Vaters fügen, der nur das Glück seiner Tochter im Auge hat. Biete Deine Kunst, Deine Wissenschaft auf, um den Verwundeten so rasch als möglich herzustellen ... Du beschleunigst mein Glück, wenn Du die Genesung des Oberförsters beschleunigst! Ich werde Dir ewig dankbar, ewig dankbar sein.

Der Arzt, der Albertinens Mittheilungen empfangen hatte, durchschaute den Juristen. Er blieb ruhig.

„Otto, Du erwartest einen Glückwunsch von mir?"

„Ja, mein Freund!"

„Ich kann ihn Dir nicht aussprechen."

„Was hält Dich ab?"

„Meine Rechtlichkeit, meine Offenheit."

„Das begreife ich nicht."

„Sieh' mir fest in's Auge, Otto, und antworte. Weißt Du wirklich nicht, daß Albertine mich liebt? Weißt Du es nicht, oder willst Du es nicht wissen?"

Otto erkünstelte mit einer wahren Virtuosität das größte Erstaunen.

„Albertine liebt Dich?" fragte er stammelnd.

„Eben so aufrichtig und innig als ich sie liebe Diese Liebe ist nicht von gestern; sie wurzelt in den Jugendjahren, und die Zeit hat sie gereift und befestigt. Willst Du zwischen mich und mein Glück treten? Bedenke den Kampf, den Du entzündest! Du hast die Gunst des Vaters für Dich; ich aber besitze die Liebe der Tochter. Mir steht die Feindschaft entgegen, welche die Väter trennte ... Dir Albertinens Gleichgiltigkeit, denn sie wird sich nie von mir abwenden. Trage den Umständen Rechnung, sei mir ein wahrer Freund, und hemme das Versöhnungswerk nicht, dessen Abschluß herbeizuführen ich jetzt hoffen darf. Wäre ich an Deiner Stelle, ich würde nicht einen Augenblick zögern."

„Und dennoch muß ich zögern," entgegnete Otto kalt.

„Warum? Warum?"

„Du hast von Deinem Standpunkte aus gesprochen, ich werde von dem meinigen sprechen. Wenn Du auf eine Aussöhnung hoffst, so täuschst Du Dich ... der Oberförster

wird dem Sohne seines erbittertsten Feindes nie die
Hand seiner einzigen Tochter bewilligen. Das Heiratsprojekt mit mir ist ebenfalls nicht neu, man basirt darauf einen Plan, der nicht scheitern darf."

Otto schwieg einen Augenblick. Als er sah, daß
Bernhard bitter lächelte, ergriff er dessen Hand und
sagte halb leise:

„Der Oberförster kann nicht mehr zurücktreten!"

„Dann hast Du ihn umstrickt!" fuhr Bernhard auf.

„Nein, denn auch ich kann nicht zurücktreten, es
sei denn, daß ich den braven Mann unglücklich machen
wollte. Und mit ihm geräth die ganze Familie in
Elend und Jammer."

„Was ist das?"

„Mehr kann ich Dir für den Augenblick nicht
sagen."

„Und wann gedenkst Du weitere Auskunft zu ertheilen?"

„Sobald ich den Verbrecher ertappt, der es versucht, Albertinens Vater zu morden, den Vater meiner
Braut."

Das Wort „Braut" durchschnitt dem armen Doktor Leib und Seele.

„Deiner Braut!" rief er entsetzt. Du sprichst mit
einer Gewißheit . . ."

„Die wohl begründet ist. Meinst Du es wirklich

gut mit Albertinen, so nimm auf ihren Vater Rücksicht
und hemme den Gang der Dinge nicht."

„Kalter Jurist!"

„Ich bin mehr, ich bin auch Dein Freund."

„Beweise es . . ."

„Sogleich, wenn Du mich anhören willst."

„Fasse Dich kurz."

„Dein verstorbener Vater war der Bewahrer einer
bedeutenden Summe in englischen Banknoten. Bin ich
recht unterrichtet, mein lieber Freund?"

Bernhard hatte Mühe, seine Bestürzung zu verbergen.

„Mein Vater hat kein Vermögen, wohl aber ge-
ordnete Verhältnisse hinterlassen. Es sind keine Schul-
den vorhanden . . ."

„Mag sein; aber die englischen Banknoten sind
verschwunden."

Der Arzt sprang von seinem Sitze auf, indem
er rief:

„Des Todten Ehre willst Du antasten?"

„Das Kapital ist verschwunden," wiederholte der
Aktuar.

„Du lügst, Abscheulicher, Du lügst!"

Auch Otto Schwarz hatte sich erhoben.

„Willst Du mich beleidigen?"

„Rüttle nicht an der Ehre meines Vaters, der im
Grabe ruht! Laß ab, Otto, es ist nicht wohlgethan!"

Der Arzt hatte diese Worte in einem so drohenden Tone gesprochen, daß der Jurist zurückwich. So hatte er den stets ruhigen Mann nie gesehen. Bernhard war todtbleich geworden, seine Augen glühten, seine Lippen zuckten krampfhaft.

„Ich werfe den Stein nicht auf Deinen Vater, Freund!"

„Und was bezweckt diese Insinuation?"

„Sie soll eine Warnung sein."

„Mir?"

„Dir, meinem Freunde. Man macht den Ober-förster verantwortlich für das große Kapital ... erräthst Du nicht, daß er seine Verschwiegenheit, seine auf-opfernde Freundschaft mit den schweren Wunden büßt? Dein Vater ist todt ... man hält sich an den Lebenden."

„Otto, lege die Maske ab, die Du mir gegenüber bis jetzt getragen! Sprich es aus, daß Du mich durch Intriguen verderben willst, um Dir Albertinens Gunst zu erwerben. Du sagst, Deine Liebe sei nicht von ge-stern ... auch Deine Intriguen sind längst eingeleitet, und doch hast Du mir stets warme Freundschaft geheu-chelt. Ich lasse mich nicht einschüchtern, mein Vertrauen auf die Rechtlichkeit des verstorbenen Vaters steht felsen-fest, und wagst Du, diese Rechtlichkeit in Zweifel zu ziehen, so wird Dich meine Hand dafür züchtigen. Du kennst meinen ruhigen Charakter, Du weißt, daß ich bis zum äußersten Punkte ausharre; aber treibt man mich darüber hinaus, so vernichte ich den ..."

„Ereifere Dich nicht, Bernhard. Warum auch? Die Natur der Dinge ist so zart, daß sie ein starkes Geräusch nicht verträgt."

„Ich fürchte die Oeffentlichkeit nicht!"

„Es kommt darauf an."

„Verfahre nach Belieben."

„Ich thue meine Pflicht als Aktuar."

„Und ich müßte ein Schurke sein, wollte ich Dich an der Erfüllung Deiner Amtspflicht hindern. Du hast diese gegenseitige Erklärung provozirt, denn einen andern Zweck Deines Besuches kann ich nicht annehmen ... Erfülle Deine Pflicht; ich werde die meinige erfüllen. Aber taste die Ehre des Todten nicht an!"

Otto hatte Hut und Stock ergriffen.

„Ich bedaure Deine Verblendung," sagte er mit-leidig, „die Dich hindert, ruhig zu denken und die Dinge richtig zu erfassen. Die Beleidigung, die ich erlitten, verzeihe ich Dir ..."

„Genug, Otto, wir sind Freunde gewesen ... jetzt steht der Arzt dem Juristen gegenüber ... ich habe Nichts mehr zu sagen."

„Auch ich bin fertig!"

Der Aktuar grüßte mit kalter Höflichkeit und ent-fernte sich.

Bernhard ging auf und ab.

„Es mußte zum Bruche kommen, dachte er, denn ich bin ein Feind der Verstellung und Lüge. Ich kann den nicht freundlich behandeln, den ich verachten muß. Und diesen Aktuar verachte ich gründlich. Aber wehe mir, wehe Albertinen, wenn der Oberförster diesen Mann als Werkzeug benützt, um sich in dem Besitze jener verhängnißvollen Summe zu erhalten. Mein Vater soll das ihm anvertraute Gut unterschlagen haben. Der arme Mann ist todt, er kann sich nicht vertheidigen … und ich besitze leider keine Mittel, dem Schlage entgegenzutreten, als kindliche Pietät und felsenfestes Vertrauen in die Biederkeit des Verstorbenen. Die Schrift des Pfarrers berechtigt mich vollkommen zu der Annahme: Winter hat sich durch Habsucht verblenden lassen und opfert seine alten Freunde."

Plötzlich, wie von einem schrecklichen Gedanken ergriffen, blieb der junge Mann stehen.

"Aber auch Winter ist verwundet!" murmelte er. "Natürlich," fuhr er ruhiger fort, "natürlich! Er will die Banknoten nicht herausgeben und wälzt nun die Schuld auf den todten Freund! Das ist die Lösung des Räthsels. Großer Gott, wenn diese Annahme richtig wäre! Armer Vater! Arme Albertine!"

Erschöpft an Geist und Körper sank der Arzt auf einen Stuhl.

Die Mutter trat ein. Sie fragte erschreckt:

"Was ist Dir, Bernhard?"

"Nichts, liebe Mutter, Nichts!"

"Der Aktuar entfernte sich, ohne mich zu grüßen."

„Achte nicht darauf."

„Und Du bist bestürzt, bleich und zitternd . . ."

„Es handelt sich um Albertinen."

„Dachte ich es mir doch!" rief Frau Hagen. „Wenn es nur dies ist, so beruhige Dich . . . der Aktuar ist Dir nicht gefährlich . . . hier ist ein Brief von Albertinen."

„Gib, Mutter!"

„Hier."

„Wer brachte ihn?"

„Der alte Mathias, der eintrat, als kaum der Aktuar sich entfernt hatte. Er wartet auf Antwort."

Der Brief enthielt folgende Zeilen:

„Mein geliebter Freund!

„Otto Schwarz hat wiederum eine Unterredung mit dem kranken Vater gehabt, die wir leider nicht verhindern konnten. Seiner Behauptung, er komme von Amtswegen, durften wir Widerstand nicht entgegensetzen. Ich wollte der Unterredung beiwohnen; aber der Vater litt es nicht, er hörte kaum auf meine Mahnung, daß der Arzt jede Aufregung verboten habe. Dieser Aktuar flößt mir Furcht und Schrecken ein. Hüte Dich vor ihm, sei vorsichtig in Deinem Benehmen und Sprechen . . . er ist ein tückischer Freund. Wohl weiß ich, daß Du nach der anstrengenden Nacht erschöpft bist und der Ruhe bedarfst; trotzdem aber bitte ich Dich um eine Unterredung. Laß mir durch den treuen Mathias sagen,

ob ich Dich diesen Abend zehn Uhr an der Gartenthür
erwarten kann. Verzeihe Deiner Albertine, die nur aus
Deinen Worten Trost und Beruhigung schöpfen kann."

„Der Brief kommt gelegen!" rief Bernhard.
„Mutter, ich folge sogleich, um mit Dir das Nachtessen
einzunehmen."

Frau Hagen entfernte sich.

Bernhard schrieb:

„Ich komme, meine Geliebte, mein süßer Engel,
und wäre ich dem Tode nahe. Mit dem Schlage Zehn
triffst Du an der Gartenthür . . . Deinen Bernhard."

Diesen Brief empfing Mathias, der im Wohnzimmer wartete.

„Wie befindet sich der Patient?" fragte der Arzt.

„Ich glaube gut, denn er schläft viel," antwortete
der Greis. Wenn nur der Aktuar nicht so oft käme,
der die Ruhe meines Herrn mit einer Hartnäckigkeit
unterbricht, als ob ihm die Genesung nicht wünschenswerth erschiene. Als ich ihn nicht einlassen wollte, drohte
er mir mit dem Amtsgefängnisse und schalt mich einen
Unverschämten, der sich gegen obrigkeitliche Personen
auflehne. Ich mußte also gegen meinen Willen den
kranken Herrn fragen.

„Und was antwortete der Kranke?"

„Er schien erfreut zu sein und befahl, den Aktuar
sofort einzulassen. Als dieser am Bette stand, mußte
ich mich mit Fräulein Albertine, die durchaus bleiben

wollte, entfernen. Die Unterredung hat wohl eine halbe Stunde gedauert. Wir lauschten an der Thür, konnten aber kein Wort verstehen. Fräulein Albertine ist so er- schreckt, daß sie Niemand zu trösten vermag. Sie schrieb den Brief und bat mich, ihn zu überbringen. Wäh- rend meiner Abwesenheit wacht sie nun an dem Kran- kenbette."

Man bewirthete den Alten, der im hohen Grade erschöpft war, mit einem Glase Wein und entließ ihn.

"Ich muß fort, Mutter!" sagte Bernhard nach dem Abendessen, das er rasch eingenommen.

"Wohin?"

"Nach dem Forsthause; Albertine hat mich um eine Unterredung gebeten. Beunruhige Dich nicht, wenn ich spät heimkehre, es könnte auch möglich sein, daß der Kranke meiner Hilfe bedarf. Gehe zu Bett um die ge- wohnte Zeit, ich versehe mich mit dem Hausschlüssel.

Der Arzt, in einen leichten Sommermantel gehüllt, verließ das Haus. Er schritt über die Brücke und be- trat die Wiese. Die Nacht war sternenklar. In maje- stätischer Ruhe lag rechts der Eichenforst.

Jenseits der Wiese, aus der ein weißer Nebel emporstieg, schimmerte ein Licht. Es kam aus dem Forsthause. Links dehnten sich die großen Ackerflächen aus, die zu dem Dorfe gehörten.

Der Doktor erreichte das Forsthaus.

Die beiden großen Wachthunde kannten ihn; sie kamen heran, ohne zu bellen.

Durch das verhangene Fenster des Krankenzimmers drang ein schwacher Lichtschein.

Bernhard lauschte an diesem Fenster.

Da hörte er den alten Mathias, der die Bibelstelle vorlas: „Herr, Du bist unsere Zuflucht für und für; ehe denn die Welt geschaffen, bist Du, Herr, von Ewigkeit zu Ewigkeit."

Der Kranke wollte sich erbauen.

Ließ sich wohl annehmen, daß ein so gläubiges Gemüth ein Unrecht begehen konnte? Oder hatte sich die Reue eingestellt, bekehrte sich der Sünder zum Guten?

Einer der obern Fensterflügel war geöffnet, um der frischen Luft Eingang zu gestatten. Die in dem Zimmer leise gesprochenen Worte ließen sich deutlich verstehen.

„Mathias!" murmelte der Kranke

„Was befehlen Sie denn, mein lieber Herr?"

„Rücke näher an das Bett."

„Es ist geschehen, Herr Oberförster. Sprechen Sie nur leise, damit Sie sich nicht anstrengen; ich werde schon aufmerken."

„Du bist mir stets ein treuer Diener gewesen..."

„Das weiß Gott! Und so lange mir die Augen offen stehen, werde ich es auch bleiben. Mir scheint, lieber Herr, Sie haben etwas auf dem Herzen...

sprechen Sie sich getrost aus, damit Ihre Brust leichter
wird ... oder soll ich Ihnen einen Dienst leisten ...
ich thue Alles. Alles!"

Eine Pause trat ein.

"Vielleicht erfolgt ein Geständniß," dachte der lau-
schende Arzt.

Er schmiegte sich fest an das Fenster.

"Mathias!" rief der Kranke.

"Da bin ich ja, mein lieber Herr! Ich sitze auf
dem Stuhle neben dem Bette."

"Sind wir auch allein?"

"Ganz allein."

"Wo ist Albertine?"

"Bei der Mutter. Die Damen haben sich soeben
zurückgezogen, da sie so sanft schliefen. Mit der Genesung geht es recht gut ... der Herr Doktor hat gesagt,
daß er Sie bald herstellen würde."

"Das hat Hagen gesagt?"

"Ja, Herr Oberförster. Auf das Wort dieses
Mannes können Sie sich verlassen."

"Und doch glaube ich nicht daran ..."

"Aber, lieber Herr!"

"Ich werde wohl sterben müssen."

"Denken Sie doch nicht an den Tod. Die Wunden
schmerzen freilich, aber sie sind nicht gefährlich. Der Herr
Doktor hat gesagt, es müsse Alles so kommen."

"Was? Was?" fragte mit Anstrengung der Kranke.

„Die Schmerzen, das Fieber … der Verlauf der Krankheit. Glauben Sie nur dem Arzte, der kennt das. Er hat der Frau Oberförsterin und Fräulein Albertinen gesagt, daß er für Ihre völlige Wiederherstellung einstehe, wenn seine Vorschriften genau befolgt werden. Und darum muß ich Sie bitten, ferner nicht mehr zu sprechen und ruhig zu liegen. Soll ich noch einen Psalm vorlesen?"

Der Kranke antwortete nicht. Nach einer Pause fragte er:

„Wie spät ist es?"

„Drei Viertel Zehn, Herr Oberförster."

„O, die Nacht, die endlose Nacht!"

„Sie vergeht wie alle andern Nächte, das hat Nichts zu sagen. Ein Gewitter bekommen wir auch nicht, denn der Himmel ist sternenklar und die Luft ist frisch. Sie werden ganz gut schlafen, wenn Sie sich nur keine Gedanken machen wollen Und haben Sie Etwas auf dem Herzen, was vor dem Einschlafen noch heraus soll, so sprechen Sie doch nur …"

„Mathias, ist der Pastor Günther nicht dagewesen?"

„Nein, lieber Herr!"

„Aber das ist recht traurig! Aber so sind die guten Freunde …"

„Ich glaube gehört zu haben, daß der Herr Pastor krank ist."

Der Oberförster murmelte einige unverständliche Worte.

„Höre, Mathias," fuhr er dann fort, „ich könnte auch so plötzlich sterben wie der Doktor Hagen ... das wäre schrecklich! Der Tod darf mich nicht überraschen ..."

„Er wird Sie auch nicht überraschen," meinte Mathias.

„Ach, ich will Vorsorge treffen."

„Wenn Sie dies beruhigen kann, so thun Sie es. Aber erschrecken Sie die Frau Oberförsterin nicht."

„Schwöre mir, Mathias, daß Du nie ein Wort von dem sagst, was ich Dir eröffne, wenn ich am Leben bleibe ... daß Du aber treulich meinen letzten Willen erfüllen wirst, wenn ich gestorben bin."

„Ja, Herr Oberförster," antwortete der Greis mit bebender Stimme, „das schwöre ich Ihnen bei dem Heile meiner armen Seele!"

Die Spannung Bernhard's hatte den höchsten Grad erreicht. Mit beiden Händen die Fensterbrüstung haltend, lauschte er athemlos auf die Worte, die murmelnd durch den offenen Flügel drangen.

Rings war Alles still.

„Mathias," begann nach einer Pause der Kranke, „Du kennst den eisernen Schrank, in welchem ich die Forstkasse aufbewahre ..."

„Ja, Herr!"

„In dieser Kasse liegt ein schwarzes Taschenbuch. Dieses Taschenbuch enthält wichtige Papiere ... Oeffne es nicht, sondern bringe es dem Pastor Günther in Eilsdorf . . . natürlich wenn ich gestorben bin. Sage ihm, er möge es nach Belieben verwenden . . . ich hätte bis zu meinem letzten Athemzuge Wort gehalten . . auch grüße den Pastor."

„Aber, Herr Oberförster, wie bekomme ich denn den Schlüssel zu der Kasse?" fragte Mathias.

„Den empfängst Du jetzt."

„Wo ist er denn?"

„Löse ihn von meiner Uhrkette. Wird mein Zustand besser, so gibst Du den Schlüssel mir zurück."

Der alte Forstgehilfe hatte den Schlüssel genommen.

Der Kranke rief ihn noch einmal zu sich.

„Nun kommt der letzte Auftrag, mein alter treuer Freund. Du erinnerst Dich des fremden jungen Mannes, der vor ungefähr vier Wochen mich des Abends besuchte."

„Ganz genau, lieber Herr."

„Er wird sich diesen Sommer wohl noch einstellen . . . sage ihm, ich sei gestorben . . . er möge sich an den Pastor Günther wenden."

Mathias betheuerte, die ihm gewordenen Befehle genau zu erfüllen, und begann, ohne daß er dazu aufgefordert wurde, von Neuem aus der Bibel vorzulesen.

Von dem Dorfe herüber erklang die zehnte Stunde.

Bernhard schlich um das Haus und eilte den hohen Gartenzaun entlang, bis er eine Gitterthür fand. In demselben Augenblicke, als er ankam, rief leise eine Stimme:

„Bist Du es, Bernhard?"

12*

„Albertine, ich bin es!"

Die Thür ward geöffnet und der junge Mann trat in den duftenden Garten. Albertine hing sich zitternd an seinen Arm.

„Ich habe Dir in meinem Briefe bereits die ersten Andeutungen gegeben, damit Du den Grund wissen mögest, der mich zu der Bitte um eine Unterredung veranlaßte," begann Albertine.

„Dein Brief kam meinem sehnlichsten Herzenswunsche zuvor."

„Mich peinigt eine furchtbare Angst. Rathe mir, Bernhard: wie soll ich mich benehmen, was soll ich beginnen, um den Einfluß des Aktuars auf meinen alten Vater abzuschwächen? Die Lage der Dinge, wie sie jetzt ist, kann nicht so bleiben."

Bernhard berichtete seine Unterredung mit Otto Schwarz.

„Wir stehen uns nun feindlich gegenüber," schloß er. „Der falsche Freund hat die Maske fallen lassen und zeigt mir sein wahres Gesicht. Albertine, ist Dir irgend ein Umstand bekannt, der dem Aktuar als Waffe gegen uns dienen könnte? Verhehle mir Nichts, Du siehst ja, wie nöthig es ist, daß wir einander mit vollem Vertrauen entgegenkommen, um die tückischen Angriffe des schlauen Menschen abzuwehren."

„An Vertrauen zu Dir, mein Geliebter, fehlt es mir wahrlich nicht; aber ich erinnere mich keines Umstandes, den ich mit dem Benehmen des Aktuars in Verbindung bringen könnte. Bei der strengen Rechtschaffenheit meines Vaters, bei seinen Ansichten von Recht und Ehre . . ."

„Die allgemein bekannt sind," unterbrach sie Bernhard, „wäre es Frevel, irgend einen Verdacht auszusprechen. Aber dasselbe ist bei meinem verstorbenen Vater der Fall. Ich übernehme die Bürgschaft, daß der Verstorbene nie einen Gedanken gehegt, der mit seinen Handlungen nicht im Einklang gestanden hätte."

Das Paar hatte eine Geißblattlaube betreten, die in der Mitte des Gartens lag. Der Hauptweg führte durch den großen, von dichten Ranken überhangenen Raum.

Albertine bat den Geliebten, sich mit ihr auf der Bank niederzulassen. Nun saßen sie Hand in Hand schweigend neben einander.

„Wir haben ernste Ereignisse zu fürchten," begann der junge Mann, „Ereignisse, deren Tragweite sich nicht bemessen läßt. Albertine, unsere Väter haben in Feindschaft gelebt . . . wir wollen in treuer Liebe zu einander stehen, wollen der Entwicklung der Dinge kühn die Stirn bieten und eine Versöhnung zwischen dem Geschiedenen und dem Lebenden anstreben. Fühlst Du Kraft und Muth, Deiner Liebe unter allen Umständen treu zu bleiben?"

„Ewig, ewig, mein Geliebter!" flüsterte Albertine, indem sie ihr glühendes Gesicht der Wange des Arztes näherte. Verlange ferner keinen Schwur von mir, ich habe

Dir ja bereits Gelöbniſſe abgelegt, die Dich zufriedenſtellen
müſſen.“

„Es iſt nicht Mißtrauen, es iſt nicht Kleingläubig-
keit, Albertine… aber laß mich es Dir ſagen. Albertine:
ich bedarf des Troſtes aus Deinem Munde. Wenn nun
Dein Vater ſeinen ſtarren Sinn nicht ändert wenn es dem
Aktuar gelänge, durch raffinirte Intriguen unſeren Plan
zu durchkreuzen … dann wird für Dich der Kampf beginnen zwiſchen der Kindesliebe und der Liebe zu mir. Kann
und darf ich Dich verleiten, ungehorſam zu ſein?“

„O, mein lieber Freund, wir haben jetzt andere
Dinge zu berathen!“ rief das junge Mädchen.

„Otto Schwarz betrachtet Dich ſchon als ſeine Verlobte “

„Aber ich habe mich Dir ſchon verlobt. Und damit
ſei zufrieden, denn Du kennſt ja Dein treues Mädchen.“

„Wohl kenne ich Dich, Du herrliches, Du engel-
gleiches Weſen! Müßte ich darauf verzichten, mit Dir
Hand in Hand durch das Leben zu wandern, ich würde
namenlos elend ſein.“

Sie hielten ſich lange innig umſchlungen.

„Albertine,“ begann der junge Mann, „iſt Dir der
Grund der Feindſchaft bekannt, die unſere Väter trennte?“

„Ich habe nie auch nur die leiſeſte Andeutung darüber gehört. Leitete die Mutter im Familienkreiſe das
Geſpräch darauf, ſo gebot der Vater Schweigen und entfernte ſich.“

„Albertine, ich kann Dir heute einigen Aufschluß geben "

Er erzählte kurz den Inhalt der Schrift des Pfarrers.

„Allmächtiger Gott!" stammelte bestürzt die Tochter des Oberförsters.

„So stehen die Dinge."

„Die Banknoten haben also die Feindschaft bewirkt."

„Und beide sind redliche, rechtschaffene Männer. Es muß ein Geheimniß obwalten, das, wie es scheint, seinen Grund in den Verhältnissen Deines Vaters findet."

„Ehren wir das Geheimniß, mein Geliebter. Kann der Vater sich mittheilen, so werden wir wohl erfahren. daß Dein seliger Vater den meinigen verkannt hat."

„Aber, Albertine, wenn die unglückselige Feindschaft über das Grab hinaus reicht, wenn es uns unmöglich ist, eine Aussöhnung zu bewirken . . . was beginnen wir?"

„Findet sich unter den hinterlassenen Papieren Deines Vaters kein Anhaltspunkt?"

„Ich habe bis jetzt vergebens geforscht."

„Frage die Mutter."

„Auch sie weiß nichts. Die Aufschlüsse, die der Pfarrer geben kann, besitzen wir . . . ach. was ist nun zu thun?"

„Vielleicht kennt der Aktuar in seiner amtlichen Stellung Dinge, die von Wichtigkeit sind."

„Und der Mensch ist boshaft genug, um diese Kennt-

niß zu seinem Vortheile zu benutzen. Ich traue ihm Alles
zu. Ist das ein Studiengenosse, ist das ein Freund?"

Albertine hatte die Hand des Geliebten ergriffen.
Sie sah ihn bei dem matten Lichte, das in der Laube
webte, mit ihren seelenvollen Augen. einige Sekunden
ruhig an.

„Bernhard," begann sie leise, „von meiner treuen
Liebe zu Dir spreche ich nicht mehr. Du kennst mich und
mein Herz zu gut, als daß es der Versicherung bedürfte,
ich bin Dein für alle Zeit ... aber von Otto Schwarz
muß ich mit Dir sprechen, von dem bösen Menschen, der
unser Familienglück zertrümmern will. In dieser Absicht
habe ich Dich um eine Unterredung gebeten."

„Sprich Dich aus, Albertine!"

„Nach dem, was Du mir mitgetheilt, ist der Aktuar
entschlossen, einen Eklat herbeizuführen."

„Ohne Zweifel!" rief der junge Arzt. „Der Freund
steht mir jetzt offen als Feind gegenüber. Otto ist ein
scharfsinniger, ein gewandter und dabei vorsichtiger Jurist,
der nur dann eine Sache angreift, wenn er des Erfolges
gewiß ist."

„Und das macht mich zittern Wir können nicht
offen gegen ihn verfahren ..."

„Wie?"

„Nehmen wir zur List, zur Verstellung unsere Zuflucht. Ich muß auf meinen armen Vater bedacht sein,
der unter dem gefährlichen Einflusse des Juristen leidet.

Mag er sich mir nähern ... vielleicht erfahre ich von ihm, was uns nützen kann ..."

„Ich verstehe Dich, Albertine!"

„Und was gedenkst Du zu thun?"

„Möge Dir die Liebe Kraft und Muth verleihen ... Du bist ja eine liebende Tochter und eine treue Braut. Indem Du Dich gefügig zeigst, beruhigst Du den Vater und machst den ränkevollen Aktuar zuversichtlich."

„Gott möge mir die List verzeihen, zu der ich meine Zuflucht nehme!"

Bernhard begriff, daß Albertine für ihren Vater zitterte; er gab gern die Zustimmung zu dem Verfahren, wenn auch eine innere Stimme ihm zuflüsterte: Der schändliche Freund ist unwürdig, daß er die Hand Albertinens berühre.

„Ich kann nicht unthätig bleiben," flüsterte betrübt das junge Mädchen; „und bedarf ich Deiner Hilfe, so wirst Du sie mir nicht versagen. Die gütige Vorsehung wird ja nicht dulden, daß die Verworfenheit den Sieg über unschuldige Menschen davontrage. Setze Dich mit dem Pfarrer ins Einvernehmen, und während Du nach außen hin forschest, um über das Verhältniß des Aktuars zu meinem Vater ins Klare zu kommen, werde ich im Hause beobachten. Setze mich von Dem, was Du erfährst, in Kenntniß, und ich werde Dir Alles berichten, was in Deiner Abwesenheit am Krankenbette vorgeht."

Eine Stunde hatten die Liebenden in der Laube verbracht. Auf dem Thurme zu Rodenfeld schlug es eilf.

„Nun bin ich getröstet," sagte Albertine. „Ich werde
leichtern Herzens der Zukunft entgegensehen, was sie auch
bringen möge."

Arm in Arm gingen sie langsam durch den Hauptweg des Gartens.

„Ach, Albertine," flüsterte Bernhard, „gebe Gott,
daß wir glücklich an's Ziel gelangen. Ich habe heute einen
schönen Plan entworfen."

„Was für einen Plan?"

„Es ist mir Gelegenheit geboten, mir ärztliche
Praxis in der Residenz zu erwerben. Sobald Du meine
Gattin bist, verlassen wir das Land, um in der Residenz zu
leben."

„Bernhard, ich muß bei dieser Gelegenheit einen
Punkt berühren, der, warum soll ich es nicht bekennen,
mir Sorgen gemacht hat. Darf ich offen, ganz offen
reden?"

„Du würdest mich kränken, wolltest Du irgend etwas
verbergen, was uns Beide angeht."

„Ich kann Dir, um unsere Existenz zu gründen,
Nichts mitbringen, als einen wirthschaftlichen Sinn und
ein Herz voll wahrer, warmer Liebe . . . es ist dem Vater
nicht möglich gewesen, seiner Tochter ein Vermögen anzu-
sammeln, das ihr einen häuslichen Herd gründen hilft."

„Und nun fürchteſt Du, die Ueberſiedlung würde unmöglich ſein?"

„Wenn auch das nicht, ſo wird ſie Dir doch große
Laſt aufbürden, die mitzutragen mir leider unmöglich iſt."

„Ein Mann, Albertine, ein rechter Mann rechnet
nicht auf das Vermögen ſeiner Frau, er zählt vielmehr auf
ſeine eigene Kraft, ſeine eigene Thätigkeit, um zu verdienen
und zu erwerben. Bewahre mir Dein Herz, und Du haſt
mir eine Morgengabe zugebracht, die mich zu dem reichſten
Manne auf dieſer Erde macht. Ich werde ſtolz und glücklich ſein, mir ſagen zu können: Du beſitzeſt Fähigkeiten,
für Deine geliebte Gattin zu ſorgen."

Er erzählte nun das Erbieten, das ihm der reiche
Herr Satler gemacht und verſchwieg auch das von dieſem
empfangene große Honorar nicht.

„Du ſiehſt, ſchloß er, daß es mir an Mitteln nicht
fehlt. Hier bezahlt man meine Kunſt nicht; aber in der
großen Stadt werde ich Schätze erwerben. Schätze für
meine heißgeliebte Albertine. Und kehre ich Abends heim,
ſo finde ich reichen Lohn für des Tages Mühen an der
Seite meiner Gattin. Tröſte Dich, Albertine, wir bedürfen des Geldes nicht . . . meine Kunſt iſt das Kapital, von
deſſen Zinſen wir leben können!"

„Ach, wie unausſprechlich glücklich machſt Du mich!"

Sie ſchmiegte ſich innig ihm an. Er hielt das bebende Mädchen lange in ſeinen Armen.

„Nun gute Nacht, meine Geliebte!"

„Wann sehe ich Dich wieder, Bernhard?"

„Morgen Früh statte ich dem Kranken einen Besuch ab."

„Gute Nacht! Laß nicht so lange auf Dich warten! Und fliehe den tückischen Aktuar, zu Deinem und meinem Heile."

Er versprach es und trat durch die Gartenthür in das Freie. Noch einmal reichte er der Geliebten die Hand durch die Stäbe des Gitters, das diese schloß. Dann ging er an der hohen Taxushecke hin. Kummer und Freude zugleich hatten sich seiner Seele bemächtigt. Der Kummer über die traurigen äußern Verhältnisse, die Freude, die ihm die Liebe Albertinens gewährte.

Auf dem Platze vor dem Forsthause sah er einen Mann, der sich dem Hause nähern wollte. Ueberrascht blieb er stehen. Auch der Fremde blieb stehen. Ein Hund schlug an. Der Fremde verschwand in dem Schatten der großen Linde, die am Rande der Wiese stand.

Der Arzt griff nach einem Pistol, das er in der Seitentasche trug. Muthig schritt er über den Platz und betrat den dunkeln Raum, den die Zweige der Linde bedeckten. Sein scharfes Auge erkannte die Gestalt, die ruhig an dem starken Stamme des Baumes stand, als ob sie die Hoffnung hegte, nicht erkannt zu werden.

„Wer ist da?" fragte der Arzt, der den Aktuar vermuthete.

„Wer fragt?" ließ sich eine starke, volltönende Stimme vernehmen.

Der Aktuar war es nicht.

„Ein Mann, der das Recht hat zu fragen."

„Und wer ist dieser Mann?"

„Der Arzt des schwer erkrankten Oberförsters, des Bewohners jenes Hauses."

„Was sagen Sie?"

„Die Wahrheit."

„Der Oberförster Winter ist schwer erkrankt?"

„Oder vielmehr schwer verwundet."

„Großer Gott!" rief der Fremde im Tone höchster Bestürzung. „Wer hat ihn verwundet? Wird er genesen? Sie müssen es wissen, da Sie sein Arzt sind . . ."

Er schwieg und wartete auf Antwort.

„Mein Herr," entgegnete der Arzt, „Ihre Erregung verräth, daß Sie eine ungewöhnliche Theilnahme an dem Geschicke des Kranken hegen . . . folglich müssen Sie ihm nahe stehen."

„Mein Herr, nennen Sie mir ihren Namen!"

„Bernhard Hagen!"

„Hagen?" wiederholte der Fremde in einem Tone, der sein Mißfallen über diese Entdeckung verrieth. „Der Sohn des verstorbenen Arztes in Rodenfeld?"

„Derselbe!"

Eine Pause war eingetreten, die Bernhard mit der Bemerkung unterbrach:

„Wenn Sie die Absicht haben, sich dem Verwundeten zu nähern, so ersuche ich Sie, davon abzustehen, zumal
da die Zeit zu einem Besuche mehr als ungeeignet erscheint."

„Sie würden Recht haben, mein Herr, wenn ich un-
geladen käme," entgegnete der Fremde; „aber der Oberförster selbst hat diese Stunde zu einer Unterredung bestimmt, die für beide Theile von großer Wichtigkeit ist. Ich
habe eine weite Reise gemacht ... Sie können sich nun
meine Bestürzung erklären ... Ist es denn unmöglich, zu
dem Kranken zu gelangen?"

„Es ist unmöglich!" versicherte der Arzt. „Das Leben des Kranken hängt davon ab, daß seine Ruhe nicht
unterbrochen werde."

„Und Sie hoffen, ihn zu retten?"

„Ich hoffe es, wenn meine Vorschriften genau befolgt
werden."

„Retten Sie den Oberförster!" rief der Fremde
hastig „Bieten Sie Ihre ganze Kunst, alle Ihre Sorgfalt
auf, um ein Leben zu erhalten, das ..."

Er unterbrach sich, als ob ihn die Erregung hinderte,
weiter zu sprechen. Nachdem er tief und schwer geseufzt,
fuhr er fort:

„Herr Doktor, wie ist die Verwundung geschehen?"

„Wir haben allen Grund, an einen mißlungenen
Mord zu glauben. Es ist dies um so unerklärlicher, als der
brave Oberförster nie einem Menschen Leid zugefügt, son-

dern stets nach Kräften geholfen hat. Seine Redlichkeit ist im ganzen Lande bekannt. Es sind die umfassendsten Maßregeln getroffen, um des Verbrechers habhaft zu werden."

Bernhard suchte den Fremden zu beobachten. Sein nun an die Dunkelheit gewöhntes Auge erkannte, daß er einen jungen Mann vor sich hatte, der vergebens nach Ruhe und Fassung zu ringen bemüht war. So konnte sich der Mörder nicht zeigen. Der Fremde bat mit zitternder Stimme um nähere Mittheilungen über das verübte Verbrechen. Bernhard gab sie ihm.

"Unerhört! Schändlich!" rief der junge Mann. "Die göttliche Gerechtigkeit wird nicht dulden, daß ein solcher Frevel unbestraft bleibe. Ach, warum mußte das Schreckliche gerade jetzt geschehen, wenn es doch einmal geschehen sollte! Und ich kann Nichts thun, Nichts, um das Dunkel aufzuhellen! Mein Herr, ich glaube Ihnen, daß Sie der Arzt des Kranken sind; aber geben Sie mir Beweise davon . . ."

"Beweise?"

"Ja. In des Himmels Namen . . ."

"Was fordern Sie? Ich wüßte wahrlich nicht, wie ich Ihnen darthun könnte . . . doch, begleiten Sie mich in meine Wohnung, in zehn Minuten werden wir das Dorf erreicht haben, in dem ich wohne."

Der Fremde überlegte.

"Nein," murmelte er dann, "es würde zu spät werden."

„Müssen Sie reisen?"

„Hören Sie mich an, mein Herr! Der Arzt sorgt für das Wohl seines Patienten, und Sie können dafür sorgen, wenn Sie meine Bitte erfüllen."

„Sprechen Sie!"

„Der Kranke bedarf der Ruhe . . ."

„Natürlich."

„Aber er wird sich in Angst und Besorgniß befinden, wenn ich ausbleibe. Der Oberförster Winter erwartet mich, und ich muß ihn sprechen. Da dies nicht möglich ist, bitte ich Sie um Vermittlung."

„Ich bin bereit."

„O, das lohne Ihnen der allgütige Gott!"

Der Fremde ergriff hastig die Hand des Arztes und und zog ihn aus dem Bereiche der Linde in das Freie, wo das klare Sternenlicht ein näheres Erkennen gestattete. Hier sah er ihm scharf in das Gesicht.

„Nein," rief er, „diese Züge können nicht täuschen ... Ich vertraue mich Ihnen an. Gehen Sie zu dem Kranken, sagen Sie ihm, daß Alexander sich pünktlich eingefunden habe und unter den obwaltenden Umständen auf Entschei-dung warte. Sagen Sie ihm, daß mich die Nachricht von dem Mordanfalle tief betrübt habe, und daß Ihre Versi-cherung, den Kranken herzustellen, mich in meinem Schmerze aufrecht erhalte. Mehr ist vor der Hand nicht nöthig. O, gehen Sie, bei allen Heiligen beschwöre ich Sie, und rich-ten Sie meinen Auftrag aus. Bringen Sie mir Antwort ...

ich erwarte Sie unter dieser Linde, wo ich den braven Oberförster vorzufinden hoffte."

„Sie werden nicht lange warten müssen!"

Bernhard ging über den Platz nach dem Forsthause.

„Gut," dachte er, „der Zufall bringt mich dem Ziele immer näher! Vielleicht erhalte ich in dieser Nacht die erste Aufklärung."

In dem Krankenzimmer brannte Licht. Ein matter Schimmer drang durch das verhangene Fenster. Der Arzt klopfte leise an die Glasscheibe. Es erfolgte keine Antwort; er mußte nocheinmal klopfen. Nun regte sich die Gardine, und der Kopf des alten Mathias ward sichtbar.

„Oeffnen Sie, Mathias!"

„Wer ist denn da?" fragte der Alte.

Bernhard nannte seinen Namen.

Nun öffnete Mathias leise das Fenster.

„Es ist gut, Herr Doktor, daß Sie kommen."

„Warum denn, mein alter Freund? Was ist denn geschehen, Sie sehen verstört, erschreckt aus . . .

„Das ist ja gar kein Wunder. Der Kranke spricht so entsetzliche Dinge, daß mir die Haare zu Berge stehen. Ich weiß nicht, was ich denken, was ich beginnen soll. Schon war ich im Begriffe, Fräulein Albertine und die Frau Oberförsterin zu wecken. Ach, es ist ein Glück, daß Sie gekommen sind. Warten Sie nur einen Augenblick . . .'

Der Alte zog den Kopf zurück und verschwand. In dem Augenblicke, als Bernhard die Hausthür erreichte,

warb diese geöffnet. Mathias führte den Arzt in das Krankenzimmer.

„Ich sage Ihnen nichts," flüsterte der Greis; „beobachten Sie nur eine Minute, und Sie werden wissen, was
mich in Furcht uud Schrecken setzt. Eine Stunde hat mein
Herr ruhig geschlafen, dann aber . . ."

„Still! Still!"

Der junge Arzt ließ sich auf dem Stuhl nieder, der
neben dem Bette stand. Er ergriff die Hand des Kranken,
um den Puls zu prüfen. Der Oberförster zog die Hand
wie erschreckt zurück.

„Berühre mich nicht, Hagen; murmelte er. „Fort, ich
habe mit Dir Nichts zu schaffen. . . Du lachst, ich weiß, was
Dein Lachen zu bedeuten hat! Stemple mich nicht zum
Schuft! . . ."

Der Kranke schöpfte tief und schwer Athem, dann
schwieg er. Völlige Erschöpfung schien ihn umfangen zu
halten.

„Das ist noch Nichts!" flüsterte Mathias. „Dem er-
men Herrn müssen schreckliche Dinge durch den Kopf gehen
Mitunter schlägt er die Augen auf, stairt mich an und
nennt mich einen Mörder."

„Das Wundfieber erzeugt wunderliche Phantasien."

„Mathias!" rief der Oberförster, der sich aufzurich-
ten versuchte.

Bernhard zog sich leise hinter die Bettgardine zurück

und gab dem Greise durch einen Wink zu erkennen, daß er auf dem Stuhle Platz nehmen möge.

Mathias kam dieser Aufforderung nach.

„Was wünschen Sie denn, mein lieber Herr?" fragte er mitleidig.

„Du hast mir noch nicht gesagt, was für einen Tag wir heute haben."

„Es ist Sonnabend."

„Nenne mir das Datum."

„Ich glaube, wir haben den fünfzehnten Juni."

„Du glaubst es?"

„Gewiß weiß ich es nicht."

„So sieh auf dem Kalender nach."

Mathias nahm das Licht und sah nach dem Kalender. Er kam zurück und berichtete:

„Wir haben heute den Fünfzehnten, lieber Herr!"

„Oh! Oh!" rief schmerzlich der Kranke. „Und schon heute, Mathias!"

„Hier bin ich, lieber Herr!"

„Wie spät ist es denn?"

„Zwölf Uhr in der Nacht ist vorüber."

„Schon vorüber?"

„Der heilige Sonntag hat begonnen. Halten Sie sich nur ruhig, der Arzt hat es befohlen. In zwei Stunden bricht der Morgen an, dann wird es freundlich in dem Zimmer und ich öffne das Fenster."

„Hat denn Niemand nach mir gefragt, Mathias?"

13*

„Nein, Herr Oberförster.“

„Du willst es mir verschweigen, sage es nur, damit ich ruhig werde.“

„Bei meiner Seele, Herr Oberförster, es hat Niemand gefragt. Wer sollte denn auch mitten in der Nacht kommen? Vielleicht meldet sich der, den Sie erwarten, morgen Früh.“

„Morgen Früh kommt er nicht mehr!“ antwortete traurig der Kranke.

Nun lag er einige Minuten still und bewegte die Lippen, als ob er betete. Dabei murmelte er unverständliche Worte. Es war ersichtlich, daß er von einer namenlosen Angst gepeinigt war. Dann fuhr er mit der Hand über die Stirn und betastete die verwundete Schulter.

„Mathias!“ rief er, „bringe mir den Rock.“

„Aber, Herr Oberförster, Sie dürfen ja das Bett nicht verlassen! Bedenken Sie doch Ihre Wunden.“

„Ich bin nicht mehr krank! Sieh her, ich bin genesen, die Wunden schmerzen mich nicht mehr, und mein Kopf ist frei. Bringe mir den Rock, die Mütze und den Hirsch= fänger . . . ich muß fort . . . auf der Stelle, es hat zwölf geschlagen, und der Sonntag ist angegangen.“

„Nein Herr, Sie werden bleiben!“

Der Oberförster saß aufrecht in seinem Bette.

„Mathias,“ rief er, und seine Augen glühten, „willst Du Dich ungehorsam meinen Befehlen widersetzen?“

„So lange ich Ihr Krankenwärter bin, befolge ich nur die Befehle des Arztes."

„Ich bin Dein Herr, und nur ich habe Dir Befehle zu ertheilen. Bist Du ungehorsam, so jage ich Dich aus dem Dienste. Kleide mich an so rasch als möglich. Mathias, ich muß fort, ich muß! Weigerst Du Dich, so bediene ich mich selbst! O, Alter," fügte er schmerzlich hinzu, „sollte ich mich auch in Dir getäuscht haben? Verläßt mich denn alle Welt? Bringe die Kleider, oder ich steige aus dem Bette!"

Er machte eine Bewegung, als ob er diese Absicht ausführen wollte, sank aber erschöpft in die Kissen zurück.

„Lieber Herr" fragte Mathias fast weinend, „wohin wollen Sie denn?"

„Frage nicht!"

„Senden Sie mich, ich werde Ihren Befehl treulich ausrichten. Sie wissen ja, daß ich zuverläßig bin."

„Ja, ja," murmelte der Kranke, „aber diesmal muß ich selbst gehen. Führe mich, Mathias, führe mich!"

„Gestatten Sie mir, daß ich zuvor den Arzt frage."

„Der Arzt kommt morgen, dann ist es zu spät."

Jetzt zeigte sich Bernhard.

„Ich bin stets in Ihrer Nähe, Herr Oberförster, und muß Ihnen als Arzt verbieten, das Bett zu verlassen. Aber beruhigen Sie sich ... Alexander hatte sich mit dem Schlage zwölf unter der Linde eingefunden. Das soll ich Ihnen sagen."

Der Kranke ſah den Ueberbringer dieſer Botſchaft
ſtarr an: in ſeinen Blicken zeigte ſich eine unverkennbare
Freude. Plötzlich lagerte ſich eine Wolke des Unmuths auf
ſeinen bleichen Zügen.

„Sie, Sie wiſſen das,“ murmelte er, „Sie, der
Sohn Hagen's?“

Bernhard neigte ſich tief herab auf das Bett.

„Lieber Herr, wenn je ein Menſch um Ihr Wohl be
ſorgt geweſen, ſo bin ich es. Mein Vater iſt todt . . . hat
er ſich an der Freundſchaft zu Ihnen vergangen, ſo geſtatten Sie mir, dem Sohne, daß ich das Vergehen nach Kräften ausgleiche. Wähnen Sie nicht, daß ich mich in Ihr
Geheimniß gedrängt habe . . . der Zufall führte mich dem
Fremden entgegen, der, troſtlos über das Sie betroffene
Unglück, mich bat, Ihnen zu ſagen, Alexander habe ſich
eingefunden. Er erwartet, daß ich ihm die Antwort über-
bringe. Ihnen gegenüber bin ich nicht der Sohn Hagens,
ich bin nur Ihr Arzt, der gewiſſenhaft Alles erfüllen wird,
was zu Ihrem Wohle nöthig. O, könnte ich Ihnen beweiſen, wie groß meine Ergebenheit für Sie iſt!“

„Sie haben Alexander geſprochen?“ fragte nach einer
Pauſe der Kranke.

„Unter der Linde vor Ihrem Hauſe.“

„Ich will ihn ſehen . . . ich muß ihn ſehen! Führen
Sie ihn, ohne daß meine Familie und die Domeſtiken ihn
bemerken, zu mir. Bevor Sie gehen, Doktor, fordere ich
jedoch ein Verſprechen.“

„Was soll ich versprechen?"

„Daß Sie wie ein Mann von eisernem Charakter schweigen und meinem Thun kein unedles Motiv unterlegen."

„Das gelobe ich bei dem Heile meiner Seele!"
Der Kranke nickte zufrieden mit dem Kopfe.

„Nun gehen Sie!" flüsterte er. „Ich werde die Angelegenheit so ruhig als möglich abmachen. Könnte ich Alexander nicht sprechen, so würde mich die Angst verzehren."

Der junge Arzt verließ das Zimmer und das Haus und eilte über den Platz der Linde zu.

„Mathias, komm' zu mir!" flüsterte dringend der Kranke.

„Da bin ich, lieber Herr."

„Hole mir das Taschenbuch, das ich Dir vorhin bezeichnet habe. Der Schlüssel zu dem Schranke befindet sich in Deinen Händen."

Der Greis sann einige Augenblicke nach. Dann ging er, öffnete den Schrank und brachte das Verlangte. Der Oberförster empfing zitternd das Portefeuille, das er betrachtete; dann verbarg er es unter der Decke seines Bettes.

„Nun ist es gut, Mathias! Zünde noch eine Kerze an, daß es heller im Zimmer wird. Wenn der Fremde eintritt, entfernst Du Dich. Ich will allein sein mit ihm."

Die Kerze brannte, das Zimmer war hell, und der Kranke saß aufrecht im Bette. Mit unruhigen Blicken sah

er um sich. Mathias bat ihn, er möge doch ja seinen Zustand bedenken ... der Oberförster nickte mit dem Kopfe,
als wollte er sagen: sei ohne Sorgen, ich weiß, was
ich thue.

Bernhard Hagen fand den Fremden unter der Linde.

„Ich habe,“ begann er, „den Kranken auf Ihre Ankunft vorbereitet“

„O, das lohne Ihnen Gott, mein Herr!“

„Auch Sie können mich für den Dienst belohnen,
den ich Ihnen leiste.“

„Wie?“

„Bezeichnen Sie mir die Beziehungen, in denen Sie
zu dem Kranken stehen.“

„Vielleicht wird der Oberförster selbst Sie in sein
Vertrauen ziehen ... ich kann, ich darf es nicht! O, wie
gern möchte ich darthun, daß ich Ihnen vertraue ...“

Bernhard drang nicht weiter in ihn. Er führte den
Fremden in das Haus und schloß die Thüre hinter sich.

In dem Wohnzimmer stand Mathias, eine brennende
Kerze haltend. Nun sah der Arzt dem Fremden in das
Gesicht. Er war schön, wenn auch ein wenig bleich und
hager. Ein gekräuselter, schwarzer Bart erhöhte die Blässe
und ließ das Leuchten der dunkeln, großen Augen deutlicher hervortreten. Das volle Haar war natürlich gelockt.
Der Wuchs des Fremden war schlank und elegant. Die
feinen Reisekleider, die er trug, standen ihm vortrefflich.

„Sollte dies der Mann sein, der als Sieger aus dem

Quelle hervorgegangen, von dem der Pfarrer in seiner Schrift spricht? Sollte dieser nun sich als einziger Erbe Alexanders melden?"

Bernhard nahm an, daß er den Mann der jungen Frau vor sich habe, deren Bruder in dem Flusse sein Grab gefunden. Der Pfarrer hatte den Sieger im Duelle als einen kalten, energischen Charakter geschildert ... Dieser schien von einem weichen Gefühle beseelt, denn es ließ sich erkennen, daß er geweint hatte. Und welche Gutmüthigkeit lag in seinen jugendlichen Zügen, wie ängstlich sah er um sich, als er das Zimmer betreten hatte. Er konnte doch wohl der Mann nicht sein, der herzlos seinen Gegner erschossen und ihn dann in den Fluß geschleudert.

„Warten Sie einen Augenblick!" bat der Arzt.

Er trat in das Krankenzimmer. Der Oberförster, dessen Augen wie Kohlen glühten, fragte hastig:

„Wo ist der Fremde?"

„Er folgt mir auf dem Fuße."

„Lassen Sie ihn eintreten."

„Zuvor bitte ich Sie, ruhig zu verhandeln und jede Aufregung zu vermeiden. Sie sind noch nicht frei vom Fieber ... mein lieber Herr, ich kann für Ihre Heilung nicht einstehen, wenn Sie meinen ärztlichen Rath unbeachtet lassen."

Der Oberförster reichte dem jungen Manne die Hand.

„Für Ihre Sorge bin ich Ihnen dankbar. Aber

Sie müssen wissen, daß die Unterredung mit dem Fremden zu meiner Gemüthsruhe nöthig ist."

Der Arzt ging, um den Fremden eintreten zu lassen, der die Thür des Krankenzimmers hinter sich schloß. .

Bernhard und der alte Forstgehilfe befanden sich in dem Wohnzimmer. Beide sahen sich mit Blicken an, als ob sie sagen wollten, könnten wir doch das Gespräch belauschen, das hinter jener Thür stattfindet.

„Mathias!"

„Herr Doktor?"

„Wir haben vielleicht unbesonnen gehandelt, indem wir den Besuch gestattet. Der Hut, der im Walde gefunden, deutet an, daß der Mörder nicht der armen Klasse angehört."

Der Greis fragte mit bebender Stimme:

„Fürchten Sie denn, daß dieser junge Mensch mit den treuherzigen Blicken und dem kummervollen Gesichte gefährlich sei?"

„Ich weiß weder was ich hoffen, noch was ich fürchten soll. Der Schleier, der über den Verhältnissen ruht, ist so dicht, daß er kaum einer Vermuthung Raum gibt."

„Wir müssen über den Herrn Oberförster wachen, das ist unsere Pflicht."

„Bleiben Sie hier!" sagte entschlossen der Arzt.

„Und wohin wollen Sie gehen?"

„Draußen an das Fenster. Der Himmel mag uns

die Indiskretion verzeihen, die wir begehen. Theilen Sie mir später mit, was Sie hören werden."

Bernhard verließ das Zimmer, öffnete die Hausthür und trat in das Freie. Leise schlich er an das Fenster des Krankenzimmers. Indem er mit beiden Händen die Brüstung umfaßte und das Ohr an die Glasscheibe legte, begann er zu lauschen. Aber diesmal hatte er sich getäuscht: von dem dumpfen Murmeln, das er vernahm, konnte er auch nicht eine Sylbe verstehen. Nur so viel unterschied er, daß der Oberförster mit bewegter Stimme sprach und daß der Fremde unter Schluchzen antwortete. Ach, was würde er darum gegeben haben, wenn er hätte einen Blick in das Zimmer werfen können! So viel leuchtete ihm ein, daß der Fremde nicht der Mörder sei.

Jetzt ließ sich das Geräusch von Hufschlägen vernehmen. Der Arzt sah, daß ein Mann langsam zwei Pferde nach der Linde führte. Zugleich hörte er das Oeffnen und Schließen der Thür in dem Krankenzimmer. Gleich darauf trat der Fremde aus dem Hause. Bernhard eilte ihm entgegen.

„Wie haben Sie den Kranken verlassen, mein Herr?"

„Da sind Sie, Herr Doktor! Ich bitte, begleiten Sie mich."

Der Fremde ergriff haftig den Arm des Arztes und zog ihn mit sich fort der Linde zu.

„Pflegen Sie den theuern Kranken, pflegen Sie ihn, daß er bald genese!" bat flehentlich der junge Mann,

„Bevor ich scheide, sagen Sie mir: sind die Wunden gefährlich?‟

„Nein!‟

„Gott sei gelobt in alle Ewigkeit! Mein Herr, ist
die Kur glücklich vollendet, so bestimmen Sie selbst den
Lohn für Ihre Mühen ... ich zahle jeden Preis! Bald
sehen Sie mich wieder ...‟

Er wollte fort.

„Halt!‟ rief der Arzt.

„Was wollen Sie noch?‟

„Der scharfsichtigste Arzt kann die Zwischenfälle nicht
bestimmen, die im Verlaufe der Krankheit eintreten.‟

„Fürchten Sie, daß die Genesung unterbrochen
werde?‟ fragte erschreckt der Fremde.

„Es ist möglich, wenn auch nicht wahrscheinlich. Bei
dem lebhaften Interesse, das Sie für den Kranken hegen,
erscheint es Ihnen vielleicht wünschenswerth, sofort Nachricht zu erhalten, wenn ein Inzidenzfall eintritt ...‟

„Gewiß! O, gewiß!‟

„An wen sende ich die Anzeige?‟ fragte der Arzt,
der ein schlaues Verfahren zu beobachten glaubte.

„An wen?‟

„Bezeichnen Sie mir eine Adresse.‟

Der Fremde überlegte. Er schien die Nothwendigkeit
einer Vereinbarung zu begreifen. In diesem Augenblicke
ließ sich der leise Ton einer Pfeife vernehmen.

„Was ist das?‟ flüsterte der Arzt.

Der junge Mann fuhr erschreckt zusammen.

„Das Zeichen gilt mir!" murmelte er.

„Und was bedeutet es?"

Noch einmal ertönte das Pfeifen, heller und dringender.

„Sie sind der Doktor Hagen aus Rodenfeld?"

„Ja!"

„Ich sende Ihnen einen Brief. Schweigen Sie, im Interesse des kranken Oberförsters."

Ein drittes Zeichen ward gegeben. Der Fremde drückte dem Arzte die Hand und sprang in das Dunkel der Linde.

Fünf Sekunden später sprengten zwei Reiter aus dem Schatten des riesigen Baumes hervor. Im gestreckten Galopp sausten sie über die Wiese und verschwanden zwischen den ersten Bäumen des Forstes.

Bernhard stand wie betäubt.

„Warum," fragte er sich, „entflieht der Mann wie ein Verbrecher, der die Justiz fürchtet? Und was veranlaßte ihn zu der hastigen Flucht? Das Gewissen wird ihn fortgetrieben haben."

Bald sollte er den wahren Grund der Flucht kennen lernen. Auf dem Wege von Rodenfeld her erschienen zwei Gendarmen zu Pferde.

„Wer ist da?" fragte der Erste, sein Roß anhaltend.

„Ich bin es, der Doktor Hagen."

„So spät noch?"

„Der Arzt darf nicht ruhen, wenn er einen schweren Patienten zu behandeln hat. Sie wissen ohne Zweifel, daß der Oberförster Winter verwundet ist."

„Wir wissen es und suchen den Verbrecher, der sich, nach verschiedenen Anzeichen, immer noch keck in dieser Gegend herumtreibt. Haben Sie zwei Reiter gesehen, Herr Doktor?"

„Ich glaube. Die Finsterniß ließ mich nur zwei Schatten erkennen, die sich rasch dem Walde zu bewegten."

„Dorthin?"

„Ja!"

Die Gendarmen sprengten in die Nacht hinaus. Man hörte das Rasseln ihrer Säbel und die Hufschläge ihrer Pferde. Dann war Alles still. Bernhard betrat noch einmal das Haus und das Wohnzimmer, wo Mathias ihm sagte, daß der Kranke ihn zu sprechen verlange. Er ließ sich auf dem Stuhle neben dem Bette nieder.

„Ich danke Ihnen für den wichtigen Dienst, den Sie mir geleistet, sagte bewegt der Oberförster. Nun bin ich ruhig, werde mich Ihren Anordnungen fügen und die Genesung abwarten. Wie ich, wird Ihnen auch meine Familie danken, der Sie den Ernährer erhalten haben."

„Schlafen Sie nun, Herr Oberförster, schlafen Sie!" ermahnte der Arzt. Morgen Früh komme ich, um neue Verbände anzulegen. Gute Nacht."

„Hagen! Hagen!" murmelte der Kranke. Des würde Alles anders gekommen sein, wenn Du mir vertraut hättest!"

Er betete. Während des Gebetes übermannte ihn der Schlaf. Seine Augen schlossen sich und seine Hände sanken auf die Decke. Der Arzt betrachtete seinen Patienten noch eine Zeit lang; dann ertheilte er dem alten Mathias einige Befehle und ging. Die übrigen Bewohner des Forsthauses hatten von den Vorgängen in der Nacht nichts bemerkt. Bernhard erreichte erschöpft seine Wohnung. Bald sank er einem festen Schlaf in die Arme. Am frühen Morgen kam ein Bote, der den Arzt zu einem Verwundeten rief.

„Wer ist verwundet?"

„Der Kreisgendarm, der einen verdächtigen Menschen gefangen nehmen wollte," war die Antwort.

Bernhard verbarg sein Erstaunen. Er kleidete sich an und folgte dem Boten zu der Wohnung des Gendarmen, die in der Mitte des Dorfes lag. Die jammernde Familie des Verwundeten empfing ihn. Während der Untersuchung starb der Patient, der einen Schuß in die Brust erhalten hatte. Der junge Arzt stand wie niedergeschmettert an dem Todtenbette. Vor ihm lag das dritte Opfer jenes grauenvollen Geheimnisses, das zu durchdringen er vergebens bemüht gewesen war. Otto Schwarz erschien, um amtlich den Thatbestand aufzunehmen. Der zweite Gendarm, der Begleiter des nun Verstorbenen, erzählte:

„Wir erreichten die beiden Reiter, die uns verdächtig erschienen, als sie die Brücke über den Waldbach suchten, die sie nicht sogleich finden konnten. Mein Kamerad rief sie an, und forderte, daß sie Rede stünden. Der Eine derselben befahl wie ein Offizier, daß wir den Weg frei machten, da sie nicht Zeit zur Unterhaltung hätten. Nun wollten wir sie verhaften, weil sie sich unsern Befehlen widersetzten. Indem mein Kamerad den Säbel zog, ward er von einem Schusse getroffen; ich sah, daß er wankte und vom Pferde sank. Nun mußte ich ihm zu Hilfe eilen. Die beiden Reiter jagten im Galopp über die Holzbrücke.

Ich rief vergebens um Hilfe, sandte aber den Flüchtigen eine Kugel aus meinem Karabiner nach. So gut ich konnte, verband ich die Wunde meines Kameraden, und wollte ihn dann auf das Pferd legen. Er war so kraftlos, daß er zurücksank. Ich legte ihn unter einen Baum in das Gras, deckte ihn sorgsam mit dem Mantel zu und jagte nach dem Dorfe, wo ich zwei Bauern und einen Wagen requirirte. Da haben wir ihn denn nach Hause gebracht."

Der Aktuar nahm ein Protokoll auf, das der Arzt als Zeuge unterzeichnen mußte. Dann verließen sie das Haus, in dem Weiber und Kinder um den ermordeten Vater jammerten.

„Warum bist Du so bestürzt?" fragte Otto Schwarz in der Dorfgasse.

„Soll ich denn lächeln, wenn ich eine so schreckliche Wunde sehe? Die Kugel hat die ganze Brust des Unglücklichen zerrissen, der ein Opfer seiner Berufspflicht geworden. Und was soll aus der Schaar der Kinder werden, die ihres Ernährers beraubt sind?"

„Der Arzt ist ja doch sonst nicht so weich beim Anblicke eines verstümmelten Körpers," fuhr der Aktuar fort,
einen stechenden Blick auf seinen Begleiter richtend.

„Ich kenne den Ermordeten kaum."

„Dann muß ich annehmen, daß Du den Mörder
kennst."

„Otto!"

„Du erschrickst vor den Folgen seiner That."

„Bemühe Dich nicht mich strafbar zu machen," rief
der Arzt erbittert. „Du bist mir Albertinen wegen feindlich
gesinnt . . . willst Du Rache nehmen so sei wenigstens
nicht feig, und sinne nicht auf Lügen. Ich kenne den Mann
nicht, der den Soldaten erschossen hat."

„Du kennst ihn nicht?"

„Nein," antwortete fest der Arzt.

„Und doch weiß ich, daß Du mit ihm gesprochen hast."

„Wo?"

„Unter der Linde, vor dem Forsthause. Ach, wie Du
mich anstarrst, und mit den Lippen zuckst. Erfüllt noch
immer das Mitleid mit dem Familienvater Deine Brust?"

„Otto! hat Dich das Studium der Jurisprudenz
zum Teufel gemacht? Muß ich jeden Menschen kennen,
mit dem ich einige Worte gewechselt habe."

„Ah! ich muß Dir mehr sagen, damit ich nicht ein
gar zu schwarzer Teufel in Deinen Augen bin. Führt man
einen Menschen, den man nicht kennt, an das Krankenbett
des Oberförsters?"

Bernhard unterdrückte seine Bestürzung.

„Elender," murmelte er, „Du gehst darauf aus, mich zu verdächtigen und zu verderben. Laß mich in Ruhe, oder fürchte, daß ich Alles zu meiner Vertheidigung anwende, selbst den Schläger, den ich, wie Du weißt, zu führen verstehe, den Schläger, den ich einst zu Deiner Ehrenrettung einem Raufbolde um die Ohren sausen ließ. Willst Du mir den Freundschaftsdienst durch Nichtswürdigkeiten vergelten?"

Der Aktuar ging lächelnd einige Schritte neben dem Arzte, der tobtenbleich vor Erregung geworden war.

„Wie Du mich verkennst!" rief er dann aus. „Um zu zeigen, daß ich es gut mit Dir meine, mache ich Dich auf Dinge aufmerksam, die Dir eine Kriminal-Untersuchung auf den Hals laden müssen. Glaube nur, der Tod des Offizianten wird die schärfsten Recherchen veranlassen. Außer mir weiß Niemand, daß Du den Reiter gesprochen hast . . ."

„Kannst Du beweisen, daß dieser Fremde das Verbrechen begangen?"

„Ja!" antwortete Otto entschieden.

„Dann mußt Du eine Lüge aussprechen. Weiß ich doch selbst nicht, welche Richtung die Reiter eingeschlagen haben, als sie die Linde verlassen hatten."

„Mein Freund, Du hast die Beamten getäuscht, indem Du auf ihre Fragen antwortetest, Du habest nur zwei Schatten gesehen, die nach dem Forsthause sich bewegt hätten . . . doch lassen wir das und erkenne meine Freundschaft für Dich, an der Du zweifelst. Ich werde das, was ich weiß, verschweigen, wenn Du Albertinen aufgibst."

„Das dachte ich mir," rief der Arzt im Tone höchster Verachtung. „Um diesen Preis also willst Du Deine Pflicht verletzen, willst verhindern, daß man einem Verbrechen auf die Spur kommt."

„Bernhard," murmelte leise der Aktuar, „meine Leidenschaft für Albertinen treibt mich weiter; sie macht mich selbst fähig, ein Verbrechen zu begehen. Ohne Albertinen kann ich nicht leben, will ich nicht leben. Hast Du kein Erbarmen mit meiner Pein, so fürchte mich! Ich muß zum Ziele gelangen, und sollte ich darüber zu Grunde gehen. Meine Leidenschaft zertrümmert Alles, was sich mir in den Weg stellt."

„Auch den Vater Albertinens?" fragte mit vielsagenden Blicken der Arzt.

„Er wird mir gewogen bleiben, wenn Du seinen Sinn nicht änderst. Dort kommt der Gerichtsamtmann, sei klug, Bernhard, ich kann von meinem Vorsatze nicht abweichen."

Der Aktuar trennte sich von dem Arzte, um sich dem Gerichtsamtmann anzuschließen, der wartend vor einem Hause stand.

Fast betäubt von den verhängnißvollen Vorgängen betrat Bernhard sein Zimmer.

„Vater!" rief er leise, „erleuchte mich, daß ich den rechten Weg einschlage!"

14*

Fünftes Kapitel.

Bruder und Schwester.

Regina, die üppige Gattin des alten Herrn Satler, machte Nachttoilette. Petrine, die Zofe, versah ihr Amt mit seltener Virtuosität. Sie formte die Locken der Herrin zu Knoten, bedeckte das schöne Haupt derselben mit einem Spitzenhäubchen und warf den weißseidenen Nachtmantel um die schwellenden Schultern, die wie der reinste Alabaster glänzten. Dann entkleidete sie die Füßchen der Atlas-stiefelchen und brachte Pantoffeln von violetem Sammt.

„Gehe zu Bett, Petrine. Ich werde noch ein halbes Stündchen lesen."

Die Dame ergriff ein Buch, warf sich auf den Fauteuil neben dem Tische, auf welchem zwei Kerzen in einem silbernen Armleuchter brannten, und begann zu blättern, als ob sie die Stelle suchte, bei der sie die Lektüre unterbrochen hatte.

Die Zofe verneigte sich und verließ das Budoir.

„Endlich bin ich allein!" flüsterte Regina, die das Buch unwillig auf den Tisch warf. „Wie lästig, wenn man sich vor den Domestiken hüten muß. Wüßte ich nur, ob ich dieser Petrine trauen dürfte!"

Sie öffnete das Fenster und sah in den Park hinaus.

„Wie schön, wie wunderbar schön ist die Nacht!" sagte sie mit einem tiefen Seufzer. „Ach, wer sich ihrer

nach Herzenslust freuen könnte! Diese herrlichen Räume
stehen auf einem Vulkane, in dessen Innerem eine glühende
Lava kocht. Ein kleiner Riß in die Decke, die künstlich über
den glühenden Abgrund gebreitet, kann die Alles verhee-
rende Eruption herbeiführen. Es gehört wahrlich ein großer
Muth dazu, hier zu wohnen. Seltsames, seltsames Menschenleben! Aber was wäre aus mir geworden, wenn ich
dem reichen Witwer nicht die Hand gereicht hätte? Bin
ich auch an einen Greis gefesselt, so bleibt mir doch das
niedere Elend fern, das Leib und Seele vernichtet. Freilich
das Herz findet keine Befriedigung. . . . Ach, es ist doch
Nichts vollkommen auf dieser Welt voll Mängel!"

Regina trat zurück und betrachtete eine Motte, die
so lange um die Flamme der Kerze flatterte, bis sie verbrannt
auf den Tisch fiel.

„So geht es manchem Menschen!" dachte schmerzlich
lächelnd die Dame. „Man bewegt sich von einem unerklär-
lichen Drange getrieben, in dem glänzenden Kreise, den der
Reichthum erschafft, und sinkt endlich vernichtet zu Boden.
Bah!" fügte sie auffahrend hinzu, „der Kluge hütet sich,
er bleibt dem Brennpunkt fern und zieht sich endlich ganz
zurück, um in kühlenden Schatten sein Leben zu beschließen.
Der Bruder wird mir helfen ein erquickendes Ziel zu
erreichen."

Sie schob den Riegel vor die Thür.

In demselben Augenblicke ward geklopft.

„Wer ist da?"

„Oeffne, Regina!"

„Bist Du es, William?"

„Kein Anderer!"

Sie öffnete. Der greise Gatte trat ein. Mit lüsternen Blicken betrachtete er die reizende Gattin, die ihn verwundert fragend ansah. Dann reichte sie ihm die Hand, und bot ihm den Mund zum Kusse.

„Du hast, mein Kind, tausend Thaler verlangt?"

„Weil meine Kasse leer ist,"

„Hier ist die Summe."

William legte ein kleines Portefeuille auf den Tisch.

„Kann ich die Banknoten in hiesiger Gegend ausgeben?" fragte Regina.

„Prüfe sie."

Die Dame öffnete das Portefeuille. Es enthielt zehn Hundertthaler-Noten eines großen Staates. Die Billets sahen schmutzig und abgenützt aus. Regina hielt sie mit Kennerblicken prüfend gegen das Licht. Dann betrachtete sie aufmerksam die Schrift.

„Echt!" rief sie lächelnd. „Ich danke Dir, William."

„Glaubst Du?" fragte William, der sich vergnügt die Hände rieb.

„Ich lasse mich so leicht nicht täuschen.

„Und doch bist Du getäuscht."

Regina prüfte zum zweitenmal die Billets; sie bediente sich dazu einer Loupe, die sie aus ihrem Nähtische geholt hatte. Die Art und Weise ihres Verfahrens verrieth, daß sie sehr geübt darin war.

„Du treibst einen Scherz mit mir, William! Fehlt mir auch das Tageslicht, so behaupte ich dennoch, die Noten sind echt. Ich habe meine gewissen Anzeichen, die nicht trügen. Die Bank selbst, die sie verausgabt, wird diese Papiere ohne Anstand wechseln,"

„Das neueste Werk Bertrams hat glorreich die Probe bestanden!" rief Herr Satler. Was Regina nicht unterscheidet, wird andern Augen nie einleuchten. Sämmtliche Noten, die Du in der Hand hältst, sind imitirt."

„Aber sie sind gebraucht . . ."

„Durch das neu erfundene Verfahren Bertrams! vor einigen Tagen noch waren diese Billets neu."

„Ist es möglich!"

„Es lebe die Wissenschaft, es lebe die Chemie! Von heute an geben wir keine neue Note mehr aus. Wir sind überhaupt auf einem Standpunkte angelangt, der uns erlaubt, ungezwungener, als bisher zu handeln. Hier sind die ächten Nummern jener Billets. Diese behalten wir, um sie später zu verausgaben. So vermeiden wir das zufällige Zusammentreffen zweier Nummern. Findet es, nachdem die unechten ausgegeben, wirklich statt, so sind wir im Besitze der echten und Niemand kann uns anfechten. Morgen Früh wirst Du die geforderte Summe in Gold erhalten . . . das wollte ich Dir sagen. Nun ist auch ein Brief des Fürsten von L. angekommen.

„Was schreibt der Fürst?

„Er wird im Laufe dieses Monats noch eintreffen, unsere Villa besichtigen und den Kauf abschließen, wenn sie ihm gefällt. Wir verlassen Deutschland, und gehen nach England oder Amerika.“

„Wenn Bruno Eichstädt nicht zum Verräther wird.“

William hatte die Arme gekreuzt und einige Augenblicke vor sich hingestarrt.

„Antoinette wird ihm die Hand reichen,“ sagte er entschieden. „Es gibt Mittel, den Stolz des übermüthigen Mädchens zu brechen, und daß ich den Willen habe, diese Mittel anzuwenden, weißt Du. Im nächsten Jahre werden wir Ruhe haben, unserer Liebe allein zu leben. Die kurze Zeit der Aufregung wird bald vergehen. Dann genießen wir die Früchte unserer Mühen, unserer Sorgen. Gute Nacht, Regina.“

Der greise Gatte küßte seine junge Gattin und entfernte sich.

„Dem Himmel sei Dank!“ flüsterte Regina. „Ach, ich habe ein großes Opfer gebracht, um reich zu werden. Nun ist es Zeit, daß ich das Schicksal meines Bruders kennen lerne.“

Sie verschloß die Thür, die zu dem Vorzimmer führte und trat in das an das Budoir grenzende Kabinet, dessen Fenster nach dem Wald hinausgingen. Hier öffnete sie eine Tapetenthür. Die Kerze, die sie in der Hand hielt, beschien Arnold, der fest schlafend auf dem Teppich des

Bodens lag. Das bärtige Haupt ruhte auf dem Kissen eines Sopha's.

„Er kann schlafen!" flüsterte die Dame. „Arnold, Arnold!" rief sie laut.

Der Schläfer regte sich nicht. Die Schwester mußte den Bruder rütteln. Dieser fuhr erschreckt auf und griff zur Seite, als ob er sich einer Waffe versichern wollte.

„Regina!" murmelte er. „Erlaube mir, daß ich meine Sinne zurechtsetze. Ah, nun weiß ich, wo ich bin; war mir doch, als ob ich im Grase unter einem Baume geschlafen hätte und ein Gendarm meine Ruhe störte. Ja, die liebe Gewohnheit!"

Arnold erhob sich und trat in das Kabinet.

„Mich hungert, Schwester," rief er, die Glieder reckend.

Dann zog er den seidenen Schlafrock des Herrn Satler, den er trug, fester zusammen und warf sich gähnend auf die Ottomane.

Regina brachte ihm kalte Küche und Wein. Der hungrige Mann hatte bald das Mal verzehrt. Dann zündete er eine Zigarre an und rief:

„Schwester, Du bist reizend und Dein Landhaus ist ein Paradies! Wie ist es Dir möglich gewesen, Dich in diese Lage zu versetzen!"

„Die Liebe des Herrn Satler hat mich reich gemacht."

„Ah, die Liebe! Mich hat sie ruinirt."

„Gehen wir über die Betrachtungen hinweg, Bruder, uns bleibt noch Zeit genug, über das irdische Leben zu philosophiren, das so jähe Veränderungen bietet."

„Ich hoffe, Du wirst einen kleinen Theil des Glücks, das Dir die Liebe beschieden, auf mich übertragen."

„Du kannst auf Deine Schwester zählen."

Sie reichte ihm, als ob sie die Zusicherung bekräftigen wollte, die zarte Hand. Bei dieser Gelegenheit bewunderte Arnold die kostbaren Ringe an den blendend weißen Fingern seiner Schwester. Seine großen Augen sprühten Funken wie die Diamanten in den Ringen. Der Vagabund mußte Kenner sein.

„Einst trug ich auch solche Ringe," murmelte er. „Es war eine schöne Zeit. Der Teufel hat sie geholt, oder vielmehr die englische Polizei, die der Teufel holen möge! Ich könnte rasen, wenn ich meine Dummheit bedenke.."

Er warf das lange Haar zurück und drehte die Spitze des wirren Bartes.

„Arnold, beruhige Dich, was geschehen, ist nicht mehr zu ändern . . ."

„Wohl wahr!"

„Erzähle mir kurz, ohne weitere Betrachtungen, wie es Dir ergangen und wie es Dir möglich gewesen, meinen gegenwärtigen Aufenthalt zu erspähen. Ich werde darnach bemessen, was ich für Dich thun kann."

Arnold rauchte und rief:

„Meine Geschichte, liebe Schwester, ist kurz, aber sehr lehrreich."

„Gut. Beginne."

Regina bog sich in die Lehne des Sessels zurück, und legte die Füße auf ein Polster, das neben dem Tische stand. Die vollen Arme kreuzten sich unter dem Nachtmantel.

„Du weißt Schwester, daß ich ein Bankhaus in H. hatte.

„Dasselbe, das Dir der Vater hinterlassen," ergänzte Regina.

„Die Firma „Bauer" erfreute sich eines guten Rufes aber sie machte schlechte Geschäfte. Der selige Vater hatte bessere Zeiten, als ich, der ich von allen Seiten tüchtige Schläge empfing. Alle Unternehmungen mißlangen. Du weißt nichts davon, weil Du mit der kranken Baronesse auf Madeira lebtest. Um einem Bankerotte vorzubeugen, der mir das Hemd vom Leibe gekostet haben würde, entschloß ich mich zu Manipulationen, die zu den modernen Schwindeleien gehören. Gelingen sie, so ist der Banquier gerettet, schlagen sie fehl, so öffnen sich die Pforten des Zuchthauses. Ein Agent, Hermann Möller, Du hast ihn gekannt, unterstützte mich. Ein Jahr lang ging Alles gut. Da fehlte uns eines schönen Tages das Geld, um einen falschen Wechsel einzulösen. Es war Unordnung in das ganze System gekommen, das wir schlau ersonnen und kühn befolgt hatten. Der Inhaber des Papieres wollte sich mit einem neuen Wechsel nicht begnügen, er forderte Zahlung."

„Nun galt es, das verhängnißvolle Papier wieder zu erlangen. Da brachte Möller eine Anzahl französischer Banknoten. Der Inhaber des Wechsels nahm sie gern, da er mit einer Pariser Manufaktur in Verbindung stand. Wir hatten den falschen Wechsel mit falschen Banknoten eingelöst, die Möller mit einem Franzosen fabrizirt hatte. So war ich denn in ein Geheimniß gezogen, das reiche Ausbeute versprach. Ich benutzte das Fallissement eines Hauses, mit dem ich in lebhaftem Geschäftsverkehre stand, um meinen Bankerott anzuzeigen.

„Arm wie eine Kirchenmaus trat ich aus dem Geschäfte, und reiste, um unsere Banknoten zu wechseln, die Clopin, so hieß der Franzose, in einem armseligen Dachstübchen anfertigte. Mit Hilfe meiner Sprachkenntnisse war es mir möglich, unter verschiedenen Gestalten aufzutreten. Nirgends schöpfte man Argwohn, man nahm gerne meine Noten, die den echten ähnlich sahen, wie ein Ei dem andern. Meine Hauptforce bestand darin, von französischen Fabrikanten Waaren zu erstehen, die Möller als Agent in Deutschland an den Mann brachte. Das Geschäft war wirklich großartig und ich bewundere heute noch, daß es so lange gedauert hat. Die Franzosen sind weniger vorsichtig als die Engländer, die eine möglichst scharfe Kontrole über ihre Papiere führen.

„In Ostende hatte ich eine Zusammenkunft mit Möller. Er übergab mir eine Partie englischer Banknoten. Ich reiste nach London, um mein Heil zu versuchen. Keck betrat ich die Bank, denn mein Vertrauen auf Clapin's Geschicklichkeit war unerschütterlich. Dies Vertrauen ward gerechtfertigt ... man wechselte mir eine Banknote von hohem Werthe. Nun machte ich Einkäufe bei Juwelieren und Fabrikanten. Ueberall respektirte man meine Papiere. Ich ließ ganze Kisten mit englischen Waaren nach Deutschland gehen. Meine Banknoten waren fast alle untergebracht. Am Tage der Abreise wollte ich meine Rechnung in dem Hotel mit einer Hundertpfundnote bezahlen ... der Wirth nahm sie, kam aber gleich darauf zurück und legte mir zwei Noten vor, die eine und dieselbe Nummer führten. „Was ist das?" fragte ich. „Das eine dieser Papiere muß falsch sein!" entgegnete der Wirth. „Das Ihrige, mein Herr, denn ich habe keine falschen Papiere . ." „Die Polizei mag das untersuchen!"

„Ein Konstabler trat ein und verhaftete mich im Namen des Gesetzes. Aber ich verlor den Muth nicht, ich behauptete fest, der Wirth habe die falsche Note gebracht, die meine sei die echte. Zugleich forderte ich die Verhaftung des Wirthes, der mich verdächtigen wollte. Der lebhafte Streit, der sich entspann, endete mit meiner Verhaftung. Ueber den Ausgang der Untersuchung konnte ich nicht im Unklaren sein, denn die Brieftasche, die mir der Konstabler mit bewunderungswürdiger Geschicklichkeit abgenommen, enthielt noch einige falsche Noten. Es galt also das Aeußerste zu wagen und ich wagte es.

Anscheinend ruhig, ließ ich mich auf die Straße führen, wo ein Fiaker wartete. Ein dichter, echt englischer
Nebel lag über London. Als ich im Wagen saß, konnte
ich meinen Tyrannen kaum erkennen. Ich knüpfte eine
Unterhaltung mit ihm an, schilderte die Dringlichkeit
meiner Abreise, sprach von großen Verlusten, die mich im
Falle längeren Bleibens in London träfen und bot ihm
fünfzig Pfund Sterling in Gold, wenn er mir die Freiheit
gäbe. Das Reizmittel blieb ohne Wirkung. „Sparen Sie
Ihre Worte," sagte kalt der Mann des Gesetzes; ich kann
nicht entscheiden. Daß Sie mich zu einer Pflichtwidrigkeit
verleiten wollen, ist ein Beweis von Ihrer Gefährlichkeit."
Aber auch ich hatte die Gefährlichkeit meines Begleiters
begriffen, sprach kein Wort mehr und sann auf Rettung.
Ein starker Regen fiel prasselnd auf die Decke des verschlossenen Wagens. Mir war, als ob es Abend sei. Die
Dunkelheit mehrte sich, aber auch die Gefahr, je näher wir
dem verhängnißvollen Ziele kamen. Ich habe in keinem
Augenblicke meines Lebens die Geistesgegenwart verloren,
und hier, wo es eine vielleicht lebenslängliche Gefangen-
schaft vermeiden galt, mußte ich doppelt muthig auftreten.

„Wohin führen Sie mich?" fragte ich den Konstabler."

„In das Polizeigefängniß."
„Gleich in das Gefängniß?"
„Ja!"

„Man ist von meiner Schuld noch gar nicht überzeugt . . . wie kann man mich in das Gefängniß werfen?"

„Rechten Sie mit unsern Gesetzen."

„Wann wird man mich verhören?"

„Binnen vierundzwanzig Stunden."

„Das ist spät. Und wer ersetzt mir den Verlust, den
ich durch die verzögerte Abreise erleide?"

„Weiß nicht."

„Seufzend warf ich mich in die Ecke.

„Nach meiner Ansicht war das Entkommen aus dem
Gefängnisse schwerer, als das aus dem Wagen. Vorsichtig
zog ich mein dolchartiges Messer, das ich stets in der Tasche
führte, öffnete es und wartete. Trotz der Dunkelheit erkannte ich, daß wir durch eine sehr lebhafte Straße fuhren.
Die Köpfe der Vorübergehenden erschienen mir wie schwe-
bende Schatten, die sich an einer dunkelgrauen Wand ab-
zeichnen. Droschken und Omnibus rasselten tosend an mir
vorüber. Durch das Gewirr hörte ich das Schreien dum-
pfer Stimmen — es war ein Höllenlärm.

„Die Vorgänge in dem Wagen mußten durchaus
unbeachtet bleiben. Der Konstabler war ein starker, breit-
schulteriger Kerl mit Fäusten, die einem Herkules
Ehre gemacht haben würden, er mußte nach meiner Meinung Alles zermalmen, was er packte. Aber dabei kam
er mir unbeholfen vor. Ich verließ mich auf meine Gewandtheit. Schnell wie der Blitz stieß ich ihm mit einem

Rucke, der alle meine Kraft vereinigte, das scharfe, spitze Messer in den Hals und drückte ihn zu Boden, wobei ich einen langen Schnitt ausführte. Trotzdem hatte ich Mühe, den Herkules niederzuhalten, der durch sein krampfhaftes Ringen den ganzen Wagen in Bewegung setzte. Nun wollte ich den Schlag öffnen ... er war fest verschlossen. In dem Augenblicke, als ich den entgegengesetzten Schlag öffnen wollte, hielt der Wagen. Die Thür flog auf und ich sah zu meinem Schrecken das Gesicht eines zweiten Konstablers, der neben dem Kutscher gesessen haben mochte. Kaum hatte er seinen röchelnden Kollegen erblickt, als er mich auch schon mit Riesenkraft aus dem Wagen zog, mir rasch die Hände band und den Strick an dem Wagen befestigte. So ward ich nach dem Polizeigebäude im wahren Sinne des Wortes geschleift. Als ich mit Blut und Koth bedeckt eine große Steinhalle betrat, lag der todte Konstabler vor mir am Boden.«

Arnold trank rasch ein Glas Wein, dann fuhr er fort:

„Ich übergehe nun die Prozedur und berichte kurz, daß man mich zum Tode verurtheilte. Ich sollte gehängt werden."

„Um diese Zeit lebte ich in London!" schaltete Regina ein, die zwar aufmerksam, aber gleichgiltig zugehört hatte. „Die Zeitungen berichteten den Fall und das gesprochene Urtheil. Dringende Verhältnisse bestimmten meinen Mann, die englische Hauptstadt zu verlassen und nach Holland zu gehen. Ich folgte meinem Manne mit der Gewißheit Deines Todes. Wie wurdest Du gerettet, Arnold?"

„Meine Rettung, Schwester, streift ans Wunderbare!" rief der Vagabund lachend.

„Erzähle!"

„Ist es doch, als ob mich das Fatum zu einem längeren Leben bestimmt hätte! Am Abend vor der Hinrichtung führte man mich in eine Kapelle, wo ich beten sollte. Ich verrichtete auch meine Andacht. Mit schweren Ketten beladen, schritt ich durch den Gang und über den Gefängnißhof. Vor mir, hinter mir, rechts und links gingen Soldaten mit geladenen Gewehren. Es ist lächerlich, wenn ich an das wunderbare Ereigniß denke! Wenn es nicht stattgefunden hätte, würde ich es für unwahr halten aus dem Munde eines Dritten."

Arnold war aufgestanden.

„Denke Dir, Schwester, ich schreite also über den Hof, umgeben von Soldaten, die mich wie einen furchtbaren Menschen, wie ein Ungeheuer bewachten. Flucht war rein zur Unmöglichkeit geworden. Da kracht es plötzlich zu meinen Füßen und ich fahre eine große Strecke in die Erde. Die Soldaten mit ihren Gewehren waren verschwunden."

„Wie ist das möglich?"

„In den ersten Augenblicken konnte ich mir dieses Wunder nicht erklären, nur soviel fühlte ich, daß ich bis

an den Hals im Waſſer ſtand. Stockfinſtere Nacht umgab
mich. Ich hatte Mühe, mich gegen die ſchwere Laſt der
Ketten zu ſchützen. Das kalte Waſſer, das mich umrauſchte,
ſtachelte meine Lebensgeiſter an, und erhielt mich bei kla-
rem Verſtande. Mit den Händen tappend machte ich einige
Schritte ... der Strom riß mich fort. Da krachte hinter mir ein Schuß von oben herab. Ich betaſtete die Decke.
Sie war niedrig, gewölbt und ſchützte mich. Die Kraft
des Waſſers paraliſirte die Schwere der Ketten. Ich begriff, daß ich in einen Kanal geſunken war und daß die
Soldaten nach mir ſchoſſen.

„Um mich den Kugeln zu entziehen, ſchleppte ich
mich, von dem Strome getrieben, ſo weit fort, als es meine
Kraft erlaubte. Die Hoffnung auf die Erhaltung meines
Lebens war neu erglommen ... weiter, immer weiter
ſchritt ich. Da hörte ich rechts neben mir ein Brauſen.
Ich ſtreckte die Hand aus und fand eine ſchmale Oeffnung,
aus der Waſſer floß. Das mußte ein Nebenkanal ſein. Ich
trat hinein ... das Waſſer reichte mir bis an das Knie.
Vor dem Tode des Erhängens war ich gerettet, ich ſollte
auch vor dem Tode des Ertrinkens gerettet werden.
Nachdem ich eine Zeit lang geruht hatte, wanderte ich
weiter. Mir war bekannt, daß ein Netz von Kanälen unter
London hinzieht, und daß es ſelbſt arme Leute gibt, die
ſich nicht ſcheuen, das unterirdiſche Reich zu betreten, um
in dem Kothe werthvolle Sachen zu ſuchen, die Zufall oder
Ungeſchicklichkeit hinabgeſchleudert haben.

„Tiefe Finsterniß umgab mich. Es war auch still geworden; ich hörte das Brausen des Hauptkanals nicht
mehr. Stunden vergingen und immer sah ich noch keinen
Lichtpunkt. Die Furcht, daß ich langsam unter der Erde
verschmachten müsse, packte mich. Hätte ich nur die ver-
dammten Ketten nicht am Leibe gehabt! Ich war nahe
daran, ohnmächtig zusammenzubrechen. Ein heftiger Frost
schüttelte mich, alle Glieder schmerzten, die Kraft wich
mehr und mehr.

Da fühlte ich ein trockenes Plätzchen.

„Ich ließ mich nieder. Die Erschöpfung war so groß,
daß ich einschlief. Plötzlich rüttelte mich eine rauhe Faust.
Ich riß die Augen auf . . . das Licht einer Laterne beleuch-
tete die feuchte Wölbung . . . ich sah einen furchtbaren
Mann vor mir. Das erste Gefühl war das des Schreckens,
wenn mich die Schergen verfolgt und erreicht hätten! Ich
stieß einen Schrei aus. der wie in einer Kellerwölbung
wiederhalte.

„Ruhe Freund!" murmelte eine Stimme. „Die Konstabler kriechen nicht in den Bauch der Erde, die Polizei
streckt nur da oben die Arme aus, wo die Sonne scheint."

„Kennst Du mich?" fragte ich.

„Brauche Dich nicht zu kennen. Die Ketten, die Du
trägst. sprechen laut genug, daß Du aus dem Kriminal-
gefängnisse entsprungen bist. Glück zu der Reise. Ich
werde Dich nicht verhindern, die Freiheit zu erlangen."

„Nun sah ich mir den Mann an. Er trug eine

15*

schwarze Blouse von Wachstuch, die die Hälfte des Körpers bekleidete. Plumpe Stiefel reichten bis hoch über das Knie. Unter einem Hut mit breiter Krämpe sah ich einen Bart, in welchem zwei große Augen glühten. Gesichtszüge waren nicht zu bemerken. An einem Riemen, der über der Schulter hing, trug er eine große Ledertasche. Seine knochigen Hände stützten sich auf einen starken Stock. So stand er vor mir, mich gutmüthig betrachtend. Ich bat ihn, er möge mich zu dem Tageslicht emporführen.

„Daß Du die Konstabler zu fürchten hast," sagte er, „sehe ich wohl. Es ist heller Morgen, wir müssen vorsichtig sein."

„Nun mußte ich ihm erzählen, wie ich in den Kanal gekommen. Es geschah. Der Mann lachte laut auf.

„Du bist durch eine morsche Decke gefahren, welche die Kanalöffnung verschließt. Fürchte Nichts. Dort oben glaubt man sicherlich, Du hast den Hals gebrochen oder seiest bei dem jetzigen hohen Wasserstande ertrunken. Das ist ein Spaß, über den ich mich todtlachen könnte. Die Konstabler sind meine ärgsten Feinde ... Das Kriminalgericht hasse ich ... Warum hat man Dich denn eingesperrt und in Ketten geschmiedet? Rücke nur offen heraus mit der Sprache, ich verdamme Dich nicht!"

„Ich habe falsche Banknoten ausgegeben."

„Nichts weiter?"

„Ohne zu wissen, daß sie falsch waren. Das Krimi-

nalgericht blieb dabei, daß ich ein Notenfälscher sei, legte
mir Ketten an und warf mich ins Gefängniß."

„Jetzt bist Du weit davon entfernt und sollst auch
nicht dahin zurückkehren. Es macht mir Freude, meinen
Feinden ein Opfer entziehen zu können. Und hättest Du
einen Konstabler todt geschlagen, ich rette Dich. Zunächst
wollen wir die lästigen Ketten beseitigen"

„Der Feind der Konstabler suchte in seiner Tasche
und holte eine Feile hervor.

„Mit diesem Dinge," sagte er, „zersäge ich die
großen Eisenstücke, die sich nicht gut transportiren lassen."

„Nach einer Viertelstunde konnte ich Arme und Beine
frei bewegen. Die erste Bewegung, die ich in der Freiheit ausführte, war, daß ich meinem Retter um den Hals
fiel. Dieser reichte mir eine Flasche, mit deren brennendem
Inhalte ich mich erquickte."

„Freund," sagte ich ihm, „ich bin ein deutscher
Kaufmann und kann Dich würdig belohnen, sobald ich
meine Heimat erreicht habe. Verlaß mich nicht und ich
mache Dich zum wohlhabenden Manne, der in Zukunft
diese gräßlichen Kanäle nicht zu durchsuchen braucht, um
karg das Leben zu fristen."

„O," rief er, „die Arbeit ist zwar schwer, mit mancherlei Gefahren verknüpft; aber sie lohnt reichlicher, als
manche andere. In diesem Schlamme finde ich oft werthvolle Sachen. Es gehört Muth dazu, die Erde zu durch-
wühlen und auf dem Grunde des Wassers zu suchen.

Mehr als einmal bin ich halbtodt an die Luft gekommen. Vorwärts, ich will für heute das Tagwerk schließen, sonst möchtest Du erfrieren, da Du halb nackt bist."

„Der Mann schritt voran. Oft kreuzten sich zwei Kanäle, deren Wasser hell sprudelte. Ich war erstaunt über die Bauten, welche die Engländer unter der Stadt ausgeführt. Das war ein Labyrinth von Gängen und Höhlen! Wer nicht Ortskenntnisse, ich möchte sagen einen Spürsinn besaß, wie mein Konstablerfeind, hätte wahrlich den Ausgang nicht gefunden, den wir nach einer Stunde erreichten. Von oben schimmerte Licht herab. Ehe ich die Leiter erstieg, mußte ich mich durch einen Trunk erquicken, denn eine Ohnmacht wandelte mich an."

„Halt, Freund, sagte der Bärtige, „so darfst Du nicht an das Licht treten."

„Warum?"

„Du trägst die Kleider des Gefangenen. Deine Jacke und Deine Hose kennt man überall."

„Was ist zu thun?" fragte ich bestürzt.

„Nimm meine Blouse und meinen Hut."

„Und Du, wackerer Freund?"

„Ich bin versorgt."

„Er gab mir die Blouse, die ich anlegte, und setzte mir den Hut auf den Kopf. Um die Täuschung vollständig zu machen, hing er mir auch die Tasche über die Schulter. Er selbst stand nun als ein Hafenarbeiter vor mir, eine wollene Matrosenmütze auf dem Haupte.

„So stiegen wir die Leiter hinan, und betraten eine schmale, von himmelhohen Häusern gebildete Gasse der City. Wie der Schlund aussah, den wir verlassen, weiß ich nicht mehr, ich erinnere mich nur, daß ich meinem Lebensretter zitternd am ganzen Körper durch ein unbeschreibliches Gewühl von Menschen folgte, bis wir den Themsestrand erreichten, wo die niedrige Volksklasse in scheußlichen Häusern wohnt. Durch eine schmutzige Thür gelangten wir in einen schmutzigen Hof. Wir stiegen zwei schmale Treppen hinan. Hier öffnete der Bärtige mit einem Schlüssel eine Thür und wir traten auf den Vorplatz einer freundlichen Wohnung, die man in dieser Gegend nicht gesucht haben würde. Ordnung, Reinlichkeit und Nettigkeit zeigten sich überall, selbst ein gewisser Grad von Wohlstand.

„He, Liddy!" rief der Mann des Kanals.

„Aus dem Zimmer trat ein reizendes, junges Mädchen. Es erschien mir wie eine Fee, die vom Himmel in eine traurige, finstere Welt gestiegen.

„Schon zurück, Vater Brag?" fragte erstaunt das holde Kind. „Ihnen ist doch kein Unglück zugestoßen?"

„Nein! Besorge ein Frühstück und bereite einen tüchtigen Grog. Wir müssen diesem armen Teufel Feuer in die Adern gießen, daß er nicht erfriert."

„Nun ward ich in ein warmes Stübchen geführt. Vater Brag verschwand, um nach zehn Minuten völlig umgekleidet wiederzuerscheinen. Er trug einen Schlafrock und Pelzpantoffeln.

„Hier sind Kleider," sagte er. „Gehe in die Kammer und lege den Plunder ab, der Dich brandmarkt."

„Ich fand zu meiner Verwunderung ein sehr anständiges Kostüm vor, das ich eilig anlegte. O, wie war mir zu Muthe, als ich den bürgerlichen Rock auf dem Leibe hatte."

„Ich kam in das Stübchen zurück."

Vater Brag rauchte eine Zigarre.

„Nenne mir Deinen Namen, mein Freund."

„Arnold!"

„Wunderst Du Dich nicht, daß ich mich Deiner so eifrig annehme?"

„Ich wagte es nicht mehr, den Alten Du zu nennen, er sah mir zu ehrwürdig aus. Derselbe Mensch, den ich in den Kanälen Londons angetroffen, glich in diesem Augenblicke einem behäbigen Geschäftsmanne. Und konnte ich auch, da der ergraute Bart das ganze Gesicht einnahm, wenig von den Zügen erkennen, so las ich doch in den großen Augen einen offenen gutmüthigen Charakter.

„Wenn ich bedenke," antwortete ich, „daß Sie mich in Ketten gefunden haben, und folglich für einen Verbrecher halten mußten, so . . ."

„Höre kurz meine Erklärung," unterbrach mich Vater Brag. „Ich selbst habe die beste Zeit meines Lebens im Gefängnisse verbracht, weil man mich eines Verbrechens

beschuldigt, das ich nicht begangen hatte. Auf die Versiche-
rungen meiner Unschuld gab man nichts, man glaubte
vielmehr der Denunziation eines Konstablers, der mein
persönlicher Feind war und mich vernichten wollte. Warum
wollte er mich vernichten? Weil er meine Braut liebte.
Aber meine Braut blieb mir treu. Als ich nach drei Jahren das Gefängniß verließ, ward sie meine Frau. Ich arbeitete am Hafen, ich arbeitete überall, wo es Geld zu
verdienen gab; leider reichte der Lohn meiner Mühen nicht
aus, Weib und Kind vor Entbehrung zu schützen. Ich versuchte Manches, nichts gelang. Mein theures, braves
Weib starb in Jammer und Elend. Da hörte ich, daß in
den Kanälen oft werthvolle Sachen gefunden werden. Ich
stieg hinab und fischte in den Kloaken, unter den Häusern
der reichen Leute. Einst fand ich ein Kästchen mit Gold und
Silbersachen, nachdem ich wochenlang mein Leben auf das
Spiel gesetzt hatte. Ich verkaufte den Fund und erhielt
eine hübsche Summe. Seit der Zeit bin ich heimisch geworden unter der Erde, habe manches werthvolle Stück
gefunden und manches Menschenleben gerettet. Was
hilft's? Das Leben meiner Frau habe ich nicht retten
können. Hast Du meine Lidby gesehen?"

„Ja! Sie ist ein reizendes Mädchen. "

„Glaube es wohl!" rief der Alte stolz und freudig.
„Aber sie ist auch gut und brav. Die Lidby, mein Freund,
habe ich mir ebenfalls aus dem Kanale geholt. Ich habe
allen Grund, anzunehmen, daß man sie hat aus der Welt

schaffen wollen und daß sie das Kind vornehmer Leute ist.
Genug, Libby ist jetzt meine Tochter und ich erziehe sie,
so gut ich kann. In ihr erblicke ich eine Vergeltung für
die vielen Trübsale, die ich unschuldig erlitten. Aber auch
der Konstabler hat seinen Lohn empfangen ... er wurde
von einem Gefangenen im Wagen niedergestoßen. Ein
solches Ende hat er verdient ... wer den Jammer so
vieler Leute auf dem Gewissen hat, kann eines ruhigen,
natürlichen Todes nicht sterben. Der Mensch hinterläßt
ein großes Vermögen. O hätte ich ihn doch damals erwürgt, als er mich vor das Tribunal schleppte! Die Welt
wäre längst von einem Ungeheuer befreit, das die größten
Verbrechen verübt, um ausgesetzte Belohnungen zu verdienen. Dem Gefangenen, der ihn im Kampfe niedergestoßen,
könnte ich warm die Hand drücken .. man wird ihn
wohl lebenslänglich einkerkern, wenn nicht gar hängen."

„Nun gab ich mich als den zu erkennen, der ich
eigentlich war.

Vater Brag umarmte mich wirklich. Dann rief er:
„Die Bank hatte dem eine Belohnung von fünfhun-
dert Pfund versprochen, der den Verbreiter von falschen
Banknoten ermittelt. Das war Wasser auf die Mühle des
Konstablers ... es mußte einer gefunden werden und
sollte man ihn aus der Erde stampfen.'

„Ich versicherte meine Unschuld.

„Glaube Dir, Freund!" rief Vater Brag. „Der
Konstabler und der Wirth spielten aus einer Karte und

theilten später den Gewinn. Hat man nicht auch falsche Noten in Deiner Tasche gefunden?"

„Ja!"

„Natürlich, man hat sie Dir hineingesteckt, um Dich zu überführen. Fünfhundert Pfund ist ein schönes Kapital, das man auf der Straße und in dem Kanale nicht findet. Da kommt das Frühstück! Trinken wir auf Deine Auferstehung und glückliche Reise!"

„Vater Brag war außer sich. Er trank sich, weil seine Rache endlich befriedigt war, einen tüchtigen Rausch an. Ich schlief den ganzen Tag. Am nächsten Morgen war ich frisch und munter.

„Arnold," sagte mein Wirth, „in London kannst Du nicht bleiben. Die Abendzeitungen schreiben zwar, daß ein zum Tode verurtheilter Verbrecher sich in den Kanal gestürzt habe und von der Wache erschossen worden sei, aber ich halte es doch für gerathen, daß Du reisest. Hier sind fünf Pfund; nimm dieses Felleisen und folge mir zum Hafen. Ich bin nur dann ruhig, wenn ich Dich in Sicherheit weiß."

„Nachdem ich mir den Bart glatt rafirt, Toilette gemacht und von der reizenden Libby Abschied genommen hatte, ging ich mit meinem Lebensretter nach der Themse. Ich bestieg einen französischen Dampfer, der mich, den Handwerksgesellen, nach Calais brachte. Es gelang mir, ohne Papiere nach Belgien und Deutschland zu kommen. Bei Nacht und Nebel schlich ich mich in die Vaterstadt. Her-

mann Möller war, wie immer verreist. Ich mußte weiter
wandern und betteln. Was sollte aus mir werden, da ich
es nicht wagen durfte, unter meinem wahren Namen aufzutreten? Wohin sollte ich mich wenden, wem sollte ich
mich entdecken? Nach mancherlei Mühseligkeiten erreichte
ich die Residenz, in der ich einen Jugendfreund wußte, dem
ich in glücklichen Zeiten manchen Dienst geleistet. Ich konnte
wohl sagen, daß er mir seine Existenz verdankte. Die Firma
„Karl Herbst," die ich suchte, war erloschen. Ein Briefträ-
ger, den ich anredete, sagte mir, daß Karl Herbst auf
irgend einem der Eisenbahnhöfe zu treffen sei, wo er den
Reisenden seine Dienste anbiete. Ich ging zu dem nächsten
Bahnhofe. Unter den Faullenzern, die an der Halle her-
umlungerten, befand sich ein Subjekt, das Aehnlichkeit
mit dem hatte, den ich suchte. Und wahrlich, es war
Karl Herbst, ein völlig verkommener Mensch, der mich mit
großen Augen anstarrte. Ich zog ihn bei Seite und nannte
mich ihm. Der Freund umarmte mich zwar, aber er bedauerte, mich nicht unterstützen zu können, da er selbst
kaum das liebe Brot für seine Familie verdiene. Das war
ersichtlich und betrübt rief ich aus: „Was beginne ich nun?
Auf Dich, Karl, hatte ich meine letzte Hoffnung gesetzt."

„Gehe doch zu Deiner Schwester," sagte der
Freund.

„Zu meiner Schwester?"

„Natürlich!"

„Wüßte ich nur, wo sie wäre."

„Sie wohnt ja in unserer Stadt. Siehst Du das große Haus, dem Bahnhofe gegenüber?“

„Das mit dem Balkon?“

„Dort wohnt Regina, die an einen steinreichen Mann verheirathet ist; sie hat mir oft einen Thaler und zuweilen auch mehr geschenkt. Seit langer Zeit habe ich sie nicht gesehen. Sie ist wohl mit ihrem Manne in ein Bad gereist.“

„So berichtete der Freund. Da ich mich in meiner Reisetoilette nicht zeigen konnte, auch nicht zeigen wollte, so übernahm es Karl Herbst, der einen leiblich anständigen Rock trug, Erkundigungen einzuziehen. Er wendete sich an den Portier und kam mit der Nachricht zurück, daß Herr und Frau Satler auf der Antoinettenruhe, ihrem Landsitze, wohnten. Zugleich beschrieb er mir die Gegend, in welcher die Antoinettenruhe lag.

„Karl,“ fragte ich, „weißt Du auch genau, daß Frau Satler meine Schwester ist?“

„Ich habe einige Male mit ihr gesprochen. Mache Dich getrost auf den Weg. Nach drei Tagen wirst Du das Ziel erreicht haben. Regina, dafür bürge ich, nimmt Dich schwesterlich auf, denn Glanz und Reichthum haben ihr das Herz nicht verhärtet.‘

„War der Rath des Freundes nun zwar auch gut, so ließ er sich doch schwer befolgen. Ich hatte nicht die kleinste Kupfermünze in meiner Tasche.

Diese Nacht bist Du mein Gast,“ sagte Herbst, der sich dankbar zeigen wollte. „Nimm vorlieb mit dem, was

meine Armuth bieten kann. Ein Nachtlager und ein Abendessen ist vorhanden. Aber warten mußt Du noch, bis der
nächste Zug ankommt; es ist möglich, daß ich noch
einige Groschen verdiene.'

„Was treibst Du, Karl?"

„Ich werbe Reisende für ein Hotel und mache den
Lohndiener; es ist ein trauriges Geschäft, oft vergehen
Tage, ohne daß ich einen Pfennig verdiene. Meine Frau
und meine Tochter arbeiten für dasselbe Modewaarenma-
gazin, das ich hier am Platze begründet. Ich hatte kein
Glück, der jetzige Inhaber des Magazins macht glänzende
Geschäfte."

„Und Dein Vermögen?"

„Haben die Gläubiger und Prozeßkosten verschlun-
gen. Man hat mir nicht einmal meine Möbel gelassen."

„Es war dunkel geworden. Man zündete die Gaſla-
ternen an. In der Bahnhalle ward es lebendig, da der Zug
signalisirt war. Herbst deutete mir einen Platz an, wo
ich ihn erwarten sollte. Ich setzte mich auf eine Stufe des
Perrons, denn ich war müde und matt. Den ganzen Tag
hatte ich tüchtig marschirt, ohne einen Bissen zu essen.
Mich plagte, ich kann es sagen, ohne zu übertreiben, der
Heißhunger. Vor einem Jahre noch hatte ich Tausende in
der Tasche, lebte wie ein Fürst in den ersten Hotels, und
heute lag ich, vor Hunger und Durst verschmachtend an
dem Perron eines Bahnhofes. Wo waren nun die Leute
die von den Früchten meiner gefährlichen Arbeit zehrten?

Hätte mich nicht die Hoffnung, die Schwester zu sehen, aufrecht erhalten, ich würde mich an jenem Abende in den ersten besten Fluß gestürzt oder vor die Räder einer Lokomotive gelegt haben. Wenn der unerbittliche Magen bellt, ist es mit der Philosophie zu Ende ... der Schnellzug kam an. In dem Getümmel verlor ich den Freund aus den Augen, der den Reisenden sein Hotel anpries. Bald ward ich aus meinen Sinnen geweckt.

„Komm, Arnold!" rief Herbst.

„Der Freund trug einen Reisekoffer auf der Achsel und folgte einem elegant gekleideten Herrn, der leicht und wohlgemuth die Stufen des Perrons herabsprang. Ich folgte dem Freunde so rasch, als ich konnte.

„Hotel de Pologne!" rief der Reisende.

„Zu dienen, gnädiger Herr," antwortete Herbst.

„Wo ist der Hotelwagen?"

„Hier! Hier!"

„Es war dunkel. Ich konnte das Gesicht des Reisenden nicht erkennen, aber Tausend gegen Eins hätte ich gewettet, daß die Stimme, die ich gehört, die Hermann Möller's sein müsse."

„Was sagst Du?" rief Regina. Die Stimme Hermann Möller's?"

„Höre nur weiter. Ich drängte mich an den Wagen, und sah dem Reisenden, der behäbig in den weichen Polstern lag, in das Gesicht. Trotz des krausen Bartes erkannte ich meinen Mann. Ich wollte ihn anreden. Der

Kutscher trieb die Pferde an und der Wagen rollte davon. Hätte mich Herbst nicht zurückgezogen, die Räder würden mir über die Füße gegangen sein.

„Was ist Dir, Arnold?" fragte Herbst. „Kennst Du den Reisenden?"

„Ich glaube Er muß ein Kaufmann sein, mit dem ich einst in Verbindung gestanden. Gewiß weiß ich es nicht."

„So beruhige Dich, Du wirst Gewißheit erhalten und wenn Du willst, diesen Abend noch. Wir treffen ihn in dem Hotel."

„Mehr durfte ich nicht verrathen. Herbst erfaßte meinen Arm und führte mich. Wir erreichten das Hotel, eines der ersten der Stadt. Ich fragte nach der Nummer des Zimmers, das der zuletzt angekommene Fremde bewohnt und ging ohne Weiters dorthin. Ich traf wirklich Hermann Möller. In froher Erregung eilte ich ihm entgegen, um ihm die Hand zu reichen. Das Erstaunen, das er zeigte, war wohl erklärlich. Um rasch zum Ziele zu gelangen, nannte ich meinen Namen. Statt, daß Möller, wie ich gehofft, mich in die Arme schloß, blieb er regungslos im Sopha sitzen.

„Das ist nicht möglich!" rief er.

„Betrachte mich, Hermann, betrachte mich doch nur!"

„Arnold Bauer ist in London gehängt. Die Zeitungen haben seine Hinrichtung verkündet."

„Ich bin wie durch ein Wunder dem Tode entronnen."

„Möller überlegte, wahrscheinlich, wie er sich mir gegenüber benehmen sollte."

„Was willst Du denn?" fragte er plötzlich.

„Hollah!" rief ich, „diesen Ton schlägst Du an? Was ich will, ich, der ich für Dich mein Leben gewagt habe?"

„Du hast einen Beamten ermordet, deshalb fällte man über Dich das Todesurtheil."

„Möller, ich fasse den Sinn Deiner Worte nicht... Nein, Du kannst mich nicht abschütteln wollen, gerade jetzt, wo ich Deiner Hilfe bedarf."

„Der Brave streckte ruhig die Hand aus und sagte:

„Mit einem Mörder habe ich keine Gemeinschaft. Nimm die Börse, die dort auf dem Tisch liegt und laß mich in Ruhe. Wir haben uns nie gekannt."

„Das war zu viel. Mir schwanden die Sinne. Ich mußte mich an einem Möbel halten, um nicht zu Boden zu sinken. Wäre ich nicht so kraftlos gewesen, ich hätte den Elenden erwürgt."

„Du willst keine Gemeinschaft mit mir?" stammelte ich.

„Unsere geschäftlichen Verbindungen, die Du schmählich gemißbraucht, sind aufgelöst. Freundschaftliche Beziehungen haben ja eigentlich nie zwischen uns bestanden, was willst Du denn noch? Bin ich Dir für irgend einen geleisteten Dienst Dank schuldig? Ich bin Dir oft gefällig gewesen... sei klug und laß mich in Ruhe."

„Freund Möller hielt seine Zigarre über die Flamme der Kerze und begann vornehm zu rauchen.

„Mensch!" rief ich, „fürchtest Du mich nicht!"

„Nein!"

„Ein Wort kann Dich verderben!" flüsterte ich ihm drohend zu.

„Versuche es."

„Banknotenfälscher!"

„Mörder! Dein Kopf hängt an einem Haare! Sei klug und zieh' den Kopf aus der Schlinge, noch ist es Zeit. Weißt Du, welche Stellung ich einnehme? Man wird Dich für wahnsinnig halten, wenn Du mich einen Banknotenfälscher nennst! Mir aber wird man glauben, wenn ich Dich als den Mörder des englischen Konstablers bezeichne. Nun gehe, und versetze mich nicht in die Nothwendigkeit, Dich verhaften zu lassen."

„Regina," fügte Arnold hinzu, „es gibt keine furchtbarere Marter für einen Menschen, als die Zeit, die zwischen der Verkündigung des Todesurtheils und der Vollstreckung desselben liegt. Ich mag sie nicht noch einmal durchleben. Jeder Tag ist eine Stunde, jede Stunde ist eine Minute. Ich kann mir den Kopf zerschmettern, aber nicht noch einmal den Henker im Gefängnisse erwarten. Deshalb schüchterten mich die Drohungen Möller's ein, deshalb entfernte ich mich, ohne den Schurken eines Blickes zu würdigen. Aber hier in meinem Innern kocht die Rache und ich kühle sie, diese Rache, sobald die Zeit dazu gekommen."

Arnold nahm seinen Platz wieder ein.

Die Erinnerung an das Benehmen Möllers hatte ihn dergestalt aufgeregt, daß er einige Augenblicke nach Fassung ringen mußte.

Regina, die Anfangs erstaunt, dann aber mit einem malitiösen Lächeln zugehört, wollte sprechen.

„Ich bin gleich zu Ende!" sagte Arnold, „dann theile mir Deine Meinung über die Verhältnisse mit. Herbst war ein armer Mann, aber er beherbergte und speiste mich. Den folgenden ganzen Tag mußte ich mich erholen, ich war wie gelähmt und verspürte ein gelindes Fieber. Frau Herbst pflegte mich nach Kräften. Auch den zweiten Tag verbrachte ich in der armen Familie, die das Wenige, was sie hatte, mit mir theilte. Ach, hätte ich mich nur aussprechen können! Ich mußte meinen Groll in mich ver- schließen und die guten Leute täuschen. Den dritten Tag hatte ich mich erholt und den vierten wanderte ich aus, versehen mit den wenigen Kupfermünzen, die mir Frau Herbst spenden konnte. Wenn ich je wieder in eine gün- stige Lage komme, so trage ich die Schuld der Dank- barkeit gegen die Familie Herbst glänzend ab.'

„Ueberlaß das mir," sagte Regina. „Herbst soll belohnt werden. Was er Dir, dem Bruder, gethan, hat er mir gethan!"

16*

„Recht so, Regina. Und haft Du einen Feind, so ist er auch der meinige."

„Wir sprechen später davon," sagte hastig die Dame. „Du kannst mir nützlich sein."

„Zähle auf Deinen Bruder!"

„Weiter! Weiter!"

„Am dritten Tage erreichte ich diese Gegend. Ich fragte mich glücklich durch bis in die Nähe des Dorfes Rodenfeld, das mir Karl Herbst, der den Portier Deines Hotels gefragt, bezeichnet hatte. Mehr als einmal mußte ich mich vor einer Gendarmenpatrouille verbergen, die mir in dem Forste begegnete. Es mußte etwas vorgefallen sein, denn auch Jäger und bewaffnete Bauern sah ich auf den Wegen, die durch den Forst zogen. Ich fürchtete, daß Möller mich verfolgen ließ. Die Wege meidend, stahl ich mich durch das dichteste Gebüsch, bis ich, ein glücklicher Zufall hatte mich geführt, das Gitter eines Parks erreichte. Da sah ich Dein Kammermädchen, das ich anredete. Du kamst. Während ich auf Deine Rückkehr wartete, kamen die Häscher wieder. Sie sahen und verfolgten mich. Um sie zu täuschen, lief ich in den Wald und fand endlich den Ort, den Du mir bezeichnet hattest. So bin ich denn nun hier und überlasse mich Deiner Führung. Ich habe Dir nichts mehr zu entdecken."

Arnold füllte ein Glas und leerte es hastig. Dann wartete er auf die Antwort seiner Schwester, die boshaft lächelnd die Spitzen ihrer kleinen Füße betrachtete.

„Möller! Möller!" flüsterte sie. „Das Benehmen dieses Mannes gegen Dich überrascht mich nicht. Möller ist ein furchtbarer, ein entsetzlicher Mensch!"

„Kennst Du ihn denn?" fragte erstaunt der Vagabund.

„Nach dem, was Du mir mitgetheilt hast, kenne ich ihn ganz."

„Schwester! Schwester!"

„Er hat nicht klug gehandelt, als er Dich abwies. Ich glaube den Grund zu kennen ..."

„Und dieser Grund ist?"

„Der Haß gegen mich. Starre mich nur an ... ich täusche mich nicht. Du wirst ihn bald bei uns sehen; dann beobachte ihn und sage mir, ob meine Vermuthung falsch ist"

Arnold war wie aus den Wolken gefallen.

„Möller kommt in dieses Landhaus?"

„Wir erwarten ihn. Er sollte schon längst eingetroffen sein. Der Besuch, den Du ihm abgestattet, mag wohl eine Verzögerung herbeigeführt haben. Arnold! ich ziehe Dich in ein wichtiges Geheimniß! Du mußt es wissen, damit Du Dich mit mir gegen den gefährlichen Mann verbinden kannst. Möller reist unter dem Namen Bruno Eichstädt. Er ist der Agent meines Mannes."

„Ist's möglich! Und zu welchem Zwecke reist er?"

„Um imitirte Banknoten unterzubringen."

Arnold erhob sich, betastete mit beiden Händen seinen

Kopf und starrte die schöne Frau an. Diese lächelte, als
ob sie sagen wollte: Begreifst Du nun, warum mir
Deine Ankunft erwünscht war?

„Und der reiche Herr Satler, der in der Residenz
ein großes Hotel besitzt, der wie ein Fürst auf seinem Landsitze lebt, dieser Herr Satler wäre ein Banknotenfälscher?"

„Nimm ihn, wofür Du willst: Er ist Negotiant, Groß-
händler, Rentier, Börsenspekulant und mein Mann. In den
bedeutendsten Städten Europa's hält er Kommanditen, die
Bruno Eichstädt bereist. Erlaß es mir, Dir das verzweigte
Geschäft näher zu beschreiben! nur soviel glaube mir, daß
es einen großen Gewinn abwirft, der auch Dir zu Gute
kommen soll. Bleiben wir bei den Familienverhältnissen,
die zunächst zu berücksichtigen sind. Bruno Eichstädt, wir
wollen ihn so nennen, ist durch mich mit meinem Manne
bekannt geworden. Wie dies geschehen, wirst Du später
erfahren. Er zeigte sich als den vollendeten Galanthomme,
war die Liebenswürdigkeit selbst, und schien das Vertrauen
zu verdienen, das wir ihm schenkten. Da sah er die Tochter meines Mannes aus erster Ehe ... Antoinette. Eine
glühende Leidenschaft für das schöne Mädchen erfaßte ihn.
Nur gezwungen trat er die nöthigsten Reisen an, weil er
durchaus in der Nähe der Angebeteten bleiben wollte.
Leider gewinnt Antoinette dem glühenden Liebhaber keinen
Geschmack ab; sie zeigt selbst einen unbesiegbaren Widerwillen und meidet es, von ihm zu sprechen, obgleich Herr
Satler das Heiratsprojekt als unabweisbar aufgestellt hat."

„Kennt Bruno die Abneigung Antoinettens?"

„Ohne Zweifel, denn er hat zu erkennen gegeben, daß er Alles aufbieten würde, um zum Ziele zu gelangen. Seit vorigen Winter ist er auf Reisen. Wir bezogen zeitig diesen Landsitz, um der leidenden Tochter Stärkung zu verschaffen. Ich hatte es übernommen, sie dem Willen des Vaters gefügig zu machen, aber alle meine Bemühungen scheitern an einer Hartnäckigkeit, die nach und nach beleidigend für mich wird. Ernste Maßregeln durften wir der Kränklichkeit Antoinettens wegen nicht ergreifen. Jetzt ist nun die Genesung so weit vorgeschritten, daß wir weniger Rücksichten zu nehmen brauchen. In der letzten Zeit habe ich nun aber eine Entdeckung gemacht, die wenig Aussicht auf Erfolg zuläßt. Antoinette liebt den jungen Arzt, der sie behandelt hat; sie liebt ihn eben so leidenschaftlich, als Bruno an ihr hängt."

„Teufel, das sind verwickelte Dinge!"

„Und gefährliche, denn bei Bruno's Charakter, dieses ausgemachten Egoisten, läßt sich Alles fürchten. Er hegte schon im vorigen Winter den Verdacht, daß mein Einfluß auf Antoinetten seine Pläne durchkreuze. Begreifst Du nun, daß der Haß gegen mich sein Benehmen, das er Dir gegenüber beobachtet, diktirt hat?"

„Ich begreife das. Aber mir wird auch klar, daß wir den Schurken abfertigen, für immer unschädlich machen müssen. Er weiß, zu welcher Handlung mich die Noth gezwungen; er kennt meine Vergangenheit ... dies Alles verwendet er als Einschüchterungsmittel . . . der Schurke darf dieses Landhaus nicht wieder verlassen, wenn er es einmal betreten hat. Satler bedarf der Dienste dieses Elenden nicht mehr, ich trete für ihn ein, so lange es nöthig ist."

Arnold zitterte vor Haß und Zorn. Er trank rasch einige Gläser Wein und ging erregt, das starke Haupthaar in den Nacken streichend, durch das Zimmmer.

Regina sah ihm mit vor Freude glänzenden Blicken nach.

„Bruder," bat sie leise, „nimm Deinen Platz wieder ein."

Als der Aufgeregte nicht hörte, führte sie ihn zu dem Sopha zurück.

„Du weißt noch nicht Alles." flüsterte sie. „Damit Du klar siehst, muß ich Dir noch mehr mittheilen."

„Was noch? Was noch?"

„Mein Mann zittert vor diesem Bruno, der ihn verderben kann. Er will ihn an unsere Familie fesseln, um ihn unschädlich zu machen. Ich habe ihm dieses Mittel als ein verfehltes bezeichnet, denn Bruno ist nicht der Mann, der Familienbande ehrt, er wird seinen Schwiegervater verrathen, sobald es sein Interesse erheischt, ich behaupte selbst, daß er seine Frau verleugnet, wenn er ihrer überdrüssig ist."

„Wie er mich, den Freund und Genossen, verrathen hat. Kennt Antoinette die Abhängigkeit ihres Vaters von diesem Schurken?"

„Nein; sie kennt auch die Erwerbsquelle nicht . . .

meinem Manne, der seine Tochter herzlich liebt, wird eine Zentnerlast vom Herzen genommen, wenn die Heirat nicht vollzogen zu werden braucht, zu der ihn die Angst treibt."

„Kommen wir zum Ziele," sagte Arnold kalt. „Was gedenkst Du zu thun?"

„Morgen Früh stelle ich Dich meinem Manne vor."

„In dieser Toilette? Ich sehe lächerlich aus . . ."

„Der Vorwand, der Dich entschuldigt, ist schon ge-funden. Deine Anwesenheit in diesem Hause muß geheim bleiben. Bruno wird nicht ausbleiben; denn Antoinette ist der Magnet, der ihn anzieht. Von seinem Benehmen soll es abhängen, wie wir ihn behandeln. Jedenfalls wirst Du Gelegenheit finden, Deine Rache zu kühlen."

Ein Posthorn ließ sich hören.

„Was ist das?" fragte Arnold emporspringend.

Regina hatte das Fenster geöffnet, das nach dem Felde hinausging.

Der Hornruf ließ sich noch einmal vernehmen.

„Ein Wagen hält an dem Gitter! Ich wette, daß Bruno kommt. Wir erwarten weiter keinen Gast."

„Und dieser kommt mitten in der Nacht . . ."

„Man öffnet das Gitter. Der Wagen fährt in den Hof . . . verhalte Dich ruhig, Arnold! ich gehe den Gast zu empfangen."

„Du wirst mir Nachricht bringen."

Regina hatte eine der Kerzen ergriffen und verließ hastig das Zimmer. Sie eilte über den Korridor die Treppe hinab. Auf der Hausflur trat ihr ein Mann in Reisekleidern entgegen, eine schöne, stattliche Erscheinung. Er zog die elegante Reisemütze und rief heiter:

„Frau Satler tritt mir als die erste entgegen ... das ist ein gutes Zeichen!"

Respektvoll küßte er ihr die Hand.

„Die Hausfrau heißt Herrn Bruno Eichstädt willkommen," antwortete sie mit einer tiefen Verneigung.

„Verzeihung, daß ich im Nachtmantel ..."

„Ich bin ja kein Fremder in diesem Hause. Leider konnte ich eine passendere Zeit nicht wählen ... die Sehnsucht trieb mich ... wie befindet sich Antoinette, meine Braut?"

„Die Landluft hat rasch die Genesung vollendet ... Antoinette kann gestärkt den Bräutigam empfangen."

„Diesen Abend noch?" fragte Bruno rasch.

Regina zuckte mit den Achseln.

„Ich glaube kaum. Meine Stieftochter hat wohl nicht erwartet, daß der Bräutigam so spät kommt."

„Und Herr Satler?"

Der Genannte erschien im Schlafrocke. Mit ausgebreiteten Armen empfing er den späten Gast und duldete es, daß dieser ihn küßte.

Ein Judaskuß, dachte Regina, die leise zitternd den schönen Mann betrachtete.

Die drei Personen betraten den Empfangssaal. Nach einem kurzen Gespräche entfernte sich Re-

gina, unter dem Vorwande, den Domestiken Befehle zu
ertheilen.

„Was für Nachrichten bringen Sie?" fragte Herr
Satler.

„Nur gute. Die Geschäfte floriren . . ."

„Genug! ich bin für diesen Abend zufriedengestellt.
Sie sind müde von der Reise . . . morgen sprechen wir
mehr. Ihre verspätete Ankunft hat mir Besorgniß erregt."

Bruno unterbrach den Alten bedauerlich lächelnd mit
den Worten:

„Setzen Sie kein Vertrauen mehr in meine Gewandtheit? Meine Liebe zu Antoinetten mag Ihnen Bürgschaft
sein, daß ich alle Klugheit, alle Erfahrung, selbst mein
Leben daran setze, die mir übertragenen Geschäfte glorreich
zu Ende zu führen. Ich habe meine glühende Sehnsucht
bekämpft . . . der Geschäfte wegen."

„Brav Bruno!" rief Satler, dem Freunde die Hand
schüttelnd.

„Aber nun beruhigen Sie auch mich."

„Was kann ich thun?"

„Daß Antoinette nicht mehr leidet, habe ich bereits
erfahren; was ist sonst zu meinen Gunsten geschehen?" fragte
Bruno, den glühenden Blick fest auf den Alten gerichtet.

„Wir haben Antoinette vorbereitet . . ."

„Und?"

„Vollenden Sie das angefangene Werk. Ich hoffe, Sie
werden dieses Landhaus als mein Schwiegersohn verlassen."

„Sie hoffen es nur?"

Herr Satler lächelte verlegen. Er ergriff die Hand des künftigen Schwiegersohnes und sagte:

„Die Erfüllung meines sehnlichsten Wunsches hängt von Ihnen ab ... Antoinette beugt sich der Autorität des Vaters, von dem sie weiß, daß er es herzlich gut mit ihr meint. Halten Sie dem muthwilligen Kinde die Jugend zu Gute. Es schätzt meinen Freund und Geschäftsgenossen und wird ihn bei näherer Bekanntschaft bald lieben. Meinen Willen kennen Sie. Er bleibt unabänderlich. Nun überlassen Sie sich der Ruhe, mein lieber Freund; es ist schon spät in der Nacht."

Nachdem Regina die nöthigen Befehle ertheilt, hatte sie das Zimmer ihres Bruders wieder aufgesucht.

„Bruno Eichstädt ist da!" flüsterte sie hastig.

„Gut, so bleibe ich verborgen."

„Ich kann also auf Dich zählen?" fragte Regina erregt.

„Wie die Schwester auf den Bruder. Sage Deinem Manne, daß ich diesen Bruno ersetze, wenn er verschwinden sollte. Die arme Antoinette braucht nicht geopfert zu werden."

Befriedigt betrat Regina ihr Schlafzimmer.

„Wie kalt war sein Gruß, flüsterte sie; ich kann wohl sagen, wie höhnend war seine Artigkeit! Versuche Dein Heil, Elender ... betrogene Liebe verwandelt sich schnell in Haß! Er ist doch ein schöner Mann; aber ein Mann mit einem schlechten Herzen. Was verliere ich an ihm? Nichts! Nichts! Ach, könnte dieser Gedanke mir Trost bringen, könnte dieses Nichts mir die Ruhe zurückgeben, die der Verräther mir geraubt hat! Vielleicht finde ich Beruhigung in der befriedigten Rache. Wie eifrig er nach der Braut fragte, die ihn zurückstößt ... und mich fragte er! Bruno, Deine Hochzeit wird nie stattfinden! Nie! Nie!

Sie entkleidete sich und schlüpfte in das seidene Bett.

Herr Satler saß gedankenvoll in seinem Schlafkabinete.

„Was beginne ich?" murmelte er vor sich hin. Soll ich Antoinetten meine Lage eröffnen, um sie den Wünschen Brunos geneigt zu machen? Dieser kalte, energische Charakter erfüllt mich mit Entsetzen! Antoinette, seine Frau ... es ist ein Unglück, daß dieser Mensch sie gesehen hat! Trage ich doch selbst die Schuld ... ich wollte den mir unentbehrlichen Mann an meine Familie fesseln, wollte mir einen zuverläßigen Freund schaffen, der die heiligsten Interessen mit mir theilt ... ich sehe es klar, er ist kein Mann für meine Tochter ... und doch muß ich sie zwingen, weil er mich zwingt! Jedes abmahnende Wort ist verloren, denn die Leidenschaft verblendet ihn. Was wird die Zukunft, was wird der nächste Tag schon bringen?"

Der Mann, der in den schwierigsten Lagen des Lebens einen eisernen Muth gezeigt, zitterte jetzt vor der Entwicklung der von ihm selbst gestalteten Verhältnisse. Er konnte nicht ruhen. Langsam ging er auf und ab.

Plötzlich, als ob ein Gedanke ihn dazu triebe, ergriff er die Kerze und verließ das Gemach. Nachdem er mehrere Tapetenthüren mit einem Schlüssel geöffnet, den er aus der Tasche geholt, betrat er in dem Augenblicke das Zimmer seiner Frau, als diese sich in die Decke hüllte.

„William!" rief eine Stimme in dem Alkoven.

„Ich bin es!"

„Warum ruhest Du nicht?" fragte Regina, die sich emporgerichtet hatte.

William stellte die Kerze auf den Tisch.

„Weil mir Besorgniß den Schlaf verscheucht. Opfere mir eine halbe Stunde, liebe Frau; ich muß mit Dir berathen, wenn ich die Nacht nicht völlig schlaflos verbringen will.

Der sorgenvolle Mann hatte sich auf einem Stuhle vor dem Bette niedergelassen.

„Ich lese es in Deinen Zügen, William ... Eichstädt hat Dir gedroht."

„Wenn auch nicht mit dürren Worten, so doch mit Andeutungen, die Alles fürchten lassen. Es scheint, als ob er den Verdacht hegte, wir täuschten ihn, hätten Antoinette nicht genügend vorbereitet ... suchten ihn hinzuhalten. Er fragte selbst, ob außer ihm noch ein Gast in unserem Landhause wäre. Zu dieser Frage hat ihn die Eifersucht veranlaßt. Er sah mich mit seltsamen, forschenden Blicken an, als ich ihm versicherte, es befinde sich keine fremde Person unter meinem Dache. Regina, was beginnen wir, wenn Antoinette ihre Abneigung, und diese läßt sich nicht hinwegläugnen, unumwunden erklärt? Nach dem, was Du mir heute mitgetheilt, müssen wir dies fürchten."

„Allerdings; meine Bemühungen sind völlig gescheitert. Ich stehe mit Antoinetten auf dem Kriegsfuße. William, hast Du die Thüren verschlossen?"

„Ja, mein Kind!"

„Gut, so beantworte mir meine Fragen. Es bringt zwar die Natur der Sache mit sich, daß Eichstädt in Deine tiefsten Geheimnisse eingeweiht ist; er ist ja auch betheiligt bei denjenigen Handlungen, die uns zu verderben, zu veröffentlichen droht . . . aber hat er nicht dieselbe Gefahr zu fürchten, die uns treffen kann?"

„Nein!" sagte William finster.

„Wie ist das möglich? Eichstädt ist als Dein Agent thätig gewesen."

„Wohl wahr; aber er ist frei wie der Vogel in der Luft. Seinen Gewinnantheil trägt er in Papieren bei sich, der meinige steckt größtentheils in Grundstücken, die ich angekauft, um durch meinen Reichthum die Welt zu blenden. Ich bin der Theilhaber einer Fabrik in Liverpool, bin mit einem Bankhaus in Paris associrt . . . ich kann nicht über Nacht einpacken und morgen Früh abreisen. Ich müßte dann mit einem so geringen Kapitale flüchten wollen, das uns nur eine sehr bescheidene Existenz gestattet. Und wenn man mich verfolgt . . .

„Genug, unterbrach ihn Regina. Ich begreife, daß wir uns schützen müssen.

„Eichstädt hat uns in seiner Gewalt.“

„Nicht so ganz, als Du glaubst. Wenn nun, fragte Regina, die ihren Kopf auf den schönen Arm stützte, wenn nun Eichstädt unschädlich gemacht ist ... gibt es dann noch einen Menschen, den wir zu fürchten hätten?“

„Außer Bertram keinen,“

„Und wie ist Bertram dem Agenten gesinnt?“

„Er theilt meine Befürchtungen.“

„Wohlan, so beruhige Dich. Eichstädt soll Dir nicht schaden. Ich habe Mittel beschafft, ihn ungefährlich zu machen.“

„Du, Regina, Du? rief Herr Satler überrascht. Wie wäre Dir möglich gewesen, was mir ...“

„Höre kurz den Stand der Dinge. Antoinette ist tief zu beklagen, wenn sie dem Agenten die Hand reichen muß, denn sie liebt den jungen Arzt, der sie hergestellt hat. Wir können nicht fordern, daß das arme Kind sein ganzes Leben opfert. Ich habe mit schwerem Herzen mich kalt und gebieterisch gezeigt, habe mit Widerwillen die Vorzüge des Mannes geschildert, dem ich längst gemißtraut. Die Wendung, die diese traurige Angelegenheit genommen, habe ich vorausgesehen und Vorkehrungen getroffen. Der Agent fragte, ob ein zweiter Gast sich im Hause befände?“

„Ja.“

„Wir haben einen Gast, William!"

„Wen?"

„Meinen Bruder. Arnold ist angekommen. Ich verberge ihn in meiner Garderobe. Arnold ist ein Todtfeind jenes Agenten, der ihn schwer beleidigt, arg betrogen hat. Und damit Du Alles weißt, erfahre noch: auch mein Bruder ist von Bruno bedroht; er muß den gefährlichen Menschen vernichten, wenn er ruhig leben will. Sollen wir ferner noch in der peinlichen Angst vor dem Verräther schweben? Als die Gendarmen den flüchtigen Verbrecher suchten, habe ich Todesqualen gelitten. Wir werden ja der Früchte nicht froh, zu denen wir unter Angst und Pein den Samen gelegt. Was nützt der Reichthum, den wir nicht genießen können? Wie wir jetzt leben, sind wir arme, arme Menschen! Ein kühner Streich macht uns glücklich! Sollen wir feig in der Gewalt Eichstädt's bleiben? Sollen wir geduldig die Tyrannei dieses Menschen ertragen? Er wird noch weiter gehen; er wird uns als Sklaven behandeln und Dinge fordern, die wir kaum gewähren können."

„Aber was sollen wir thun?" fragte William. „Oder vielmehr was können wir thun?"

„Das, mein lieber Freund, will ich Dir sagen. Wir stellen uns schüchtern und nachgiebig, um zu sehen, wie weit es der boshafte Mensch treibt. Er wird sich bald in seiner ganzen Abscheulichkeit zeigen. Von der Anwesenheit meines Bruders, den er fürchtet, darf er keine Ahnung erhalten. Unser Landhaus birgt das Geheimniß der Notenfabrikation; wir können ihm auch ein zweites anvertrauen, das nicht minder wichtig ist. Besorge ruhig den Verkauf Deiner Grundstücke, ziehe Deine Gelder aus den verschiedenen Geschäften zurück und bereite unsere Auswanderung vor. Wir können länger hier nicht bleiben. Das ist mein Rath."

„Und ich werde diesen Rath befolgen. Stelle mir morgen Früh Deinen Bruder vor, daß ich ihn willkommen heiße. Nimm meinen Dank, Regina, für die Sorge, der Du Dich unterzogen."

Sie reichte ihm lächelnd die Hand und fragte:

„Sind Deine Interessen nicht die meinigen? Ist es mir nicht Pflicht, für unsere Sicherheit, für unser Glück zu sorgen? Ich weiß es wohl: das Leben ist ein steter Kampf mit Menschen und Verhältnissen . . . ich kämpfe treulich an Deiner Seite, bis es uns vergönnt ist, des Friedens theilhaftig zu werden. Nun schlafe ruhig, William. Dem Klugen und Muthigen wird doch endlich der Sieg."

Herr Satler war tief gerührt. Er küßte schweigend seine Gattin und ging, um das Bett aufzusuchen.

Sechstes Kapitel.

Der Agent.

Die Bewohner der Antoinettenruhe begrüßten den prachtvollen Sommermorgen spät und in trüber Stimmung. Nur Bruno Eichstädt, der Agent, schien guter

Laune zu sein. Geschmückt wie ein Ballgast machte er eine Promenade durch den Park. Er war wirklich ein schöner Mann. Schlank, kräftig gewachsen, mit einem regelmäßigen männlichen Gesichte, das von einem krausen, schwarzen Barte eingerahmt ward, ging er mit dem stolzen Anstande eines Kavaliers, der sich seines persönlichen Gewichtes bewußt, durch die reizenden Anlagen, die frisch duftend das elegante Landhaus umgaben. Nachlässig pflückte er von den Blumen die schönsten, die auf den üppigen Beeten blühten.

Hinter der blaßgelben Gardine eines der Fenster des ersten Stockes lauschte verstohlen ein Kopf in den Park hinab. Es war der Kopf Arnolds. Die glühenden Blicke des Vagabunden verfolgten den Spaziergänger, der einen Blumenstrauß für seine Braut pflückte.

Arnold lächelte höhnend; seine weißen Zähne schimmerten durch den schwarzen Bart.

„Wie stolz, wie zufrieden der Schurke sich zeigt! Mein Leben hätte sicher eine andere Richtung genommen, wenn ich dem Einflusse dieses Menschen nicht ausgesetzt gewesen wäre. Und nun tritt er zurück, schüttelt mich ab wie einen lästigen Hund ... das ist Wahnsinn, wenn es nicht Uebermuth oder Verworfenheit ist! Geduld, Freund, bald sollst Du mir Platz machen!"

Ein Geräusch störte ihn. Als er sich wandte, standen Herr Satler und Regina vor ihm.

Bruno Eichstädt unterbrach plötzlich seinen Spazier-

17*

gang. Er sah nach dem Altane, auf dem sich die weiße Gestalt einer jungen Dame zeigte, die nachdenkend, den Kopf auf die Hand gestützt, an dem Marmorgeländer stand.

„Antoniette! rief er leise. Wie schön, wie wunderbar schön sie ist! Ich werde die Gelegenheit benutzen, mich ihr vorzustellen und zu sondiren. William liebt wie ein alter Narr seine üppige Frau und Regina leitet den verliebten Narren. Was ich von ihr zu hoffen habe, weiß ich . . . trotzdem aber werde ich mein Ziel erreichen. Ich beherrsche alle diese Menschen, die bei jedem Hauche, der über meine Lippen kommt, zittern müssen. Sehen wir zu, wie weit man die Braut auf meine Ankunft vorbereitet hat."

Er rief einen Diener und ließ sich von diesem nach dem Altane führen.

Antoinette sah unverwandt nach dem Parke hinaus; sie hatte den Eintritt des Agenten nicht bemerkt. Bruno verschlang mit den Blicken die reizende Gestalt, die wie hingegossen auf der Marmorbrüstung lehnte. Mit einem Wonneschauer sah er die Fülle der dunklen Locken auf die schneeweißen Schultern herabquellen; er sah die feine elastische Taille der schlanken und eleganten Gestalt; er sah das Profil des schönen, edlen Gesichts und das zarte Händchen, das sich an das runde Kinn gelegt hatte.

Wollte die sinnende Antoinette ihn nicht bemerken oder hatte sie wirklich ihn nicht bemerkt? Und wenn das

Letzte der Fall, woran dachte sie? In ihren Zügen malte
sich eine Art Melancholie, ein stiller Seelenschmerz, der den
Agenten zur Eifersucht reizte. Wenn Antoinette einen
Andern liebte! Bei diesen Gedanken bebte Bruno unwill-
kürlich zusammen. Er sprach den Vorsatz, das Aeußerste
zu wagen, um an das ersehnte Ziel zu gelangen, nicht aus,
aber man las ihn in seinen Mienen, in seinen Blicken. Er
mußte sich gestehen, daß Antoinette noch reizender, daß sie
eine Dame geworden, deren Besitz den anspruchvollsten
Mann befriedigen würde.

Mit einem tiefen Seufzer erhob sich Antoinette und
trat von dem Geländer zurück. Als sie den Gast erblickte,
ward ihr Gesichtsausdruck plötzlich ein anderer. Ihr
Auge blitzte, ihre feinen Lippen zuckten wie stolz und
höhnend.

Bruno, der nun in das wunderbar schöne Gesicht
schaute, verneigte sich wie geblendet.

„Hat man Fräulein Antoinetten mein Eintreffen gemeldet?“ fragte er.

„Ich glaube!“

„Sie glauben es?“

„Petrine, das Kammermädchen sprach davon.“

„Ah, das Kammermädchen!“

„Ich hatte diesen Morgen noch nicht Gelegenheit,
Madame Satler oder meinen Vater zu sprechen.“

„So glauben Sie, daß Bruno Eichstädt selbst sich
Ihnen vorstellt.“

Er ergriff ihre Hand und drückte leise einen Kuß auf
die rosigen Fingerspitzen.

Antoinette ließ es mit dem Stolze einer Königin geschehen. Dann sank sie nachlässig auf einen der prachtvollen Sessel, die in dem kühlen Raume standen.

So empfing eine junge Dame den Mann nicht, den
man ihr als Bräutigam bezeichnet hatte. Bruno betrachtete bitter lächelnd den duftenden Blumenstrauß, den er in
der Hand hielt. Er glaubte in dem Benehmen Antoinette's den seinen Wünschen entgegenstrebenden Einfluß
Regina's zu erkennen.

„Es hat sich wohl Manches geändert, während ich
mich auf Reisen befand?"

„Ich wüßte nicht!" warf Antoinette gleichgiltig hin.
„Wir haben einen Tag wie den andern gelebt . . . Doch
ja . . meine Krankheit, von der ich kaum genesen, hat eine
Veränderung der Monotonie bewirkt . . . "

„Wie, Sie sind krank gewesen?"

„Jetzt bin ich Rekonvaleszentin."

„Und man hat mir Nichts davon geschrieben!" rief
Bruno mit Entrüstung.

„Die Krankheit war nicht gefährlich."

„Ich möchte Ihrem Vater zürnen, der doch weiß,
daß ich den innigsten Antheil an dem Geschicke seiner Tochter nehme. Hätte ich die leiseste Ahnung davon gehabt,
ich würde nicht einen Augenblick gezögert haben . . "

„Sind Sie denn Arzt geworden?" fragte Antoinette die Falten ihres weißen Kleides ordnend.

Bruno biß in die Spitzen seines Bartes. Nachdem er einige Augenblicke überlegt, antwortete er:

„Erlauben Sie mir, mein Fräulein, die Bemerkung, daß ich aus Rücksicht auf Ihren Vater meine Beschäftigung nicht ändere. Höre ich auf Geschäftsmann zu sein, so würde es Niemand mehr beklagen als Herr Satler, der seine Angelegenheiten nur in die Hand eines erprobten Freundes legen kann. Ich weiß nicht, ob er je Ihnen Andeutungen gemacht . . ."

„O, gewiß! Mein Vater ist stets des Lobes über Sie voll gewesen."

„Und Ihre Mutter?"

„Theilt natürlich die Ansicht ihres Gemals."

„Aber Sie?" fragte Bruno fast heftig.

„Mein Gott, wie kann ich über Dinge urtheilen, die mir fremd sind!"

„Bin ich Ihnen fremd?"

„Wir sprechen von Geschäftsangelegenheiten, mein Herr!"

„Hat Ihr Vater nie von mehr als von meiner Geschäftsthätigkeit zu Ihnen gesprochen?"

Ein leichtes Roth erschien auf den weißen Wangen Antoinetten's.

„Sie sondiren, Herr Eichstädt!" flüsterte sie mit der blauen Bandschleife spielend, die ihren Busen schmückte.

Bruno rollte einen Seſſel heran und ließ ſich nieder.

„Habe ich keine Veranlaſſung zu ſondiren? fragte er zärtlich. Sie ſind Rekonvaleszentin, Ihre Geſundheit geht mir über alles in der Welt . . . müßte ich nicht fürchten, eine Aufregung in Ihnen hervorzurufen, die ſchaden könnte, ich würde dem Drange meines Herzens folgen . . . Nein, Antoinette, Sie ſelbſt mögen die Initiative ergreifen . . . für jetzt geſtatten Sie mir, daß ich Ihnen als Zeichen meiner aufrichtigen Verehrung dieſen Strauß überreiche . . .“

Und er legte den Strauß, nachdem er ihn geküßt, in ihren Schooß.

„Ich nehme ihn an,“ ſagte die junge Dame nach einer kurzen Pauſe.

„O Dank, Dank!“

„Verzeihung, Herr Eichſtädt hat Anſprüche auf meine Dankbarkeit. Und dieſe gedenke ich zu bethätigen.“

„Wie?“ fragte der Agent geſpannt.

„Indem ich mit Ihnen von dem Projekte meines Vaters ſpreche.“

„Vorausgeſetzt, daß Ihne jede Erregung fern bleibt. Sie ſind Rekonvaleszentin . . .“

„Ich werde mich bemühen, ſo ruhig als möglich zu ſprechen.“

„Antoinette, die Sehnſucht nach Ihnen hat mich faſt verzehrt . . . hätte ich gewußt, daß Sie leidend geweſen, ich würde zu Ihnen geeilt ſein, und hätte ich den Weg von einem Ende der Erde bis zu dem andern durchmessen müssen. Setzen Sie nicht auf Rechnung meiner Gleichgiltigkeit, was ich aus Unkenntniß unterlassen. Der Drang, Ihrem Vater zu dienen, Alles zu thun, was den Wohlstand und die Ruhe Ihrer Familie hebt, nur dieser Drang allein vermochte die Sehnsucht nach Ihnen zu bekämpfen. Hatte ich ein Geschäft eingeleitet, so sagte ich mir: für Antoinette! Lag der Gewinn eines geschlossenen Geschäfts vor mir, so sagte ich wiederum: für Antoinette; Ich war in Ihrem Dienste thätig . . ."

Die Dame konnte ihre Unruhe nicht mehr bemeistern.

„Mein Herr, Sie haben mir die Initiative überlassen!" unterbrach sie ihn hastig und ängstlich.

Betroffen schwieg der Agent.

„Es ist wahr!" sagte er nach einer Pause.

„Nun, so bitte ich Sie, mich anhören zu wollen."

Bruno verneigte sich.

„Verzeihung, mein Gefühl riß mich fort! Sprechen Sie, sprechen Sie!"

„Ihre Worte haben mich belehrt, daß Sie das Projekt meines Vaters kennen. Man hat mit Gewalt gedroht, wenn ich mich nicht füge . . . Es könnte dies meinen Stolz verletzen, da man mich für eine zur Disposition gestellte Waare betrachtet . . ."

„Welche Ansicht!"

„Aber ich habe geschwiegen, weil ich mich Ihnen entdecken wollte."

„Das ist ein Vertrauen, dessen ich mich würdig zeigen werde."

„So rathen Sie meinem Vater, daß er den Heiratsplan aufgibt. Sie werden, Herr Eichstädt, einem Mädchen die Hand nicht reichen wollen, das Ihnen nie in Liebe angehören kann."

Bruno fand keine Worte, seine Verwunderung auszudrücken. Er starrte Antoinetten an, die ihre Locken zurückwarf und mit Entschiedenheit hinzufügte:

„Wenn Sie mich nach dem Grunde dieser offenen Erklärung fragen, so antworte ich: die Freiheit geht mir über Alles; ich will nach eigener Wahl meine Hand verschenken. Wähnen Sie nicht, daß ich Sie kränken will, denn ich achte den Freund meines Vaters. Und eben weil ich ihn achte, weil ich ihn für einen Ehrenmann halte, bitte ich ihn, mich gegen die Tyrannei meines Vaters iu Schutz zu nehmen."

Diese Wendung der Dinge hatte Bruno nicht erwartet.

„Was fordern Sie von mir!" rief er aus.

„Sollte ich mich in Ihnen getäuscht haben?"

„Ich kann für Sie sterben, Antoinette!"

„Um so leichter wird es Ihnen werden, meinen Vater zu bestimmen."

Bruno faltete die Hände und bat:

„Antoinette lernen Sie mich näher kennen! Es gibt keinen Menschen auf der Erde, der Sie inniger lieben kann, als ich Sie liebe! Die glühendste Sehnsucht nach Ihnen,

der ich Sie lange im Stillen angebetet, hat mich zurückge-
trieben Ich besitze das Versprechen Ihres Vaters ..."

„Halt, mein Herr!" unterbrach ihn Antoinette.
Schildern Sie mir Ihre Gefühle nicht; ich kann sie nicht
erwiedern! Wozu soll ich Hoffnungen anregen, die nie in
Erfüllung gehen? Der Geschäftsfreund braucht nicht zugleich Schwiegersohn meines Vaters zu sein. Eben so umgekehrt ... Sie finden wohl eine Dame, die Ihnen mit
der Hand zugleich das Herz bietet. Ich kann nie Ihre Gattin werden! Geben Sie meinem Vater das Versprechen
zurück!" fügte sie fast befehlend hinzu.

Antoinette war so erregt, daß sie am ganzen Körper
zitterte.

Bruno war ruhig geblieben. Ein fürchterlicher Groll
kochte in seinem Innern, als er die Erregung des jungen
Mädchens sah, das er leidenschaftlich liebte.

„Habe ich Sie denn beleidigt?" fragte er. „Habe
ich Ihnen sonst Anlaß gegeben, daß Sie mich verachten
müssen? Sie halten es nicht der Mühe werth, mich näher
kennen zu lernen; Sie weisen mich mit einer Entschiedenheit zurück, die auf einen reiflich überlegten Vorsatz schließen läßt ... gestehen Sie es nur: Sie handeln nach
Prinzipien! Ich fordere nicht, daß Sie mich sofort lieben;
aber indem Sie Ihren Haß aussprechen, indem Sie mir
die Aussicht abschneiden ..."

„Ich hasse nicht! rief Antoinette. Muß man denn
hassen, wenn man nicht liebt? Beweise meiner Achtung

habe ich Ihnen gegeben, indem ich Sie gebeten, mich gegen
den Vater in Schutz zu nehmen ... Sie wollen es
nicht ..."

„Weil ich nicht kann! Soll der Gefesselte den Gefes-
selten befreien? Soll der Ohnmächtige dem Ohnmächtigen
Hilfe bringen? Ich kann nicht gegen mich selbst wüthen,
ohne mich zu zerfleischen."

Mit der Heftigkeit ihres Charakters rief Antoinette:

„Dasselbe gilt von mir! Sie sind ein Mann; ich
bin ein schwaches Weib! Wollen Sie die Partei, die gegen
mich ist, verstärken? Sagen Sie es, mein Herr, sagen Sie
es nur! Ich lese in Ihren Mienen, daß ich kein Gehör
finde ..."

„Antoinette, ich kann Sie nicht aufgeben! Noch einmal: haben Sie Mitleid mit mir ... lernen Sie mein
Herz kennen, das in grenzenloser Liebe Ihnen zugethan ist.
Verwerfen Sie mich nicht, ehe Sie wissen, daß ich ver-
worfen zu werden verdiene. Beobachten Sie mich, lernen
Sie mich kennen, stellen Sie mich auf Proben, die meinen
Charakter, meine Liebe darthun ... ich verlange ja jetzt
noch keine Erklärung, kein bindendes Versprechen ... geben Sie mir nur die Versicherung, daß Sie die Neigung,
die in ihrem Herzen für mich entstehen könnte, nicht unterdrücken wollen. Ich liebe so wahr und aufrichtig, daß
mein Bestreben, Ihre Theilnahme zu gewinnen und zu
fesseln, gewiß nicht ohne Erfolg bleiben wird. Antoinette,
welch' eine herrliche Zukunft stände uns bevor, wenn das

geschäftliche Band, das mich an Ihren Vater knüpft, durch Ihre Hand geheiligt würde. Der Sohn wagt und arbeitet für den Vater, der Gatte für die Gattin, die er auf die höchste Stufe des Glücks erheben möchte! O, sehen Sie mich nicht so kalt an bei diesen Ergießungen, die aus einem leidenschaftlich liebenden Herzen kommen ... Ermuthigen Sie mich nur durch ein Wort, durch einen Blick ...

„Ich müßte lügen, wollte ich Sie ermuthigen!" rief Antoinette. „Ein falsches Weib erweckt in dem Manne Hoffnungen, die nie in Erfüllung gehen. Ich mag alle Fehler meines Geschlechts besitzen ... den der Verstellung besitze ich nicht. Glauben Sie mir, ich kann aus Neigung nie die Ihrige werden, und gegen Zwang lehne ich mich mit allen Kräften auf! Ich hasse den Zwang und wenn er von meinem eigenen Vater geübt wird! Ist die Freundschaft des Vaters zu Ihnen größer als die Liebe zu seiner einzigen Tochter, so würde ich mich der Spekulation durch einen Gewaltschritt entziehen und müßte ich darüber zu Grunde gehen. Nennen Sie mich stolz, hartherzig, zeihen Sie mich unüberlegten Handelns ... ich kann nicht anders, auch wenn ich wollte."

Antoinette erhob sich und wandte sich dem Ausgange zu.

‚So wollen Sie mich verlassen?" fragte Bruno, sie bei der Hand sanft zurückhaltend.

„Ueberlegen Sie ruhig meine Worte, und Sie werden finden, daß ich Recht habe."

„Verzeihung, wenn ich in diesem Augenblicke schon widerspreche. Es gibt Verhältnisse, die eine Dame, auch wenn sie die scharfsinnigste von der Welt wäre, nicht beurtheilen kann. Zu diesen gehört mein Verhältniß zu dem Hause Satler. Ihr Vater hat es mir überlassen, bei Ihnen mein eigener Anwalt zu sein ... gestatten Sie mir, daß ich von der Erlaubniß Gebrauch mache ... Doch nein, ich kann es noch nicht ..."

„Was hindert Sie?"

„Die Liebe, die Sie in mir entzündet haben ... der glühende Wunsch, Sie glücklich zu sehen!"

„Mein Gott," rief Antoinette mit der Reizbarkeit der Rekonvaleszentin, „wollen Sie mich denn nicht verstehen? Ich kann nun einmal mein Heil nicht von Ihnen erwarten."

Sie wollte zum zweiten Male gehen.

„Fräulein Satler!" rief Bruno.

Er hatte die Arme gekreuzt und sah die junge Dame mit durchbohrenden Blicken an.

„Sie weisen mich ab wie einen lästigen Bettler!" murmelte er.

„Verzeihung, ich will ein Gespräch nicht fortsetzen, das für beide Theile peinlich ist."

„Lieben Sie Ihren Vater?" fragte Bruno.

„Herr Eichstädt!"

„Lieben Sie Ihren Vater?" wiederholte er dringender.

Es lag eine Drohung in dem Tone, den er angeschlagen. Und dabei lächelte er wie ein Satyr.

„Ich habe mich stets bemüht, eine gute Tochter zu sein."

„Verharren Sie in diesen Bemühungen."

„Mein Herr, ich habe Sie nicht um Rathschläge gebeten . . ."

Der Agent war ihr so nahe getreten, daß er an ihrem Ohre flüstern konnte:

„Trotzdem rathe ich Ihnen, retten Sie Ihren Vater von dem schmählichsten Untergange, der einen Menschen treffen kann! Sie, Sie allein vermögen es!"

Antoinette sah bestürzt den Agenten an. Doch schon im nächsten Augenblicke lächelte sie ungläubig.

„Was habe ich denn zu thun?" fragte sie höhnend.

„Hören Sie mich an."

„Muß ich vielleicht Ihre Frau werden, um den Vater zu retten?"

„Und wenn ich nun „Ja!" sagte?"

„So würde ich Ihnen entgegnen, daß mein Vater nicht abhängig von Ihnen ist, und daß die leere Drohung nur dazu beiträgt, mich in den gefaßten Vorsätzen zu bestärken."

„Sie sind hartnäckig, eigensinnig . . ."

„Mein Herr!"

„Ein verzogenes Kind des Glücks . . . danken Sie mir, wenn ich Ihnen die Augen öffne!"

Antoinette sah höhnend und verachtend auf den Mann herab, der immer noch mit gekreuzten Armen vor ihr stand.

„Endlich zeigen Sie Ihr wahres Gesicht! Und Sie nennen sich einen Freund meines Vaters?"

„Sie werden sogleich erfahren wer ich bin. Sie kennen das glänzende Hotel in der Residenz? Sie kennen die Equipagen, die Dienerschaft und die kostbaren Pferde? Sie sehen diesen reizenden Landsitz, der in der Provinz berühmt ist? Ich spreche ein Wort und Alles verschwindet. Ich öffne die Lippen und Ihr Vater, der geachtete Rentier, der wie ein Fürst lebt, wird in Ketten geschmiedet . . . Warum lächeln Sie nicht mehr? Warum starren Sie mich an?"

„Das ist Wahnsinn!"

„Verzeihung, aus mir spricht der nüchterne Verstand, die reinste Wahrheit. Leider bleibt mir kein anderes Mittel, Ihren Hochmuth, Ihre Hartnäckigkeit zu brechen . . . Ich spreche das Wort . . . Antoinette, noch einmal: ich liebe Sie!"

Er warf sich leidenschaftlich der jungen Dame zu Füßen.

Antoinette trat rasch zurück.

„Auch das noch," flüsterte der Agent.

Er erhob sich.

Die junge Dame war erschöpft auf einen der Sessel gesunken, da ihr Bruno die Thür vertreten hatte. Sie wandte nur dann erst den Kopf, als sie diesen sagen hörte:

„Helfen Sie mir doch, Herr Satler, diese Ungläubige bekehren! Sagen Sie ihr doch, daß es nothwendig ist, mich in Ihre Familie aufzunehmen. Fräulein Antoinette hält mich für einen Lügner, für einen Wahnsinnigen, für einen Verläumder ... Geben Sie Aufklärung, Herr Satler, und zeigen Sie Ihre väterliche Autorität."

Antoinette rief:

„Vater, befreien Sie mich von diesem schrecklichen Manne! Er kann Ihr Freund nicht sein, da er Dinge spricht, die Sie brandmarken."

Herr Satler fragte mit bebender Stimme:

„Was, mein Kind, hat er gesprochen?"

„Sie müssen es wissen, um den gefährlichen Mann zu durchschauen: es koste ihm nur ein Wort und Ihr Reichthum verschwände. Noch mehr: man würde Sie in Ketten legen!" fügte Antoinette hinzu.

Der reiche Mann zitterte und erbleichte.

„Herr Eichstädt" murmelte er im Tone des Vorwurfs.

Bruno zuckte mit den Achseln und fragte:

„Habe ich die Unwahrheit gesagt?"

Er wartete geflissentlich, um die Wirkung dieser Worte zu erproben. Herr Satler war starr vor Entsetzen. Antoinette eilte zu ihm.

„Vater, um Gotteswillen, was ist das? Warum treten Sie dem Manne nicht entgegen, der Sie und mich tyrannisirt?"

Herr Satler drückte den Kopf seiner Tochter sanft an

sich. Dabei schleuderte er einen Blick des Zornes auf den Agenten, der in kalter Ruhe die Gruppe betrachtete.

„Herr Eichstädt," murmelte er, „Sie sind zu weit gegangen ! "

„Schließen wir doch Ihre Tochter von unseren Geheimnissen nicht aus. Die Familie, die sich eines gemeinsamen Glückes erfreut, mag auch die Gefahren kennen, mit denen dieses Glück verbunden ist. Auch ist es gut, daß Jeder von uns den Standpunkt kennt, den er einzunehmen hat. Sie sehen, ich bin offen, ganz offen; und wie ich gewesen, werde ich auch ferner sein. Aber nun sagen Sie mir: warum zittern, warum erbleichen Sie? Steht eine Gefahr vor der Thür? Ich sehe keine."

„Die Andeutung, die ich gemacht, sollte Ihrer Tochter nur zeigen, wie nothwendig ich Ihrer Familie bin. Es war dies nöthig, Herr Satler, da mich Antoinette wie einen Wahnsinnigen behandelt hat. Sie mag sich indeß überzeugt halten, daß ich sie wahrhaft liebe, daß ich Alles aufbieten werde, um mir ihre Gegenliebe zu erwerben. Bin ich denn ein so verabscheuenswerther Mensch, ein so unbedeutendes Subjekt, daß man es nicht der Mühe werth hält, mich näher kennen zu lernen? Die junge Dame hat mich arg gereizt, mich schwer gekränkt ! Mir blieb Nichts zu meiner Rechtfertigung, als die reine Wahrheit zu sagen, und ich habe sie gesagt. Natürlich nur im Kreise der Familie, der ich für immer anzugehören gedenke. Die vertrauliche Mittheilung, die ich Antoinetten gemacht, hätten

Sie, Herr Satler, eigentlich selbst aussprechen sollen.
Dann wäre Ihre liebenswürdige Tochter vorbereitet gewe
sen und mir hätte Sie einen Empfang erspart, den ich
nicht verdient habe Die Mißverständnisse, die im Leben
eine so große Rolle spielen, sind nun beseitigt; wir Alle
sehen mit klaren Blicken die Dinge wie sie sind und wie
sie sich noch gestalten können ... ich glaube, Herr Satler, daß ich Ihnen diesen Morgen einen Dienst geleistet
habe. Warum auch wollen wir uns das Leben, das so
kurz ist, gegenseitig verbittern? Bedenken Sie, wie glücklich wir sein können, wenn sich Einer dem Andern fügt!
Doch, ich sehe, Sie fühlen das Bedürfniß, mit Ihrer Tochter allein zu sein ... sagen Sie ihr, daß ich nicht gelogen habe, daß Sie meine Treue und Verschwiegenheit hin-
länglich erprobt, daß Sie mir längst die Hand Ihrer Tochter zugedacht und daß ich es wohl verdient, Ihr Schwiegersohn zu werden.“

Der Agent verneigte sich und wollte gehen.

„Herr Eichstädt!“ stammelte der Rentier.

Bruno warf einen Blick zurück. Er sah, daß Antoinette ihr Gesicht an der Brust des Vaters verbarg.

„Vergessen Sie doch nicht, rief er, daß ich Ihr
Freund bin!“

„Darauf baue ich.“

„Sie hören es, Antoinette!“

„Ich werde zeigen, daß ich Ihre Freundschaft zu
würdigen weiß.“

„Hören Sie es, Antoinette? Ihr Vater spricht!“

„Meine Tochter wird bald die Ansicht theilen, die ich von Ihnen hege.“

Antoinette umklammerte den Hals des Vaters, als ob sie gewaltsam eine Empfindung unterdrücken wollte, die bei diesen Worten sich regte.

„Das gebe Gott!“ rief Bruno.

„Ihre Braut ist noch geschwächt von der Krankheit ... überlassen Sie auch der Zeit einen Theil ... übereilen Sie Nichts, mein lieber Eichstädt!“ bat der Rentier.

„Ich verspreche es Ihnen! Seien Sie dafür mein Anwalt ... werden Sie bald mein Vater!“

„Gehen Sie in den Saal zu meiner Frau, die Sie erwartet.“

Der Agent war verschwunden.

„Antoinette,“ flüsterte rasch der Rentier, „es walten allerdings Verhältnisse ob, die mich in die Gewalt dieses Menschen geben. Ich will es Dir länger nicht verbergen, denn ich bedarf Deiner Hilfe, um mich von dem Entsetzlichen, dessen Gefährlichkeit ich diesen Morgen ganz erkannt, unabhängig zu machen. Als ich ihm Deine Hand versprach, glaubte ich an die völlige Hingebung Eichstädt's, an seinen braven, männlichen Charakter ... mir ahnte aber auch nicht, daß Du eine unüberwindliche Abneigung gegen ihn empfindest. Heute habe ich meine Ansicht geändert und mit ihr meinen Plan. Du wirst nie die Frau dieses Menschen werden, der mir die Wahl zwischen dem tief-

ften Verderben und der Unterwürfigkeit unter seinen Willen gelassen! Sieh, Antoinette, was ich gethan habe, habe
ich Deinetwegen gethan, für Dich, das Ebenbild Deiner
seligen Mutter! Es mag immerhin eine Verirrung sein,
aber ich habe mich derselben nun einmal schuldig gemacht.
Du liebst einen Andern ..."

„Vater!"

„Ich weiß es. Der junge Arzt ist ein achtungswer-
ther Mann. Ich empfange ihn gern, lieber als meinen
Agenten, den zu hassen ich gezwungen bin. Antoinette,
stehe mir bei, ein großes Unglück abzuwenden!"

„Was muß ich thun?"

„Stelle Dich jenem Eichstädt gegenüber gefügig!
Nimm seine Zärtlichkeiten an, laß ihn zu Deinen Füßen
schmachten und girren; sage ihm, daß Du eine Uebereilung
begangen, daß Du ihn werdest lieben können, daß Du erst
jetzt sähest, wie dankbar Du ihm sein müßtest ... sage
und thue, was Du willst, aber fess'le den Menschen so
lange an Dich, bis ich ihn unschädlich gemacht habe."

Dem armen Rentier rann der Schweiß in Strömen
von der Stirn; sein ganzer Körper zitterte wie seine
Stimme. Indem er den Arm um den schlanken Hals seiner Tochter legte, fuhr er fort:

„Es ist traurig, daß ich Dich zu einer Rolle bestimmen muß, die Dir mehr als lästig, die Dir widerwärtig
ist. Aber spiele sie, Antoinette, spiele sie aus Liebe zu
Deinem Vater, der Dir dafür danken wird Du siehest

Dein eigenes Glück, kannst Deine Hand nach der Wahl
des eigenen Herzens verschenken, kannst an der Seite des
Mannes glücklich sein, den Du liebst."

Antoinette zog den Vater zu der Ottomane, die in
der Tiefe des Altans stand.

„Ist ein solches Opfer nöthig?" fragte sie leise und
hastig.

„Ich kann Dich nicht davon entbinden, wie sehnlichst
es mein Vaterherz auch wünscht."

„Meine Kraft wird nicht ausreichen. Ungeübt in der
Kunst der Verstellung werde ich mich verrathen . . . Vater, sinnen Sie auf andere Mittel! Dem Manne,
den ich verachte und hasse, kann ich kein freundliches Gesicht zeigen! Ich kann es nicht! Ein Fieberschauer befällt
mich, wenn ich den Agenten sehe . . ."

„Du wirst Dich zwingen, Antoinette!"

„Ich kann es nicht! Muß ich mich denn so tief her-
abwürdigen, daß ich einem Elenden gegen meine Ueberzeu-
gung schmeichle?"

„Du mußt es! Nur für kurze Zeit, nur für einige
Tage überwinde Dich. Ich sammle Mittel, Dich zu befreien. Wäre ich vorbereitet, ich würde Deiner Hilfe
nicht bedürfen. Die Situation drängte sich mir zu rasch
auf . . ."

„Vater," flüsterte Antoinette, „ich kann noch immer
nicht an die Dinge glauben, die Sie mir mitgetheilt! Die
Drohungen Eichstädt's sind erfunden . . sie müssen erfun-

den sein, wenn ich Ihre Vergangenheit, Ihre gegenwär-
tige Lage bedenke. Ein Mann, der die allgemeine Achtung der Welt genießt, hat einen Schurken nicht zu fürchten. Fassen Sie sich, mein Vater ... Sie haben den
Kopf verloren ... Vater!" rief sie auffahrend.

„Was ist's?"

„Ich glaube an einen unheilvollen Einfluß!"

„An wessen Einfluß?"

„Die Stiefmutter hat mir gedroht ..."

„Weil sie den Ernst der Verhältnisse kennt."

„Sie unterstützt die Absichten Eichstädt's ..."

„In unserem Interesse."

„Und schildert Dinge, die Sie mit Entsetzen erfüllen.
Man täuscht Sie, damit Sie mich streng behandeln! O,
ich kenne Ihre Frau, ich habe sie längst durchschaut. Sie
will herrschen im Hause, es soll sich Alles ihrem Willen
beugen ... Vater, armer Vater, ich bin so mißtrauisch
geworden, daß ich das Aergste fürchte. Ermannen Sie sich
und treten Sie mit mir der Intrigue entgegen, in die eine
listige Frau Sie verwickelt!"

Antoinette glaubte wirklich, der Vater sei das Opfer
einer Täuschung.

Der Rentier lehrte sie eines Bessern.

„Deine Stiefmutter, mein Kind, hat wie ich ihre
Ansicht geändert; sie steht mir mit Rath und That zur
Seite, daß ich den Agenten unschädlich mache."

„Nein, man betrügt Sie!"

„Ach, wenn doch das der Fall wäre! seufzte der sorgenvolle Rentier. Aber ich sehe nur zu klar, bin von Allem zu fest überzeugt, als daß ich zweifeln könnte. Antoinette hilf mir sorgen, daß Eichstädt meinen Namen nicht brandmarke . . . auch Du leidest darunter, Du bist ja meine Tochter, trägst meinen Namen.“

„Was ist es denn eigentlich? fragte sie auffahrend. Was ist so Furchtbares geschehen, das der Agent verrathen könnte?“

Der Rentier sah sich um; als er bemerkte, daß die Thür geschlossen und kein lauschender Zeuge in der Nähe war, ergriff er zitternd beide Hände seiner Tochter und murmelte:

„Mein Kind, Du sollst nun das ganze Geheimniß kennen lernen, damit nicht falsche Vermuthungen in Dir rege werden. Deine Stiefmutter liebt mich, sie hat es bewiesen und beweist es heute noch. Aber sie liebt auch Dich . . . Wenn sie bei Dir zu Gunsten Eichstädt's sprach, so geschah dies auf meine Veranlassung . . . jetzt hat sich Alles geändert. Der Agent schreckt uns auf aus unserer Sicherheit . . . Antoinette, Du wirst mich begreifen, wenn ich Dir sage, daß ich einen Kampf mit den künstlich geschraubten Verhältnissen der heutigen Gesellschaft unternommen . . . ich werde siegen, sobald der Gang des Kampfes nicht unterbrochen wird . . . mit Ablauf dieses Jahres stehe ich am Ziele. Uebt Eichstädt Verrath, unterbricht er die künstlichen Manipulationen, die er bis jetzt geleitet, so kann man mich — Antoinette, ich muß es sagen — man kann mich einen . . . Banknotenfälscher nennen."

„Heiliger Gott!"

Das junge Mädchen sank wie vernichtet in das Kissen zurück.

Der Rentier starrte zu Boden. Plötzlich erhob er sich.

„Willst Du mich retten, Antoinette? fragte er mit flammenden Blicken, Willst Du Deine Zukunft sichern? Oder soll sich der Doktor Hagen von Dir abwenden . . ."

„Nein! Nein! rief sie mit wunderbarer Energie. Ich will meiner Liebe das herbe Opfer bringen. Sorgen Sie für Ihre Sicherheit!"

Sie verließ den Alten, um in ihrem Zimmer Ruhe und Erholung zu suchen.

„Antoinette mußte es wissen!" dachte William Satler. „Sie kennt die Gefahr, mag sie nun die Mittel zur Abwehr wählen."

Er stieg die Treppen zu dem Thurme hinan und betrat, nachdem er geklopft, das Atelier des Vetters Bertram.

„Bruno Eichstädt hat sich entlarvt! rief er aus. Wir müssen zum Aeußersten schreiten."

„Was ist geschehen?"

William erzählte kurz und rasch. Der Vetter roch in seine kleine goldene Dose, schloß den Deckel derselben und sagte gleichgiltig:

„So schreiten wir zum Aeußersten. Ein Mensch der seinen Eid bricht, ist nicht werth, daß er lebt. Heute mag der Agent Rechnung ablegen . . . morgen oder übermorgen ereile ihn sein Geschick. Antoinette hat mir ihre Noth geklagt . . . sie liebt den jungen Arzt. Ich habe es ihr versprochen, zu vermitteln; es ist mir lieb, daß die Angelegenheit eine solche Wendung genommen hat. Gehen wir zum Dejeuner.

Siebentes Kapitel.

Regina.

Um eilf Uhr hatten die Bewohner des Landhauses das Frühstück eingenommen. Die Männer zogen sich in das Kabinet des Herrn Satler zurück, um die Geschäfte zu ordnen; Regina blieb bei Antoinetten in dem Pavillon. Arnold hielt sich ruhig in dem ihm angewiesenen Zimmer; keiner der Domestiken hatte eine Ahnung von der Anwesenheit eines zweiten Gastes.

Die beiden Damen waren allein.

Regina ergriff eine Stickerei, die Petrine hatte bringen müssen. Antoinette las in einem Buche.

„Mein liebes Kind," begann die Stiefmutter, „man hat Ihnen diesen Morgen eine Entdeckung gemacht, die

wohl dazu geeignet erscheint, unsern kleinen Zwist auszugleichen und uns einander nahe zu bringen. Sie haben
mich verkannt; jetzt, so hoffe ich, werden Sie mir nicht
mehr mißtrauen. Bruno Eichstädt hat sich meiner Fürsorge unwürdig gezeigt. Indem ich mein Urtheil über
ihn zurücknehme, bitte ich Sie, das, was geschehen vergessen
zu wollen. Angesichts der uns drohenden Gefahr wollen
wir als Freundinnen Hand in Hand gehen."

Antoinette hatte das Buch in den Schooß gelegt.

„Sie wissen demnach Alles?" fragte sie kalt und
ruhig.

„Ihr Vater hat keine Geheimnisse vor seiner Frau.
Möchten auch Sie mir vertrauen, wie er mir vertraut!
Mit Kummer sehe ich, wie Sie sich von aller Welt abschließen . . . und mir, Ihrer mütterlichen Freundin, sollten Sie doch Ihr Herz eröffnen. Jetzt gilt es, Muth und
Entschlossenheit zeigen. Wir Frauen dürfen hinter den
Männern nicht zurückbleiben. Antoinette, Sie lieben den
jungen Arzt . . . erschrecken Sie nicht! Ist Bruno Eichstädt, der sich mit Gewalt Ihre Hand aneignen will, ungefährlich gemacht, so legen Sie sich länger keinen Zwang
an. Die Tochter des Millionärs kann ihr Herz nach Gefallen verschenken."

„Was soll mit dem Agenten geschehen?" fragte das
junge Mädchen.

„Man wird ihn zur Abreise zwingen, nachdem er
einen Revers unterzeichnet, den Vetter Bertram entwirft."

„Sind wir dann sicher?"

„Lassen Sie den Vetter sorgen. Aber unterstützen Sie ihn dadurch, daß sie den Agenten arglos machen. Sie allein vermögen ihn zu fesseln, und darum hängt von Ihnen das Gelingen des Planes ab, der uns Ehre und Vermögen erhält."

„Ehre und Vermögen!" wiederholte Antoinette seufzend.

„Verurtheilen Sie deshalb Ihren Vater nicht. Wären Ihnen die Zustände unserer modernen Gesellschaft bekannt, Sie würden die Sache richtig auffassen. Die Spekulation verbreitet sich nach allen Seiten . . . Ihr Vater hat eine kühne, eine gewagte Spekulation unternommen; aber sie ist des halb die ergiebigste, weil sie vereinzelt dasteht. Die Konkurrenz ist die gefährlichste Feindin des Geschäftsmannes . . . so sagt Vetter Bertram, der Bruder Ihrer verstorbenen Mutter, und diesem werden Sie vertrauen. Er ist die Seele der Geschäfte, die der Agent vermittelt hat."

Jetzt erschien William Satler. Er sah ängstlich, fast bestürzt aus.

„Was gibts, William?" fragte besorgt die Gattin.

Er sah seine Tochter an, die ihren Platz verlassen hatte.

„Auch in Deiner Gegenwart darf ich mich ja wohl aussprechen, mein Kind! O, es ist gut, recht gut, daß Du Alles weißt!"

Dieser Eichstädt ist ein Teufel! Er hat uns Alle in

seiner Gewalt; Antoinette, suche ihn zu fesseln ... wir erwarten Briefe... sorge, daß der Mensch jetzt noch nicht reist! Dein Glück wird mit dem unsrigen zertrümmert. Hätte ich nur mit dem Fürsten den Kauf abgeschlossen! Noch einmal, Antoinette, sei Du unser rettender Engel! Bezähme Deinen Widerwillen, zeige Dich mild und freundlich!"

„Ich werde meine Pflicht erfüllen! sagte fest die Tochter. Mich soll der Vorwurf nicht treffen, den Vater in Elend und Jammer gestürzt zu haben."

Sie verließ den Pavillon. Die beiden Gatten sahen ihr mit ernsten Blicken nach. Auf der Hälfte des Weges, der nach dem Landhause führte, trat ihr Bruno entgegen. Er bot ihr den Arm; sie nahm ihn an. Beide verschwanden in einer der düsteren Alleen, die den Park durchzogen.

„Mein armes Kind! murmelte William nach einem tiefen Seufzer. Wie bereue ich, es so hart behandelt zu haben! Und eines solchen Menschen wegen!

„Auch Antoinette mag ihr Opfer bringen! sagte Regina. Wir werden sie unterstützen, daß sie der Pein des Umganges mit dem Agenten nicht so lange ausgesetzt bleibe. Aber was macht dich so bestürzt, mein Freund? Wie hat sich der Teufel benommen, der uns in Angst und Schrecken setzt?"

„Sein Auftreten brauche ich Dir wohl nicht zu schildern. Er hat eine wichtige Nachricht mitgebracht."

„Von Alexander?"

„Ja! Alexander ist todt."

„Ich dachte es mir!" rief Regina. „Der wackere Mann ist eines Betruges nicht fähig. Aber wohin sind die Banknoten gekommen, die er überbringen sollte?"

„Man weiß weder wo er gestorben ist, noch wohin die Banknoten gekommen sind! Eichstädt behauptet, Alexanders Spur verliere sich in der Nähe meines Landhauses, und die Summe, die er bei sich getragen, müsse zur Hälfte in echten, zur Hälfte in imittirten Noten bestanden haben."

„Wie aber hat Eichstädt erfahren . . ."

„Durch einen Brief des Sohnes Alexanders."

„Jenes Emils, der uns von London empfohlen war?"

„Der Empfohlene war der Sohn Alexanders."

„Und wo ist dieser Emil?"

„Sein Brief ist aus Kalais datirt. Wohin er selbst gekommen, will Eichstädt nicht wissen."

„Das ist verdächtig!" meinte Regina. „Jetzt, nach zwei Jahren, erfahren wir den Tod Alexanders."

„Eichstädt spricht selbst Vermuthungen aus, die mich mit Schauder erfüllen. Der Mensch ist völlig umgewandelt. Er sucht Alles hervor, um uns zu schwarzen Verbrechern zu stempeln.

Die Augen des Rentiers sprühten unheimliches Feuer, als er seiner Gattin zuflüsterte:

„Der Agent darf das Landhaus nicht wieder verlassen!"

Regina fragte leise:

„Verlieren wir, wenn der Mensch plötzlich verschwindet?"

„Nein!"

„Wohlan, so mag er unser Geheimniß mit in das
Grab nehmen! Ich sorge dafür!"

Wer die beiden Gatten jetzt beobachtet hätte, würde
sie nicht wieder erkannt haben. Der sonst gutmüthig und
freundlich aussehende William war ein kalter Mensch mit
heimtückischen Blicken geworden. Regina sprach ruhig,
aber mit jener Energie, die den Frauen übel ansteht, weil
sie die Weiblichkeit verletzt. Sie zeigte keine Spur von
Mitleid, Zorn oder sonst einer Gefühlsregung; der Ton
ihrer Stimme war nicht einmal schneidend, wenn sie flüsterte; sie zeigte sich völlig gleichgiltig. Es lag in ihrer
Ruhe ein gewisser Stolz, eine Geringschätzung des Mannes,
um den es sich handelte.

William und Regina gingen Arm in Arm nach dem
Landhause.

Der Mittag fand die Familie um eine Tafel vereint,
die den verwöhntesten Gourmand zur Bewunderung hin-
gerissen hätte. Der französische Koch hatte Meisterstücke
geliefert. Die Bedienten brachten die feinsten französischen
Weine. Vetter Bertram speiste und trank mit einer See-
lenruhe, als ob er Chef des solidesten Handelshauses
der Welt wäre. Er sprach mit den Männern über Politik
und suchte Antoinetten zu unterhalten, die zwischen ihm
und dem Agenten saß. Wie ein gutmüthiger, französischer

Abbé, der ein Freund der Familie ist, spielte er selbst auf den Brautstand des jungen Mädchens an, scherzend und neckend, um einen heitern Ton in die Unterhaltung zu bringen.

Bruno Eichstädt verrieth durch keine Miene, durch kein Wort seine eigenthümliche Stellung zu den verschiedenen Personen; Antoinetten gegenüber benahm er sich zärtlich, mit William sprach er ehrerbietig, Regina behandelte er chevaleresk und auf die Fragen des Vetters antwortete er mit der Bestimmtheit des gewiegten Geschäftsmannes.

Regina zeigte sich als eine fein gebildete, taktvolle Dame; mit bewunderungswürdiger Virtuosität spielte sie die Hausfrau, und dabei war sie ganz Sorgfalt und Zärtlichkeit für ihren Gemal, der seine üble Laune nicht völlig zu bemeistern vermochte. Nur wenn Bruno seiner Nachbarin die Hand küßte, glitt ein kaum merklicher Schatten von Verdruß über ihre schönen Züge.

Antoinette sprach wenig; aber sie nahm die Huldigungen ihres Nachbars an. Die Scherze des Vetters erwiederte sie mit einem schmerzlichen Lächeln, das ihrem bleichen, zarten Gesichte einen wunderbaren Reiz verlieh.

Nach aufgehobener Tafel trennten sich die Gäste, um Siesta zu halten.

Es war Abend geworden. Das Nachtessen war eingenommen.

„Vater," flüsterte Antoinette, „befreien Sie mich bald

von der entsetzlichen Pein des Umgangs mit Ihrem Agenten. Ich fühle, daß meine Kraft zu schwach ist, die Zärtlichkeit dieses Mannes zu ertragen."

William nickte bedeutsam mit dem Kopfe. Er sprach nicht, aber in seinen Blicken und in dem Händedrucke lag die Antwort, die das bleiche Mädchen nicht mißdeuten konnte.

Bruno trat im Gespräche zu Regina. Nachdem er laut eine Höflichkeitsphrase gesagt, flüsterte er:

„Madame Satler wird die Güte haben und mir eine Unterredung bewilligen."

„Wissen Sie das so genau?" fragte die Dame, verletzt über den Ton, in welchem die Bitte gesprochen worden.

„Ich setze voraus, daß Ihnen an der Erhaltung meiner Freundschaft liegt," antwortete galant der Agent.

Regina stellte sich, als ob sie plötzlich eingeschüchtert sei.

„Dann, mein Herr, dürfen Sie nicht zweifeln, daß ich mich einstellen werde. Wann wünschen . . .?"

„Diesen Abend noch."

„Und wo?"

„Bestimmen Sie den Ort, Madame!"

Regina überlegte einige Augenblicke.

„Warten Sie in Ihrem Zimmer, bis Petrine Sie abholt. Man geht hier zeitig zur Ruhe."

„Ich werde warten."

Eine Stunde später war es still in dem Landhause.

Regina, die eine heimliche Unterredung mit ihrem Bruder gehabt, saß auf dem Sopha in ihrem Zimmer. Sie hatte mit der Handglocke ein Zeichen gegeben, auf das die Zofe erschien, die Vorbereitungen zur Nachttoilette treffen wollte.

„Ich bin noch nicht müde, Petrine. Bitte Herrn Eichstädt, den Bräutigam meiner Stieftochter, daß er mir ein Stündchen Gesellschaft leiste. Es gibt ja so Manches zu besprechen ... dann gehe zu Bett; ich werde mich heute allein auskleiden."

Petrine, ein gehorsame Zofe, ging, um den Befehl der Herrin zu vollziehen.

Madame Satler hatte eine zweite Kerze angezündet. Sie trat vor den Spiegel, musterte einige Augenblicke ihre Toilette, betrachtete sich mit einem bittern Lächeln und öffnete leise eine Thür, die dergestalt in der rothen Tapete angebracht war, daß man sie nicht unterscheiden konnte.

„Arnold!" rief sie flüsternd.

„Ich bin auf meinem Posten," antwortete leise eine Stimme zurück.

„Du kannst jedes Wort, das hier gesprochen wird, verstehen."

„Das genügt mir! Sei ganz rückhaltlos, Regina ... ich bin ja Dein Bruder!"

„Uebrigens bleibt Alles bei der Verabredung."

„Geh', daß Dein Plan durch eine Ueberraschung nicht vereitelt werde."

Kaum hatte Regina die Tapetenthür geschlossen und ihren Platz wieder eingenommen, als Petrine den Besuch anmeldete. Der Agent folgte ihr auf dem Fuße. Die Zofe mußte es noch sehen, daß er der Herrin vom Hause ehrerbietig die Hand küßte. Bruno wollte sprechen.

„Still!" flüsterte Regina.

„Was ist's?"

„Sie werden es sogleich sehen."

„Sind wir nicht allein?"

Die Dame ging rauschend in das Vorzimmer, wo sie die Thür schloß, die auf den Korridor führte. Sie trat mit den Worten in das Boudoir:

„Jetzt sind wir allein und sicher vor Lauschern."

Regina, lebhaft und rasch wie ein junges Mädchen von zwanzig Jahren, war verführerisch schön. Die sommerliche Toilette trug dazu bei, daß ihre üppigen Körperformen sich in dem hellsten Lichte zeigten. Ihre Haut war glänzend weiß wie polirtes Elfenbein. Den runden Hals schmückte ein kostbares Collier; an den zarten Handgelenken, die sich einem vollendet schönen Arme anschlossen, schimmerten feine, elegante Bracelets. Regina war Meisterin in der Kunst der Toilette. Sie trug kein brustbeengendes Korset, das der weiblichen Büste eine gewisse Steifheit verleiht; und dennoch zeigte das Kleid von leich-

ter weißer Seide eine graziöse Taille, die durch ihre Bieg-
samkeit zur Bewunderung hinriß.

So stand sie vor dem Agenten, schüchtern, mit nie-
dergeschlagenen Blicken, als ob sie von der Nothwendigkeit,
mit ihm in einem verschlossenen Zimmer allein zu sein, in
Verwirrung gesetzt würde.

Aber Bruno mußte sie besser kennen, um an diese
Verwirrung zu glauben; er küßte ihr den Arm und führte
sie zu dem Sopha, wo er sich neben ihr mit der Vertraulichkeit eines Mannes niederließ, der weiß, daß er ein Recht
dazu besitzt.   Die schöne Frau nahm in schmerzlicher Re-
signation, diesen Beweis zärtlicher Vertraulichkeit an.   Sie
unterdrückte selbst einen Seufzer, der sich gewaltsam dem
leise wogenden Busen zu entringen drohte.

„Sie haben eine Unterredung von mir gefordert,"
begann sie nach einer Pause.

„Um mich zu rechtfertigen, Regina."

„Bedarf es der Rechtfertigung?"

„Ich glaube!"

„Herr Eichstädt ist unser Aller Meister und Herr."

„Es ist wahr; aber wähnen Sie nicht, daß ich meine
Ueberlegenheit mißbrauche.   Denken Sie daran, daß Sie
eine gewaltige Macht besitzen, die mich in Fesseln schlägt."

„Ich, die ohnmächtige Frau, die schweigend gehor-
chen muß!"

„Ihre Schönheit ist die Macht, die mich beugt . . .“

„Herr Eichſtädt, Sie haben ſich um die Hand meiner Stieftochter beworben!“ rief Regina würdevoll.

„Mein Gott, warum ſchlagen wir dieſen ſteifen, zeremoniellen Ton an ... als ob wir uns zum erſten Male in vertraulicher Unterredung befänden.“

„Seit der Zeit, auf die Sie anſpielen, mein Herr, hat ſich viel, ſehr viel geändert! Ich bin nicht mehr die arme Regina von früher ... Sie ſind nicht mehr jener Hermann Möller ...“

„Hören Sie mich an, Regina!“ unterbrach ſie der Agent, indem er ihre kleinen Hände zwiſchen die ſeinigen nahm.

„Ich brachte Sie als Geſellſchafterin in das Haus des Herrn Satler, mit dem in Geſchäftsverbindung zu treten mein Intereſſe erheiſchte. Die Natur der Geſchäfte thut nichts zur Sache. William ahnte nicht, daß ich Sie liebte; er ſollte auch ſo lange keine Ahnung davon erhalten, bis meine Exiſtenz durch ſeine Hilfe geſichert war. Sie wiſſen, daß ich damals mit Ihrem Bruder in Verbindung ſtand. Die Verausgabung imitirter Banknoten bereitete mir in Frankreich große Verlegenheit. Ich ward in eine Unterſuchung verwickelt, aus der ich ſchuldlos hervorging, weil ich den Beweis lieferte, daß ich ſelbſt zu den Betrogenen gehörte. Clapin, ich geſtehe es, hat mir bei dieſer Gelegenheit wichtige Dienſte geleiſtet. Wir ſahen uns, Sie und ich, Regina, lange nicht. Ich hatte ja auch keinen Grund zur Beſorgniß, denn Sie waren gut aufge-

hoben. Der Reichthum des Herrn Satler verblendete Sie
und Sie heirateten den Wilwer, der Ihnen glänzende
Kleider, Juwelen und Equipagen gab. In diese Zeit fällt
die Versöhnung Clapin's mit seinem Schwager und ich
ward nach der Residenz beschieden, wo ein neues Geschäfts-
system festgestellt werden sollte. Sie können sich mein Erstaunen denken, als ich erfuhr, daß der reiche Herr Satler
uns durch seine respektabeln Verbindungen nützlich sein
wollte. Meinen Schreck über Ihre Verbindung mit dem
für enorm reich gehaltenen Finanzier kennen Sie. Clapin
mußte durch seine Kunst die wankenden Verhältnisse stützen.
Er machte Aktien, die für den Augenblick benutzt und dann
zurückgezogen wurden; er fabrizirte Kassenbillets aller
Herren, aller Gesellschaften und aller Länder. Unsere
Waarenumsätze wurden großartig. Und wer war die
Seele des verwickelten Geschäfts? Bruno Eichstädt, der
täglich sein Leben und seine Freiheit auf das Spiel setzte.
Derselbe Bruno Eichstädt, der für seine Regina ein großes
Vermögen gewinnen wollte."

„Darf ich Sie unterbrechen?" fragte Regina, die
lächelnd zugehört hatte.

Bruno neigte zustimmend das Haupt.

„Nach der Schilderung, die Sie von den Verhältnissen entwerfen, habe ich allerdings perfid an Ihnen gehandelt."

„Ah, Sie gestehen es zu!" rief der Agent.

„Und dennoch war ich Ihre aufrichtige Freundin."

„Das klingt paradox."

„Man beseitigt mit dem Namen auch nicht die an-
getraute Frau.“

„Wie, Madame?"

„Es gibt eine Frau Gräfin Rosalie von Hardenfels,
die um ihr Vermögen und um ihren treulosen Mann
trauert.“

„Was kümmert mich die Gräfin!“ rief Bruno
lachend.

„Sie sehen, daß ich einem verheirateten Manne nicht
die Hand reichen konnte.   Darum nahm ich die Bewer-
bungen William's an . . . ich habe Ihre Vorwürfe, Ihre
Beleidigungen erduldet . . . daß Sie meine Stieftochter
elend machen, werde ich nicht zugeben.   Ich würde mich
der größten Sünde schuldig machen, wollte ich schweigen.
Um Sie zu warnen, habe ich Ihnen die Unterredung be-
willigt, die Sie so gebieterisch gefordert haben.“

„Ah, deshalb!“

„Außer mir weiß Niemand, daß Herrmann Möller,
Bruno Eichstädt und Graf Hardenfels eine und dieselbe
Person sind.

Der Agent hatte die Ringe an seinen weißen Fingern betrachtet.

„Wer hat Ihnen von der Gräfin gesagt?“ fragte
er, rasch aufblickend.

„Gestatten Sie mir, daß ich den Name meines
Korrespondenten geheim halte. “

„Nun, Regina, wir sind ja allein und ich will nicht lügen. Meine Thätigkeit als Agent für Herrn Satler und Kompagnie bedingte es, daß ich mich als einen Grafen von Hardenfels zeigte. Sie wissen überhaupt nicht, wie mühsam meine Geschäfte waren, mit wie großen Gefahren ich oft zu kämpfen hatte. Während Sie die Früchte meines Fleißes in Ruhe genossen, kämpfte ich mit Menschen und Verhältnissen. Ja, ich habe mich mit einer jungen Dame verheiratet, um ein großes Geschäft einzuleiten und um mich vor Entdeckung zu schützen. Indem ich mich mit einem sentimentalen Fräulein verheiratete, das für den Grafen Hardenfels schwärmte, brachte ich Ihnen ein Opfer.

„Mir?" fragte Regina entrüstet. „Ich war damals noch nicht die Gattin Satler's . . ."

„Aber Sie waren die Dame meines Herzens, die reizende Regina, die ich anbetete. Das große Kapital, das mir in Aussicht stand, war Ihnen bestimmt."

„Ein durch Betrug erworbenes Kapital!"

„Wie ist denn ihr William zu dem großen Vermögen gekommen?" fragte Bruno höhnend. „Hat er seine Grundstücke vielleicht auf solidem Wege gewonnen? Und doch sind Sie seine Gattin geworden. Ob ich eine falsche Banknote ausgebe oder unter erborgtem Namen mich verheirate . . . Beides kommt auf Eins heraus. Im ersten Falle wird ein Mann, im zweiten wird eine Frau betrogen. Wahrhaftig, ich habe mich nur der Form wegen verheiratet . . . Antoinetten aber liebe ich glühend, und

Sie werden mich nicht hindern, daß ich endlich in den
Hafen der Ruhe und des Glücks einlaufe. Sie werden
mich deshalb nicht hindern, weil Ihnen meine Verdienste
um ihre Familie bekannt sind. Der Graf Hardenfels ist
für immer verschwunden, auch Hermann Möller, wenn sie
wollen . . . es ist nur noch Bruno Eichstädt vorhanden.
Sorgen Sie mit mir, daß der Graf Hardenfels für immer
verschwunden bleibe, entdeckte man ihn, so ist William
und Regina verloren. Sie begreifen mich doch, meine liebe
Freundin? Nicht wahr, Sie begreifen mich, ohne daß ich
weitere Erklärungen abgebe. Die Heiratsgeschichte wäre
demnach abgethan. Ich komme nun auf den Punkt, der
mich veranlaßte, Sie um eine Unterredung zu bitten.
Antoinette bemüht sich, mir gegenüber freundlich zu erscheinen, um mich an ihre Fügsamkeit glauben zu machen.
Aber ich glaube nicht daran. Die Freundlichkeit meiner
Braut ist eine fein angelegte Schlinge. Sie haben diese
Schlinge gelegt, das wollte ich Ihnen sagen. Jetzt freilich
brauche ich es nicht mehr zu sagen, da Sie sich mir offen
als Widersacherin entgegengestellt haben. Das ändert nun
unsere ganze Unterredung. Ich bitte, unterbrechen Sie
mich jetzt nicht. Die Verhältnisse sind nun einmal wie sie
sind; es läßt sich Nichts mehr daran ändern. Wir müssen
uns verständigen. Auf friedlichem Wege gelangt man
rascher zum Ziele als durch Krieg, zumal wenn man, wie
wir es sind, gezwungen ist, den Eklat zu vermeiden. Darum
hören Sie meinen Vorschlag. Alles, was Sie gegen mich

unternommen, verzeihe ich Ihnen, denn es leuchtet mir
wohl ein, daß Sie einen gelinden Haß auf mich geworfen
haben."

„Mein Herr!" fuhr Regina auf.

„Still, meine liebe Freundin, ich schließe logisch
richtig. Sie haben oft betheuert, daß sie mich liebten . . .
und ich glaube Ihnen. Ihre Heirat mit dem greisen
William ist wohl eine Art Verzweiflungsakt . . ."

„Genug! Genug!"

„Bezähmen Sie Ihre Aufwallung," mahnte lächelnd
der Agent, pathetisch seine Hand ausstreckend. „Sie sind
eine Dame von zu geläutertem Geschmacke, als daß ein
abgelebter Greis meine Stelle bei Ihnen ersetzen könnte.
Ich habe Sie bedauert, Regina, als sich mein Schrecken
über Ihre Verirrung gelegt hatte. Und, Regina, ich liebe
Sie immer noch. Man mag sagen, was man will . . .
die erste Liebe bleibt die beglückendste, wenn sie auch durch
andere Neigungen einmal beeinträchtigt wird. Ich habe
viel schöne und glänzende Damen kennen gelernt . . .
keine hat den Eindruck auf mich gemacht, den Sie . . .
ach, Regina, Antoinette ist schön, aber Sie . . ."

„Ich bin die Stiefmutter des armen Mädchens!"

„Die liebenswürdige, reizende Stiefmutter. Ein Unglück für Antoinette! Man wird Vergleiche zwischen
Ihnen und der Tochter anstellen, die nicht zweifelhaft
ausfallen können. Regina, Sie sind verheiratet; ich wer de
mich verheiraten. Die Verwandtschaft ist fertig. Und,

wenn Sie wollen, können wir unser Leben vortrefflich ein=
richten. Was hindert Ihren Schwiegersohn, sich zwanglos
in Ihrer Nähe zu bewegen? Sie haben den Mann, den
Sie wirklich lieben, stets um sich. Das ist ein Vortheil,
den Sie bei Ihrer traurigen Ehe wohl bedenken sollten.
Stellen Sie mir also keine Hindernisse in den Weg ...
Antoinette reicht mir gezwungen die Hand, ich weiß es;
sie wird mich vielleicht nie lieben, ebenso wenig als Sie
den greisen William lieben ... die Hoffnung auf Ihre
Gunst, Regina, eröffnet mir demnach eine tröstliche Aus=
sicht. Meine Verbindung mit Antoinetten muß stattfinden,
ich setze Alles daran ... stehen Sie mir bei, und ich werde
auf die bezeichnete Art dankbar sein."

Regina zuckte heftig zusammen. Im nächsten Augen=
blicke aber lächelte sie wieder, indem sie sagte:

„Ihre Offenheit, mein Herr, ist bewunderungs=
würdig!"

„Tragen Sie Sorge, daß auch ich Sie in dieser Be=
ziehung bewundern kann. Wir sind ja seit Jahren intim
befreundet, lieben uns, befinden uns allein in Ihrem trau=
lichen Boudoir ... Regina, ich könnte sie küssen, in d ie
Arme schließen ..."

Der Agent wollte seinen Arm um ihre Taille legen.
Regina wich, mit den Händen wehrend zurück.

„Halt, mein Herr, so weit sind wir noch nicht!"

„Was fordern Sie noch?"

„Antworten Sie!"

„Gern mit tausend Freuden. Ihnen will ich jede Falte meines Herzens offenbaren. Fragen Sie, reizende Regina, fragen Sie!"

Die Dame hatte ihre runden, glänzenden Arme gekreuzt. Ihre Blicke leuchteten als sie fragte:

„Was werden Sie beginnen, wenn ich auf Ihren Vorschlag nicht eingehe?"

„Sie sind eine zu kluge Dame . . ."

„Wenn die kluge Dame sich nun weigert? Ich appelire an Ihre gepriesene Offenherzigkeit."

„Ist das eine Bedingung?" fragte Bruno ernst.

„Eine Bedingung die erfüllt werden muß, ehe ich Ihnen meinen Entschluß mittheile.

„Wenn Sie mich zurückstoßen und als Ihren Feind behandeln, mich, der ich doch Sie liebe und der ich durch eigenthümliche Verhältnisse in die Stellung getrieben bin, die ich Ihnen gegenüber einnehme, so werden Sie mich zu einer That der Verzweiflung zwingen. Ich wiederhole es, meine Verbindung mit Antoinetten muß vollzogen werden."

„Was werden Sie denn thun?" fragte Regina ungeduldig.

Für den Agenten mochte der Augenblick gekommen sein, den er erwartet hatte.

Er rückte der Dame näher und flüsterte:

„Da muß ich Ihnen eine kurze Geschichte erzählen."

„Ist das nöthig?"

„Unumgänglich.“

„Sie sehen, ich sitze auf der Folter!“ sagte sie ironisch.

„An meiner Seite! Ach, Regina, und ich leide Höllen-
qualen wie ein Verdammter, der mit einem Schritte über
die Schwelle des Paradieses gelangen kann und durch eine
eiserne Gewalt zurückgehalten wird.“

„So erzählen Sie doch Ihre Geschichte!“

„Aus meinem Agentenleben. O, ein Agent ist ein
wunderbares Subjekt, ein guter und ein böser Teufel, je
nach Umständen ... vorzüglich ein Agent, der falsche Papiere an den Mann bringt. Die Geschäfte schärfen seinen
Verstand, reizen ihn zur Spekulation ... er konjekturirt
wie ein Diplomat, sondirt wie ein Nautiker das Fahr-
wasser, observirt wie ein Stratege die Stellung der Parteien, sieht mit den scharfen Blicken des Basilisken in die
Familien und stiehlt mit kecker Hand Geheimnisse, wenn
er sie verwenden zu können glaubt. Als Agent kam ich nach
Straßburg, merken Sie auf, Regina, meine Geschichte be-
ginnt. Erzähle ich auch nicht gut, so erzähle ich doch verständlich. In Straßburg lebte ein Graf von Hardenfels,
der für einen Millionär galt. Dieser Graf litt an einem
Uebel, das die Aerzte tiefe Melancholie nannten. Der
Graf stand zufällig genau in meinem Alter, hatte dieselbe
Statur, dieselbe Sprache und dasselbe Benehmen und eine
große Aehnlichkeit in den Gesichtszügen ... Ich trug damals keinen Bart, wohl aber eine Brille. Von dieser Aehnlichkeit wurde ich durch folgenden Vorfall unterrichtet, der

ich bis dahin noch keine Ahnung von dem Dasein des
Grafen hatte. Ich ging zur Christmesse in den Dom. Es
war kalt ich hatte mich in meinen Pelz gehüllt. So stand
ich in der Nähe eines Kandelabers, der ein helles Licht ver-
breitete. Die andächtige Gemeinde sang mit heller Stimme
die Weihnachtshymne. Da traten mir zwei Damen näher.
Die Eine riß ihren schwarzen Schleier ab und zeigte mir
ein ziemlich interessantes Gesicht.

„Alexander!" rief sie erstaunt und erregt.

„Sie irren, verehrte Dame," antwortete ich bescheiden. „Mein Name ist nicht Alexander. Es täuscht Sie
wohl eine Aehnlichkeit . . ."

„Armer Freund, Ihre Stimme täuscht mich nicht.
Hat sich auch Ihr Gesicht ein wenig verändert . . ."

„Und dennoch!" versicherte ich.

In diesem Augenblicke sah ich, daß die zweite Dame
heftig zu weinen begann.

„Herr Graf!" fuhr die Erste entrüstet fort, „weichen
Sie nicht zum zweiten Male aus. Sie haben eine heilige
Pflicht zu erfüllen. Sehen Sie Rosalien's Schmerz . . ."

„Ich sehe ihn, meine Damen und bedauere herzlich,
daß ich kein Mittel kenne, diesen Schmerz zu lindern."

Jetzt entfernte auch Rosalie ihren Schleier.

Himmel, ich sah in ein bleiches, aber wunderholdes
Gesicht, das in Thränen gebadet war.

„Alexander," flüsterte Rosalie unter heftigem Schluchzen, „haben Sie meinen alten Vater vergessen, der Sie

wie einen Sohn geliebt hat? Haben Sie keine Erinnerung für empfangene Wohlthaten? Ich muß Sie daran mahnen, es ist meine Pflicht, denn ich bin das einzige Kind des Verstorbenen."

„Ah, Ihr Vater ist todt," rief ich theils aus Verlegenheit, theils aus Agenteninstinkt.

„Sie wissen es noch nicht einmal?"

„Nein, auf Ehre nein!"

„Sie haben ihn in die Grube gebracht."

„Das ist ein hartes Wort. Habe ich den Tod ihres geehrten Herrn Vaters verschuldet, so schwöre ich Ihnen, daß es ohne meinen Willen geschehen."

„Ich konnte es mit gutem Gewissen schwören," fügte lächelnd der Agent hinzu. „Die Dame reizte mich nicht, denn ich liebte meine Regina, die als Gesellschafterin im Hause des Herrn Satler lebte. Wenn in mir der Wunsch erwachte, das seltsame Abenteuer fortzusetzen, so hatte ich keinen andern Grund, als den, mein Portefeuille mit falschen Banknoten gegen echte einzutauschen, mit einem Worte Geschäfte zu machen. Die Annäherung reicher Leute, denn für solche mußte ich die beiden Damen halten, muß ein Agent stets zu fördern bemüht sein. Und ich bin Agent."

„Alexander, Alexander!" rief die Dame. „Noch ist es Zeit!"

„Wozu?"

„Legen Sie die fürchterliche Maske ab."

„Ich begreife nicht . . .“

„Wir haben uns nur einmal flüchtig gesehen und gesprochen, nehmen Sie die angeknüpften Verhandlungen wieder auf! Der letzte Wille eines Sterbenden ist mir heilig . . . Graf Alexander von Hardenfels, ich beschwöre Sie . . .“

„Still! Still!“ mahnte die zweite Dame. „Wir befinden uns in der Kirche. Herr Graf, Rosalie leidet unbeschreiblich. Nehmen Sie sich ihrer an.“

„Ich werde es. Was kann ich thun?“

„Zunächst kommen Sie zu einer Besprechung.“

„Wo? Wann?“

„Nehmen Sie diese Karte. Wir erwarten Sie morgen Abend sechs Uhr.“

„Werden Sie auch kommen?“ fragte hastig Rosalie.

„Ich werde kommen.“

„Sie haben mich schon einmal getäuscht.“

„Auf mein Ehrenwort.“

„Und so trennten wir uns. Für mich handelte es sich nun darum, Näheres über den Grafen Hardenfels zu erfahren. Ich hatte schon von ihm gehört. Wie ich seine Wohnung erforschte, und wie ich mir Zutritt zu ihm verschaffte, übergehe ich. Es gelang mir, den Mann zu sehen, mit dem ich eine so frapante Aehnlichkeit hatte, daß zwei Damen dadurch getäuscht wurden. Der Graf sah bleicher aus, trug eine grüne Brille, seiner schwachen Augen wegen und ging gebückt. Er mußte krank sein. Ein Geschäft, das ich ihm

antrug, war die Veranlaſſung zu einer längeren Unterredung mit ihm. Ich fand den Mann ziemlich bornirt, aber
in Geldangelegenheiten ſehr vorſichtig. Sein Kammer-
diener, eine alte, gute Haut, er nannte ſich Chriſtoph,
hegte für ſeinen Herrn eine väterliche Sorgfalt. Meine
Kreditive, u nterſtützt von meinem Auftreten, verſcheuchten
alle Bedenken der beiden Männer, die wie Einſiedler in
dem Hinterhauſe eines Hotels wohnten. Im Geſpräche
nannte ich den Namen, der auf der Karte ſtand: „Roſalie
von Münſter.“ Natürlich, wie unabſichtlich.

Der Graf erſchrack.

Chriſtoph führte ſtatt ſeiner das Wort.

„Mein Herr,“ fragte er, „kommen Sie im Auftrage
der Dame? Geſtehen Sie es nur, halten Sie nicht hinter
dem Berge. Wir ſind zu Unterhandlungen bereit; es bedarf nicht des heimlichen Forſchens.

Das war Waſſer auf meine Mühle. Ich bat um Erklärungen, da mir jeglicher Anhaltspunkt zu Verhandlungen fehlte. Chriſtoph verſicherte, daß er mich für einen
vernünftigen Mann halte, bat, ich möge ſo viel als
möglich vermitteln und gab zu erkennen, daß der Graf,
der ſtets kränklich ſei, ſich nie verheirathen könne. Daß es
ſich um eine Heirat handelte, hatte ich längſt herausgewit-
tert. Warum · aber verſchmähte der Graf Roſalien, die,
ſoviel ich bis dahin urtheilen konnte, eine annehmbare
Partie war. Ich erfuhr es noch nicht.

„Wo hält ſich Roſalie auf!“ fragte der junge Graf.

„Sie will es nicht wissen lassen."

„Ist sie in Straßburg?"

„Nein, mein Herr!"

„Ich bedauere das arme Kind," sagte mit Thränen in den Augen Alexander. Die Thränen, schaltete der Agent ein, sah ich nämlich auf den Wangen. „Wäre es mir möglich, Rosalie zufrieden zu stellen, ich würde rasch zum Werke schreiten."

„Was hindert Sie, Herr Graf?" fragte ich.

Des jungen Mannes bemächtigte sich eine große Verlegenheit.

„Der Vater Rosalien's hat voreilig, unüberlegt gehandelt!" rief Christoph halb zornig, halb bedauerlich. „Er hätte mich fragen sollen, ehe er das tolle Testament machte. Sehen Sie nur, mein armer Herr befindet sich nicht wohl ... Sie bleiben doch einige Zeit in Straßburg?"

„Ja!"

„Besuchen Sie uns morgen," bat der treue Diener. „Bringen Sie die Abschrift des Testaments mit. Wir wollen sehen, daß Alles zu einem gedeihlichen Ende geführt werde."

Ich ließ meine Karte zurück und ging.

Für den Augenblick wußte ich genug. Aus dem Geschäfte des Güterkaufs mußte eine Familienangelegenheit werden.

Um sechs Uhr brachte mich ein Wagen nach der bezeichneten Wohnung.

Soviel ich in der Dunkelheit unterscheiden konnte, stand ich vor einem ziemlich großen, alterthümlichen Hause, dessen Parterrefenster geschlossen waren. Ich zog die Glocke. Eine alte Frau öffnete. Als sie den Wagen sah, der auf meinen Befehl warten mußte, rief sie:

„Sie sind wohl der Herr Graf von Hardenfels?"

„Ja, mein Mütterchen. Wer sind Sie denn? Doch wohl nicht . . ."

„Beate bin ich! Ach, es ist unmöglich, daß Sie mich wieder erkennen. Ich bin alt und grau geworden und wir haben uns so lange, lange nicht gesehen! Als Fräulein Rosalie mir sagte, Sie würden kommen, war ich außer mir vor Freude. Treten Sie nur ein, draußen ist es so kalt. Ach, Ihre alte Amme freut sich wie ein Kind."

Auf der Hausflur drückte ich meiner Amme die Hände und sprach meine Zufriedenheit darüber aus, daß sie Rosalien nicht verlassen habe.

„Auch der alte Christoph ist noch bei mir," fügte ich hinzu.

„Christoph, Christoph; Du lieber Himmel, ist er bei dem Wagen?"

„Der treue Alte leistet mir keine gewöhnlichen Dienste er ist mein Freund und Rendant. Wie geht es Ihrem Fräulein?"

Beate wurde zutraulich. Sie sprach von dem Augen-

20*

übel Alexanders, das sich schon in der Jugend eingestellt hätte und flüsterte bedauerlich:

„Meinem armen Fräulein geht es nicht gut."

„Das bedauere ich von Herzen."

„In letzter Zeit bin ich recht ängstlich geworden."

„Woran leidet Rosalie?" fragte ich leise.

„Sie hat soviel gebetet, daß sie halb närrisch geworden ist. Aber sagen Sie nichts, Herr Graf. Nun, Sie werden es bald merken, wenn Sie mit Ihr gesprochen haben. Sorgen Sie für Zerstreuungen . . ."

„Beate!" rief drohend eine Stimme.

Die Begleiterin Rosaliens, die ich im Dome gesehen, trat zwischen Beaten und mich.

„Herr Graf, ich heiße Sie willkommen. Folgen Sie mir, ich bitte, zu meinem Fräulein, das Sie erwartet."

Friederike, so nannte sich die Gesellschafterin, wie ich später erfuhr, wollte offenbar die Herzensergießungen der Alten verhindern, die ihr unbequem waren. Ich sandte Beaten einen Blick zu und diese nickte mit dem Kopfe, als ob sie sagen wollte: Ich habe doch Recht.

Und Beate hatte Recht.

Wir stiegen eine alte, schwerfällige Eisentreppe hinan und kamen auf den Korridor des ersten Stocks, einen finstern, unfreundlichen Raum. Von dort gelangten wir in ein Vorzimmer.

Friederike, eine Person von vielleicht dreißig Jahren, setzte ihre Kerze auf den Tisch.

„Herr Graf," sagte sie in einem fast feierlichen Tone,
Fräulein von Münster hat unter den traurigen Verhältnissen schwer gelitten. Sie allein können ihr gekränktes Gemüth wieder emporrichten, können das wieder gut machen,
was Sie an der Armen verschuldet. Sie verzeihen meiner
Liebe zu Rosalien die Worte, die ich an Sie richte. Aber
Sie müssen vorbereitet sein, damit jeder Anlaß zu Miß-
deutungen und Mißverständnissen wegfalle. Ihnen dies zu
erklären, halte ich für meine Pflicht."

Ich begriff, daß diese Erklärung auf Beaten ge-
zielt war.

Wir traten in ein altmodisches, aber bequemes
Zimmer, das durch eine hohe Astral-Lampe hell beleuchtet
wurde. Eine behagliche Wärme durchzog den Raum, der
mit Möbeln im Rococcogeschmacke ausgestattet war.
Bequemlichkeit gewahrte ich überall; aber nirgends Reichthum, nirgends Luxus.

Rosalie, in einem schwarzem Gewande, stand neben
dem Kamine. Sie war sehr bleich aber rührend schön.

„Alexander!" sagte sie mit bebender Stimme.

Ich verneigte mich mit kalter Artigkeit.

„Sie sehen, mein Fräulein, daß ich als Mann von
Ehre Wort halte. Hier bin ich."

Und dabei bemühte ich mich, den echten Grafen
zu kopiren. Es fiel mir dies Bemühen nicht schwer,
da ich durch die Aehnlichkeit mit seiner Person unterstützt ward.

Rosalie entließ durch eine Handbewegung ihre Gesellschafterin. Ich war allein mit ihr. Schon nach den ersten
Worten, welche die junge Dame an mich richtete, wußte
ich, daß die alte Beate Recht hatte. Rosalie war schön,
aber auch schwärmerisch bis zur Ueberspanntheit. Sie
sprach von einem Testamente ihres Vaters, wonach ihre
ältere Schwester, die sich mit einem Bürgerlichen gegen
den Willen des Erblassers, verheiratet, mit einer Summe
abgefunden worden, das ganze Vermögen aber sie, Rosalie,
erhalten sollte, wenn sie den Lieblingswunsch des Vaters
verwirklichte und dem jungen Grafen von Hardenfels die
Hand reichte, der schon als Kind ihr zum Gemal bestimmt
sei. Durch eine Korrespondenz, die Rosalie und der Graf
unterhalten, sei eine Art zärtlichen Verhältnisses entstanden, das Gottes Segen sichtlich begünstigt habe; plötzlich
aber habe der Graf Rosalien's Briefe nicht mehr beant-
wortet, sei stets auf Reisen gewesen und habe endlich erklärt, daß er den festen Vorsatz gefaßt, sich nie zu verheiraten. Nun aber sei die Frist, die der Vater aus Pietät
für seinen Freund, den längst verstorbenen alten Grafen
von Hardenfels, gesetzt, am ersten März abgelaufen; wäre
sie, Rosalie, nicht eine Gräfin Hardenfels, so falle das
Vermögen einer frommen Stiftung zu, die es schon jetzt
bis zum Vollzuge der projektirten Heirat verwalte.

„Es ist Ihre Pflicht, Herr Graf.“ schloß die seltsame
Dame ihren Bericht, „daß Sie den Wunsch unserer Väter
erfüllen, die aus Himmelshöhen auf uns herabblicken.

Wir begehen Beide eine große Sünde, wenn wir uns dem
Willen der Verstorbenen, die im Leben die treuesten
Freunde waren, widersetzen. Das Vermögen reizt mich nicht,
ich überlasse es Ihnen . . . aber unterstützen Sie mich,
daß ich das Gelübde erfüllen kann, das ich in die Hand
des sterbenden Vaters gelegt."

Rosalie hatte die letzten Worte mit großer Rührung,
unter Thränen gesprochen. Noch wußte ich nicht, ob ich
mich zur Durchführung der Rolle, die mir ein wunderbarer Zufall übertragen, entschließen sollte; aber ich war
Agent des Herrn Satler, und konnte die Gelegenheit nicht
zurückweisen, falsche Banknoten gegen gute zu vertauschen.
Sie sehen, Regina, daß ich stets die Interessen unseres
Hauses im Auge hatte. Wohl eine Stunde unterhielt ich
mich mit der interessanten Schwärmerin, dann ging ich,
wohl ausgerüstet, um mit meinem Doppelgänger verhandeln zu können. Ich gestehe, daß die beiden Parteien, zwischen denen ich mich befand, mehr zur Vollendung des
Geschäftes beitrugen, als ich selbst; sie drängten mich, ich
kann es wohl sagen, dem Ziele zu, das zu erreichen ein
nicht geringes Wagniß war.

Den folgenden Tag, es war wieder gegen Abend
hatte ich eine zweite Unterredung mit dem Grafen. Der
Mann kam mir höchst seltsam vor. Er sprach ängstlich,
klagte über Unwohlsein und versicherte, daß er Rosalien
bedauere, daß er es aber nie über sich gewinnen würde,
die gute Dame an einen kranken Mann zu fesseln, die un-

verheiratet und ohne Vermögen glücklicher sein würde, als an seiner Seite. Er beschwor mich, eine Zusammenkunft mit der Dame zu verhindern, sie auf eine glimpfliche Weise von der Idee der Verheiratung überhaupt abzubringen und bot mir eine Belohnung an, falls ich die Angelegenheit zu seinen Gunsten vermitteln wollte. Der arme Mensch, der einen entschiedenen Widerwillen gegen die ihm bestimmte Braut hegte, erklärte sich sogar bereit, dem Fräulein von Münster eine Entschädigung für den Verlust zu zahlen, der ihr durch das Nichtzustandekommen der Heirat erwüchse. Sie sehen, meine liebe Freundin, daß die Sache sich zu meinem Vortheile immer mehr verwickelte, oder, wenn man es so nehmen will, entwickelte.

„Warum bleiben Sie in Straßburg?" fragte ich den Grafen, den ich gern wo anders gesehen hätte.

Er antwortete traurig:

„Weil ich der Hilfe eines berühmten Arztes bedarf, der in Straßburg wohnt. Bis zum Frühjahre hat er die völlige Herstellung meiner Gesundheit versprochen."

Es war nicht schwer, die Zusammenkunft der beiden Personen zu verhindern. Alexander ging nie aus, und Rosalie hielt mich für den Grafen, der ich sie fast täglich besuchte, Sie hatte also keinen Grund, weiter zu forschen. Ich übergehe, der Kürze wegen, die Verhandlungen, die nun stattfanden. Es gelang mir, die Freundschaft und das völlige Vertrauen des Grafen zu gewinnen, der mich für den Retter aus der größten Verlegenheit hielt. Die

frömmelnde Rosalie empfing mich als den ihr bestimmten
Bräutigam, fühlte sich sehr glücklich und ward nach und
nach zärtlich. Friederike, die Gesellschafterin, bot Alles
auf, um das sich gestaltende Verhältniß dauerhaft zu
machen und die Heirat vor dem ersten März zum Abschlusse zu bringen. Beide Damen gingen sehr geheim-
nißvoll zu Werke. Den Grund davon sollte ich kennen
lernen. Sie fürchteten nämlich, daß der Advokat, der das
Vermögen zu Gunsten der frommen Stiftung verwaltete,
die Verbindung hintertreiben würde. Der brave Mann
hatte ja gewichtige Gründe dazu ... er mußte große
Summen an den Mann Rosalien's zahlen. Friederike
bezeichnete mir den Advokaten und bat mich, ich möge
mich ihm nur dann erst vorstellen, wenn ich der Mann
Rosalien's sei. Alle diese Dinge kamen mir bei der
Täuschung zu statten, die ich auszuüben gezwungen war.

Alexander von Hardenfels wurde täglich hinfälliger.
Der berühmte Arzt konnte nicht helfen. Christoph, der ge-
treue Diener, weinte oft schmerzliche Thränen. Oft auch
brach er in Worte des Zornes aus und verwünschte die
ganze Welt, die nur noch aus Verbrechern bestände. Der
Kranke klammerte sich an mich wie der Ertrinkende an ein
schwimmendes Reis, das seiner Hand erreichbar ist. Einst
kam ich Abends spät zu meinem Doppelgänger. Er lag in
einem heftigen Fieber. Sein Gesicht hatte sich erschrecklich
verändert. Christoph weinte, fluchte und tobte. Indem er
mir die Hand schüttelte murmelte er:

„Mein armer Herr kommt nicht durch.“

„Was hat der Arzt erklärt?“

„Der Graf ist vergiftet.“

„Mann, Sie sind toll!“

„Und ich habe es lange gesagt.“

„Wer soll ein Interesse haben, ein so scheußliches Verbrechen zu begehen?“

„Später werden Sie es erfahren.“

„Warum nicht jetzt?“

„Still, der Kranke hört uns!“

Alexander forderte ein Kästchen von schwarzem Eben-
holze, das der Diener ihm brachte. Er erschloß es mit
einem Schlüssel, der an seinem abgemagerten Halse hing.
Nun sah ich, daß der Kranke Briefe hervorzog und sie an
seine Lippen drückte. Diese Briefe, Regina, mußten von
theurer Hand geschrieben sein. Ach, der arme Graf gewährte einen rührenden Anblick. Ich half ihm seine Papiere ordnen, wie er es wünschte, da Christoph des Lesens
unkundig war. Der Graf, der den Tod nahen fühlte,
wollte die letzten Angelegenheiten ordnen. Ich schlug vor,
einen Notar zu holen. Es ward abgelehnt. Der Kranke
führte sein ganzes Vermögen in Staatspapieren und französischen Banknoten bei sich. Die Noten waren natürlich
echt. Ich mußte sie zählen. Daß ich bei dieser Gelegenheit
einen Tausch vornahm, der ich stets darauf vorbereitet bin,
läßt sich denken. Ich erhielt eine schöne Summe echter französischer Banknoten in meine Tasche. Die falschen lagen

vor dem Kranken ausgebreitet, der nun zu theilen begann. Christoph empfing ein Paket für treue Dienste, ich erhielt eines für Rosalien und ein drittes blieb auf dem Tische zurück. Dieses dritte bestand, so viel ich erkennen konnte, aus englischen Banknoten. Es mochte längst vorbereitet sein.

„Christoph, sagte leise der Kranke, „Du weißt, wem diese Summe bestimmt ist."

„Ich weiß es, Herr!" schluchzte der Alte.

„Befördere es, sobald ich die Augen geschlossen habe."

„Aber, lieber Herr, Sie vergessen, daß die schändliche Person nicht verdient . . ."

„Still, Christoph! dem Tode gegenüber muß man verzeihen. Und ich habe sie geliebt, liebe sie noch!"

„Sie trägt die Schuld an ihrem grenzenlosen Unglücke."

„Sie hat mich aber auch für kurze Zeit sehr glücklich gemacht. Deine Hand, Alter! Nun gelobe mir bei Gott, gelobe es einem Sterbenden, die Sendung, die Du kennst, auszuführen."

Christoph zögerte; aber er gelobte es.

Eine halbe Stunde später war der Graf todt. Christoph lag wie ein Verzweifelter neben der geliebten Leiche. Endlich faßte er sich, führte mich an das Bett und sagte:

„Jetzt mögen Sie wissen, daß der Graf verheiratet war. Aber die Frau, für die er schwärmte, die er so lei-

denschaftlich liebte und anbetete, daß er Rosalien zurück-
setzte, diese Frau hat ihn infam betrogen.

„Wer ist denn die Schlange?" fragte ich erstaunt.

„Lesen Sie die Briefe."

Ich las, fand mir wohlbekannte Schriftzüge und die
Unterschrift „Regina Bauer". Die Briefe waren von der
glühend liebenden Braut verfaßt, die sich nach dem heiligen Ehestande sehnte.

Regina, die auf diesen Schluß längst vorbereitet war,
saß bitter und ironisch lächelnd vor dem Agenten.

„Sie haben mir interessante Neuigkeiten erzählt, ich
danke Ihnen. Nun weiß ich doch, wie mein erster Mann
gestorben ist."

„Und das sagen Sie so gleichgiltig!"

„Weil ich triftige Gründe habe gleichgiltig zu sein.
Die Witwe des Grafen von Hardenfels konnte sich auch
wieder verheiraten, während Sie, dessen Gattin noch lebt..."

„Während ich eine Doppelehe eingehe."

„Und das ist ein abscheuliches Verbrechen!" rief Regina. „Ich werde es verhindern, weil ich muß!"

„Mein Gott, was zwingt Sie denn?"

„Antoinette ist meine Stieftochter."

„Trotzdem werden Sie schweigen und mich als Ihren
Schwiegersohn anerkennen. Sie werden sogar zu meinen
Gunsten sprechen, werden mich als den Mann preisen, der
allein im Stande ist, die reizende Antoinette glücklich zu

machen. Nein, Sie können unmöglich wollen, daß der Agent, der sich aus Geschäftsrücksichten verheiratete, durch seinen Diensteifer unglücklich werde. Und da Sie mich noch ein wenig lieben, so verspreche ich, Ihnen die freie Zeit zu widmen, die mir Antoinette läßt. Dabei gewinnen wir Beide: Sie als die Gattin eines alten, abgelebten Mannes — ich als der Gatte einer Frau, die mich nicht liebt. Ah, Sie sehen, daß ich Ihr Schwiegersohn werden muß, auch wenn unsere Geschäftsgeheimnisse nicht existirten. Zählen Sie darauf, daß ich Muße finden werde, Ihnen Höflichkeiten und Zärtlichkeiten zu erweisen. Ihr Schwiegersohn kann ja auch Ihr Cicisbeo sein. Das ist ein pikantes, reizendes Verhältniß! Bleiben Sie ruhig sitzen, Regina; wir müssen durchaus ins Klare kommen. Morgen könnte es zu spät sein."

Er wollte ihren Arm küssen.

"Berühren Sie mich nicht!" rief sie in höchster Entrüstung. "Sie sind ein Elender, ein Ungeheuer, ein schamloser, niedriger Mensch. Gehen Sie, gehen Sie!"

Sie stand mit zürnenden Blicken vor ihm, die schönen weißen Hände auf den wogenden Busen pressend.

"Wann darf ich wiederkommen?" fragte höflich der Agent.

"Nie! Nie!"

"Vielleicht dann, wenn ich meine Frau vergiftet habe, wie Sie Ihren Grafen?"

Regina stieß einen Schrei aus.

„Menſch," ſtammelte ſie, „was iſt das? Einen Mord wollen Sie mir aufbürden? Dieſe Frechheit, dieſe Verworfenheit . . . ich könnte wahnſinnig werden! Sie haben es weit gebracht in der Kunſt, Verhältniſſe auszubeuten!"

„Ich kann," entgegnete Bruno, „meine Behauptungen auch beweiſen. Halten Sie mich für ſo thöricht eine Anklage auszuſprechen, die zu beweiſen mir die Mittel fehlen? In meiner Taſche ſind die zwei letzten Aufzeichnungen des verſtorbenen Grafen von Hardenfels . . . Bruno klopfte mit der flachen Hand auf ſeine Bruſt . . . Merken Sie auf, Regina: an meinem Hochzeitstage überreiche ich Ihnen ſämmtliche Papiere des Grafen . . . und der alte Chriſtoph, der als Zeuge gegen Sie auftreten könnte . . ."

„Kein Wort mehr!" unterbrach ihn Regina, die vor Zorn bleich geworden war. „Sie verdienen nicht, daß ich noch eine Minute länger mit Ihnen rede!"

Kalt und elegant verneigte ſich der Agent.

„Ich gebe Ihnen drei Tage Friſt, ſchöne Frau, dann reiſe ich ab. Eine Stunde nach meiner Abreiſe iſt das Kriminalgericht in dieſem Landhauſe, um den Banknotenfälſcher und die Giftmiſcherin zu verhaften. Sehen Sie das Zuchthaus, ſehen Sie das Schaffot nicht im Hintergrunde? Eine Wahl, die nicht ſchwer fällt, iſt raſch getroffen . . . gute Nacht, Frau Satler."

Er wollte gehen.

„Halt! mein Herr!"

„Haben Sie schon gewählt?" fragte Bruno lächelnd.

„Nein!"

„Was befehlen Sie?"

„Die Thür des Vorzimmers ist verschlossen."

„So werden Sie öffnen."

„Gehen Sie durch meine Garderobe in das Parterre, um den Argwohn der Domestiken nicht zu wecken."

„Diese Rücksicht bin ich meinem Geschäftsfreunde schuldig."

Regina öffnete die Tapetenthür. Der Agent nahm eine Kerze und schritt dem finstern Raume zu. In dem Augenblicke, als er die Schwelle überschritt, ward er von zwei kräftigen Fäusten erfaßt und zu Boden geschleudert. Er stieß einen zischenden Schrei aus.

„Zurück, Schwester!" rief Arnold, „Jetzt ist es an mir, mit diesem Ehrenmanne zu verhandeln."

Arnold, der die Kleider des Herrn Satler trug, sah furchtbar und zugleich lächerlich aus. Es schien als ob die Wuth ihm die Haare zu Berge getrieben hätte. Die Kleider, die er trug, paßten ihm nicht. Mit beiden Knieen lag er auf dem Agenten, den erwürgen zu wollen er drohte.

„Du bist's, Arnold!" stöhnte Bruno.

„Rühre Dich nicht, oder meine Fäuste drücken Dir die Kehle zusammen.

„Wir wollen unsere Angelegenheit in aller Ruhe abmachen.'

„Nur dann, wenn ich weiß ob Du ohne Waffen bist."

Beide am Boden liegend, starrten sich mit glühenden Augen an.

Der Agent machte den Versuch, seinen Gegner abzuschütteln, Arnold, der stärkere, drückte ihn zurück. .

Regina hatte sich abgewendet, um den scheußlichen Kampf nicht zu sehen.

Beide Gegner waren im höchsten Grade erbittert.

„Ich habe keine Waffen! murmelte der Agent. Auf einen solchen Angriff habe ich mich nicht vorbereitet."

„Du lügst!"

Während Arnold mit der einen Hand den Kopf des Agenten hielt, durchsuchte er mit der andern ihm die Taschen.

„Willst Du mich berauben?"

„Nein. Nimm dieses Portefeuille, Schwester."

Regina empfing ein gefülltes Taschenbuch, das sie hastig zu durchsuchen begann.

Der Vagabund setzte sein Werk fort.

„Ah," rief er, „da ist ein Dolch!"

Er warf ein messerartiges Instrument, das in einer glänzenden Lederscheide stak, hinter sich.

Bruno regte sich nicht, er ließ sich Alles gefallen.

„Die Papiere des Grafen!" rief Regina, die am Tische stand. „Gott sei Dank! Und meine Briefe!"

Arnold betastete noch ein Mal die Kleider seines Feindes, dann erhob er sich.

„Steh' auf, Elender!" befahl er. „Nun bin ich sicher,

daß Du keinen Bubenstreich verüben kannst. Meine Kraft
kennst Du . . . hüte Dich. Außerdem habe ich hier ein
doppelläufiges Pistol das Dir den Kopf zerschmettert, wenn
Du nicht gehorsam wie ein abgerichteter Hund bist."

Der Agent, leichenblaß, hatte sich erhoben und stützte
sich auf die Lehne eines Sessels. Seine noch vor wenig
Augenblicken so saubere Toilette war völlig zerstört. Das
Toupet, das er getragen, lag am Boden. Es zeigte sich
nun ein halb kahler Schädel. Als Regina sich wandte,
glaubte sie einen andern Menschen zu sehen. Sie unterdrückte einen Schrei des Erstaunens. Bruno wußte es
nicht, daß sein Kopf des Schmuckes beraubt war. Er betrachtete, finster sinnend, seinen Feind, der das Pistol in
der Hand hielt und gehässige Blicke auf ihn warf.

„Du hast," begann der Vagabund nach einer Pause,
in dem Gespräche mit meiner Schwester einen solchen Grad
von Tücke und Bosheit entwickelt, daß ich es für überflüssig
erachte, Dir eine Erklärung meines Benehmens zu geben. Ich hätte Dich wohl auf der Stelle für immer unschädlich machen können, und es wäre auch geschehen, wenn
ich dem Grolle gefolgt wäre, den Dein schamloses Benehmen einer Frau gegenüber in mir erregt hat . . . aber ich
will zuvor Gericht über Dich halten. Du hast mich, Deinen Jugendfreund und Genossen, höhnend abgewiesen, als
ich mich Dir in der Residenz vorstellte . . . jetzt weise ich
Dich ab, wenn Du um Dein Leben bittest. Du bist zu
gefährlich als daß ich Dich schonen sollte. Denke nicht an

Hochzeit und Liebe, würdiger Agent; mache Dein Testament, denn Du haſt lange genug gelebt und wir bedürfen
Deiner nicht mehr!"

Arnold hatte dieſe Worte ſo kalt, ſo entſchieden geſprochen, daß Bruno zuſammenſchauderte. Trotzdem aber
verſuchte er ironiſch zu lächeln.

„Du wähnſt, ich ſei in Deiner Gewalt?" fragte er.
„Schüchtere mich nicht ein."

„Nein; ich möchte nur Deine Anſicht berichtigen."

„Du machſt mich neugierig. Rücke heraus mit Deinen Lügen, Du Oberſter der Lügner!" rief Arnold lachend,
indem er ſich auf einen Stuhl warf und die Beine kreuzte.

Dem Agenten gelang es, einen gewiſſen Grad von
Ruhe zu erkünſteln.

„Ich habe mich vorgeſehen, ehe ich dieſes Landhaus
betrat. Wenn Du das Geſpräch belauſcht haſt, das ich
mit Frau Satler geführt, ſo wirſt Du wiſſen, daß ich ihr
eine Friſt von drei Tagen geſtellt habe."

„O, ich weiß das!" verſicherte Arnold. „Ich weiß
Alles, was Du geſprochen haſt."

„Sind dieſe drei Tage verſtrichen und ich zeige mich
nicht an einem beſtimmten Orte, ſo iſt dies einem Freunde
der Beweis, daß man mich ermordet hat."

„Gut, wir wollen den Beweis gelten laſſen. Du
zeigſt Dich alſo nicht . . . was geſchieht in dieſem
Falle?"

„Dann geht ein vorbereiteter Brief an den könig-

lichen Staatsanwalt ab. In diesem Briefe liegen einige
falsche Banknoten . . . was er sonst noch enthält kannst
Du Dir denken . . . man wird den Ermordeten suchen
aber auch eine gewisse Werkstätte, einen gewissen Clapin . . ."

„Setze Dein Register nicht fort, es ist unnütz!" unterbrach ihn Arnold. „Für dieses Mal, Verehrter, hast Du
die Rechnung ohne den Wirth gemacht. Also drei Tage
beträgt die Frist?"

„Nicht eine Stunde länger!"

Arnold streckte pathetisch die Hand aus und sagte:

„Du hast sie gerade so lang gemacht, als ich es wünsche. Drei Tage . . . eine schöne Zeit! In diesem Augenblicke darf ich wohl nicht fragen, wo der Freund sich befindet, der die Denunciation abgehen läßt?"

Der Agent lächelte mitleidig.

„Gut," fuhr ruhig der Vagabund fort, „so frage ich
morgen oder übermorgen wieder an . . auch wohl einen
Tag später, wenn Hunger und Durst Dich zur Verzweiflung treiben, dann wirst Du mir wohl antworten. Es
gibt auch sonst noch Mittel, Dich zum Geständnisse zu
bringen. Bist Du bis dahin nicht verhungert, so theilst
Du das Geschick, das Du uns bereitet. Sehen wir also
zu, ob Du gelogen oder die Wahrheit gesagt hast. Folge
mir, scharfsinniger, schlauer Mann!"

Arnold hatte seinen Platz verlassen.

„Wohin?" fragte Bruno auffahrend.

„In Dein Zimmer. Du sollst gut und sicher wohnen, damit der Staatsanwalt Dich findet. O, wir werden zärtlich für Dich sorgen! Vorwärts, Schicksalsgenosse! Wir wandern Arm in Arm in das Zuchthaus!"

Er öffnete die Thür, die zu dem Marmorbade führte.

„Leuchte, Schwester, Deinem Cicisbeo!"

Regina ergriff die Kerze und trat an die offene Thür. Man sah die nackten Steinwände und den der Decken beraubten Boden des kleinen Raumes, der ohne Fenster in der Mitte von Zimmern lag und durch eine Ampel erhellt ward, wenn die Dame ein Bad nehmen wollte. Ein klingendes Echo gab die Worte zurück, die gesprochen wurden. Der Agent schauderte, als er die Badehalle sah, die wie geschaffen war zu einem Gefängnisse.

„Arnold!" stammelte er mit bebender Stimme. Und Du, Regina . . ."

„Wenden Sie sich nicht an mich, mein Herr," sagte kalt die Dame. „Wir haben abgeschlossen; jetzt haben Sie es nur noch mit dem Manne zu thun, dessen Teufel Sie im Leben gewesen sind. Sehen Sie zu wie Sie mit ihm fertig werden."

Bruno ballte die Fäuste, als ob er Gewalt anwenden wollte, um sich zu befreien. Arnold zog das Pistol auf und hielt es ihm entgegen.

„Nach der ersten Bewegung, die Du ausführst, strecke ich Dich nieder!"

„Denke an den Freund, der auf meine Rückkehr wartet!"

„Es ist wahr!" sagte Arnold mit entsetzlicher Kaltblütigkeit.

Dann legte er das Pistol auf den Tisch. Als er beide Hände frei hatte, faßte er den Agenten bei den Schultern. Es entstand ein Kampf, der nach einer Minute damit endigte, daß der kraftlose Agent in die Badehalle geschleudert wurde. Die Thür flog hinter ihm zu. Ein dumpfes Wuthgeheul ließ sich vernehmen.

„Ich behalte den Schlüssel!" sagte Arnold, „Gehe nun, Schwester, in Dein neues Schlafkabinet. Ich bleibe als Gefängnißwärter in Deinem Boudoir. Morgen wird der Gefangene schon reden!"

Regina ging. Arnold trat in den Alkoven und warf sich auf das seidene Bett. Die Pendüle auf dem Schreibtische zeigte durch einen klingenden Schlag die erste Morgenstunde an.

Ende des ersten Bandes.